왕실
문화
총서

09

조선 왕실의 일상 **3**

—

조선의 세자로 살아가기

09

조선 왕실의 일상 3

조선의 세자로 살아가기

2013년 4월 8일 초판 1쇄 발행
2016년 1월 4일 초판 3쇄 발행

지은이   심재우·임민혁·이순구·한형주·박용만·이왕무·신명호

펴낸이   한철희
펴낸곳   돌베개
등록   1979년 8월 25일 제406-2003-000018호
주소   (10881) 경기도 파주시 회동길 77-20 (문발동)
전화   (031) 955-5020
팩스   (031) 955-5050
홈페이지 www.dolbegae.com
전자우편 book@dolbegae.co.kr

책임편집 이현화·오효순·나영훈
디자인   박정영·이은정
제작·관리 윤국중·이수민
마케팅   심찬식·고운성·조원형
인쇄·제본 상지사 P&B

© 한국학중앙연구원, 2013
이 도서는 2007년도 정부재원(교육인적자원부 학술연구조성사업비)으로
한국학중앙연구원의 지원에 의하여 연구되었음(AKS-2007-BB-2001).

ISBN 978-89-7199-534-1 04900
      978-89-7199-421-4 (세트)
이 책에 실린 글과 사진의 무단 전재와 복제를 금합니다.
소장처 및 저작권자를 확인하지 못한 사진은 추후 정보가 확인되는 대로 적법한 절차를 밟겠습니다.
책값은 뒤표지에 있습니다.

이 도서의 국립중앙도서관 출판시도서목록(CIP)은 e-CIP홈페이지(http://www.nl.go.kr/ecip)와
국가자료공동목록시스템(http://www.nl.go.kr/kolisnet)에서 이용하실 수 있습니다.
(CIP제어번호: CIP2013001804)

왕실문화총서
09

조선 왕실의 일상 3
—

조선의 세자로 살아가기

한국학중앙연구원 | 심재우 · 임민혁 · 이순구 · 한형주 · 박용만 · 이왕무 · 신명호 지음

돌베
개

책머리에

　이 책은 『조선의 왕으로 살아가기』, 『조선의 왕비로 살아가기』에
이어 한국학진흥사업단의 왕실문화총서 발행 사업의 예산 지원을
받아 수행한 한국학중앙연구원 장서각 '왕실의 일상' 연구팀의 마
지막 연구 결과물이다. 이 책에서는 앞서 다룬 왕, 왕비와 함께 왕
조국가인 조선 왕실의 핵심 구성원이라 할 수 있는 조선시대 세자
의 삶을 조명하였다.

　조선 왕실에서 세자는 현왕의 뒤를 이어 왕위에 올라 다음 시대
를 이끌어갈 미래 권력이라는 점에서 그 위상이 결코 가볍지 않았
다. 조선시대 일반적인 왕위 계승 원칙에 따르면 왕비의 첫째 아들
인 원자가 세자가 되고, 세자가 결국 왕위에 오르는 것이 순리였
다. 하지만 역사를 되짚어보면 세자의 책봉과 뒤이은 왕위 즉위 과
정이 늘 순탄하게 이루어진 것은 아니었다. 정치적 격변이나 권력
투쟁, 기타 여러 가지 요인에 의해 왕위 계승 양상이나 세자의 생

활상 또한 다양한 모습을 띠고 있었다.

우리 연구팀은 이 책에서 기존의 세자 관련 연구 성과를 충실히 수용하고, 『조선왕조실록』을 비롯한 관련 자료를 검토하여 조선시대 세자의 정치적 위상과 생활문화 등을 종합적으로 소개하려고 노력하였다.

책의 집필에는 앞서 간행한 『조선의 왕비로 살아가기』와 마찬가지로 모두 일곱 명이 참여하였는데, 한국사 전공 여섯 명과 한문학 전공 한 명으로 구성된 집필자들은 서장과 나머지 6부의 한 부분씩의 집필을 맡았다. 책의 전체적인 구성을 소개하면 다음과 같다.

서장 '조선의 세자'는 이 책의 도입부에 해당한다. 세자에 관한 기존 연구 성과를 간략히 개관하고, 세자의 위상과 지위, 세자의 궁중생활, 세자 교육, 다양한 삶의 궤적을 그린 세자의 삶을 소개하였다.

제1부 '탄생, 책봉, 그리고 교육'에서는 세자 책봉의식과 성균관 입학 과정을 집중적으로 살펴보았다. 세자 책봉의식은 왕실과 국가의 매우 긴요한 행사였기 때문에 그 절차는 여러 가지 중요한 의미를 내포하고 있었는데, 여기서 세자의 책봉 연령, 행사의 의의 등에 대해 상세히 검토하였다.

제2부 '세자의 혼례'에서는 세자의 혼례식에 주목하였다. 조선 왕실에서 세자빈의 간택은 사실상 왕비의 간택이라고 할 수 있다. 대개 왕위에 오르기 전인 세자 시절에 혼인을 하기 때문이다. 여기에서는 세자빈의 간택 과정과 절차, 혼례 후 결혼 생활의 모습 등을 살펴보았다.

제3부 '세자의 대리청정'에서는 대리청정을 경험한 세자의 사례를 중심으로 조선시대 대리청정의 의미와 형태, 세자의 권한과 역할 등을 추적하였다. 세자가 국정에 참여할 수 있는 제도적 장치인 대리청정이 실제 어떻게 이루어졌는지 다양한 사례를 확인할 수 있다.

제4부 '왕이 되지 못한 세자'에서는 세자에 책봉되었음에도 불구하고 왕위에 오르지 못하고 파란만장한 삶을 산 비운의 세자들을 소개하였다. 불운한 삶을 산 이들 세자들의 고난과 역경을 통하여 조선시대에 세자로 책봉되었다 하더라도 최종적으로 보위에 오르는 것이 얼마나 힘겨운 과정이었는지를 확인할 수 있을 것이다.

제5부 '세자의 삶, 그리고 한시'에서는 세자의 학문을 그가 남긴 한시 등 문학작품에 주목하여 살펴보았다. 여러 세자 가운데 특히 사도세자와 효명세자를 중심으로 이들 세자의 완성도 높은 문학을

집중 조명하고, 궁궐 내에서 창작 활동을 한 세자의 세계관과 문학적 상상력을 가늠해보았다.

제6부 '세자와 형제들'에서는 세자의 남자 형제, 여자 형제들로 나누어서 다양한 사례를 분석해보았다. 세자와 형제자매들 사이에 맺어진 정치적 관계뿐만 아니라, 동기간으로 맺어진 혈연 간의 생활문화를 서술함으로써 조선시대 세자에 대한 이해의 폭을 넓히고자 했다.

이상 책의 구성에서 확인할 수 있듯이 세자의 법적 지위, 책봉과 혼례, 세자 교육, 세자의 인간관계와 궁중생활, 대리청정 등 조선시대 세자를 이해하는 데 필요한 다양한 주제를 빠뜨리지 않고 검토, 소개하려고 했다는 점에서 나름의 의미가 있다고 자평한다. 특히 '왕'과 달리 '세자'에 관해서는 관심과 연구가 매우 미흡한 현 상황을 고려한다면, 이 책이 조선시대 세자에 대한 본격적인 대중 학술서이자 충실한 입문서로서의 역할을 할 수 있을 것으로 기대한다.

돌이켜보면 우리 연구팀이 조선의 왕, 왕비, 세자를 주제로 세 권의 책을 집필하기 위해 과제를 수행한 기간은 공식적으로는 2007년 11월부터 2010년 10월까지 3년이지만, 과제 종료 이후에도 책의 출간을 위해 원고의 수정, 보완 작업을 계속하였기 때문에 과제를 마무리하기까지 훨씬 오랜 시간이 걸린 셈이다.

　세 권의 책을 출간하기까지 집필에 참여해주신 공동연구원 선생님들, 그리고 본 과제를 수행하는 데 지원을 아끼지 않으신 한국학중앙연구원 장서각의 최진옥·박병련·이완우 전 관장님, 행정 지원을 해주신 한국학중앙연구원 연구처 두현경·김인경 님, 한국학진흥사업단 석창진 님에게 감사드린다.

　돌베개 출판사와의 만남을 통해 책의 출판 과정은 한결 수월하게 진행할 수 있었다. 선뜻 총서 간행을 약속하신 돌베개 한철희 사장님, 원고에 대한 꼼꼼한 검토와 조언, 적절한 도판 배치 등 편집 작업에 애써주신 이현화 문화예술팀장을 비롯한 돌베개 편집진에게도 감사드린다.

　끝으로 마무리 출간 작업을 도와준 한국학중앙연구원 한국학대학원 나영훈·차호연에게도 고마움을 전한다. 특히 궁궐 건축 및 왕실 문화사를 연구하고 있는 박사과정의 나영훈은 앞서 출간된 왕과 왕비편뿐만 아니라 본서 세자편의 부록 작업을 모두 맡아 작업해주었음을 밝혀둔다.

2013년 4월

연구책임자 심재우

차 례

제6부 세자와 형제들 신명호

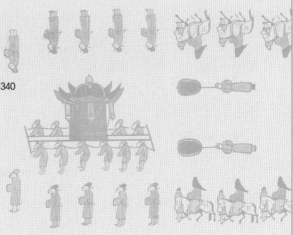

왕에 비하면 세자에 대한 관심은 이제 시작에 불과한 느낌이다. 조선 왕조 최고의 권력자인 왕에 비해서 국왕 예비자로서 현왕의 왕위를 계승할 위치에 있는 세자는 아직까지 주목의 대상이 되지 못했다. 물론 권력이 왕에게 집중되는 조선의 정치 운영 시스템에서 세자가 차지하는 비중이나 역할은 제한적일 수밖에 없으므로 어찌 보면 당연한 일이다. 그렇지만 세자의 책봉과 즉위를 둘러싼 일련의 과정은 정치권력의 변동과 밀접한 관련이 있다. 특히 왕실 권력구조 문제를 다룰 때 왕과 신료, 왕과 외척의 문제에서만 접근할 것이 아니라 세자도 또 하나의 중요한 변수로 다루어야 할 것이다.

서장

조선의 세자

世子日常

1 권력의 주요 변수, 세자

세자, 조선 정치 이해의 첫걸음　　조선의 세자, 하면 떠오르는 인상은 무엇일까? 막상 떠올리려면 우리 머릿속에 자리 잡고 있는 세자의 이미지는 선명하지 않다. 세자의 정치적 위상이나 권력 행사 방식은 말할 것도 없고 세자의 구체적인 생활상에 대한 이해도 그리 명확하지 않기 때문이다. 다만 궁중 암투를 배경으로 한 사극史劇에서 세자는 왕실의 권력 투쟁에서 희생되는 나약한 왕자의 모습으로 그려지는 것이 현실이 아닐까 싶다.

　　조선시대 왕세자, 줄여서 세자는 현 국왕의 뒤를 이어 보위에 오르게 될 미래 권력의 구심점이 되는 중요한 인물이다. 차기 왕위 계승권자인 세자는 고려시대까지만 해도 '태자'太子로 불리었으나, 고려 말 여러 제도와 호칭이 격하되던 원 간섭기부터 태자 대신 세자 또는 왕세자라 칭하게 되었다. 거주하는 건물을 빗대서 '동궁'東宮이라고 부르기도 하였고, '춘궁'春宮, '이극'貳極, '저군'儲君 등도 세자를 부르는 별칭이었다.

　　세자, 왕세자, 태자 등의 호칭이 나온 김에 왕의 아들을 일컫는 다양한 호칭을 우선 정리해둘 필요가 있겠다. 왕이 낳은 자식 가운데 아들을 통칭하여 왕자라고 부르지만, 더 엄밀하게는 같은 왕의 아들이라고 하더라도 호칭의 차이가 있었다. 먼저 왕비의 아들, 즉 왕의 적자는 대군大君이라 칭한 반면, 후궁의 아들, 즉 왕의 서자는 군君이라 불러 구별하였다.[1] 호칭의 구별에만 그치지 않고 그들이 누리는 혜택도 차이가 났는데, 조선 초기 과전법科田法 체제에서 대군과 군에게 내리는 직전職田의 규모가 달랐던 것이 한 예다.

왕의 맏아들은 특별히 원자元子라고 불렸는데, 정확히 말하면 아직 세자에 책봉되지 않은 상태를 지칭한다. 원자는 왕비에게서 낳은 첫째 아들이 되는 것이 원칙이나, 왕비 소생의 아들이 없는 예외적인 경우에는 서자 중에서 원자가 되는 경우도 있었다. 잘 알려진 것처럼 조선시대 왕위 계승은 왕비 소생의 국왕 적장자 중심으로 이루어지는 것이 원칙이었다. 이에 따르면 왕비의 첫째 아들, 즉 원자가 세자가 되고, 세자가 왕위에 오르는 것이 순리였다.

적장자가 왕위를 승계하는 것이 원칙이지만, 적자가 없을 경우 서자가 왕위를 계승하는 경우도 있었으니, 조선 후기에 이 같은 사례가 종종 등장한다. 조선 왕조에서는 적장자로서 왕위에 오른 정상적인 경우가 오히려 드물었다.

지금까지 국왕, 왕권에 대한 연구가 충분히 이루어졌다고 볼 수는 없다. 하지만 최근 들어 조선 왕조 정치체제, 국정 운영의 양상, 왕권과 신권의 관계에 대한 이해의 심화를 위해 왕과 왕권의 특징에 주목하려는 시도가 이루어졌으며, 국가의례의 주재자인 왕의 위상을 엿볼 수 있는 의궤儀軌를 바탕으로 왕실 의례와 조선 왕실 문화에까지 시야를 확대하고 있다.[2]

왕에 비하면 세자에 대한 관심은 이제 시작에 불과한 느낌이다. 조선 왕조 최고의 권력자인 왕에 비해서 국왕 예비자로서 현왕의 왕위를 계승할 위치에 있는 세자는 아직까지 주목의 대상이 되지 못했다. 물론 권력이 왕에게 집중되는 조선의 정치 운영 시스템에서 세자가 차지하는 비중이나 역할은 제한적일 수밖에 없으므로 이에 대한 연구자들의 관심이 집중되지 못한 것은 어찌 보면 당연한

1_ 한편 조선시대에 '군'君의 칭호는 왕의 서자에게만 붙인 것은 아니며, 종친 중에도 '군'의 칭호를 받는 경우가 있음에 유의할 필요가 있다(『대전회통』大典會通 권 1, 이전吏典 「종친부」宗親府 참조).

2_ 최근 조선 국왕에 대한 관심은 왕의 일상생활 문화, 왕의 친인척에 대한 접근으로까지 확대되고 있다. 그 예로 서울대학교 규장각 한국학연구원에서 편한 『조선 국왕의 일생』(글항아리, 2009), 태조부터 순종까지 조선 왕조 친인척의 계보를 총정리한 지두환의 『태조대왕과 친인척』~『순종황제와 친인척』(역사문화, 1999~2009) 등을 들 수 있다. 특히 지두환의 연구는 조선의 왕, 왕비, 후궁, 대군, 공주 등 엄청난 숫자의 왕실 가족 구성원과 친인척에 관한 내용을 『조선왕조실록』, 『선원계보기략』 등의 자료를 동원하여 세밀하게 정리하고 있어 이 방면의 상세하고도 충실한 집성이라는 점에서 의미가 크다.

일이다. 그렇지만 세자의 책봉과 즉위를 둘러싼 일련의 과정은 정치권력의 변동과 밀접한 관련이 있으므로 정치사를 이해하기 위해서도 세자에 대한 좀 더 철저한 이해와 검토가 요구된다.

그럼 지금까지 세자와 관련한 관심은 어떤 방향으로 진행되었을까? 세자에 대한 연구자들의 관심을 일별해볼 때 몇 가지 주제와 관련해서는 의미 있는 성과를 거둔 것도 사실이다. 먼저 본격적인 대중 역사서를 표방한 책들 중에는 조선의 왕, 왕비, 대군, 세자 등 궁중의 왕실 가족에 주목하여 이들에 대한 개괄적이고 세밀한 소개가 시도되었다. 그중에는 독자들의 관심을 충족시키기 위한 흥미로운 일화 및 사건과 더불어 비교적 객관적 시각에서 세자에 관한 사실적 정보를 개괄적으로 제공해주는 책도 있다.[3] 최근에는 역사학과 문학 등 전문 연구자들이 쉽게 쓴 왕실, 궁궐 문화 관련 대중서도 하나둘씩 등장하고 있는데, 이들 책자의 한 부분으로 세자의 위상과 역할에 대해 설명하고 있다.[4]

여기서 더 나아가 세자의 책봉과 교육을 주제로 삼아 본격적인 검토가 이루어진 글들도 있다. 특히 세자 교육과 관련한 연구 성과는 최근 들어 많이 진행되었다. 다음 왕을 잇게 될 세자에 대한 교육 문제는 조선시대 당대에도 매우 중요하게 인식되었으므로 이에 대한 교육학계 및 역사학계의 관심은 자연스러운 현상이다.[5]

한편 세자가 성장하면서 거쳐야 하는 통과의례 가운데 하나인 성균관 입학식에 관해 살펴본 연구,[6] 『국조오례의』國朝五禮儀를 비롯한 조선 왕조 국가의례 서적에서 세자의 의례 참여 성격을 해명한 연구[7] 등도 조선시대 세자의 위치와 역사상을 이해하는 데 좀 더 풍부한 정보를 제공해주고 있다.

전체적으로 세자에 관한 관심은 아직 그리 높은 편은 아니다. 이 점에서 앞으로 본격적인 검토가 이루어질 대상과 주제는 다양하다고 하겠다. 특히 왕실의 권력구조를 다룰 때 왕과 신료, 왕과 외척의 문제에서만 접근할 것이 아니라 세자도 또 하나의 중요한 변

3_ 대표적인 저술로는 박영규, 『한 권으로 읽는 조선왕실계보』, 웅진지식하우스, 2008을 들 수 있다.

4_ 신명호, 『조선이 왕』, 가람기획, 1998; 신명호, 『조선 왕실의 의례와 생활, 궁중문화』, 돌베개, 2002; 정은임 외, 『궁궐 사람들의 삶과 문화』, 태학사, 2007.

5_ 지금까지 축적된 세자 교육에 관한 대표적인 성과를 소개하면 다음과 같다. 김문식·김정호, 『조선의 왕세자 교육』, 김영사, 2003; 김종원, 「조선조 시강원 교육에 관한 연구」, 원광대 박사학위 논문, 1986; 육수화, 『조선시대 왕실교육』, 민속원, 2008; 정재훈, 「왕자 교육: 조선초기 세종대의 서연」, 『조선의 국왕과 의례』, 지식산업사, 2010 등.

6_ 김문식, 『왕세자의 입학식』, 문학동네, 2010.

7_ 한형주, 「조선초기 왕세자의 국가의례 참여와 그 성격」, 『역사민속학』 30호, 2009.

수로 다루어야 할 것이다.

세자는 모두
왕위에 올랐을까

앞서 언급하였듯이 조선시대 세자는 현왕
의 뒤를 이어 왕위에 오를 중요한 인물이었
다. 그렇다면 실제 역사 속에서 조선의 세자는 순탄하게 왕위를 계
승하였을까? 또한 세자는 누가 어떤 과정을 거쳐 책봉되었을까?

조선에서 왕위 계승의 기본 원칙은 왕비가 낳은 첫째 아들인 원
자가 왕이 된다는 것인데, 이는 당시의 일반적 상속 원칙이었던 적
장자嫡長子 계승의 원칙을 따른 것이다. 그런데 조선 왕조 500년 동
안 이 같은 원칙에 따라 왕위에 오른 경우는 전체 스물일곱 명 가
운데 문종, 단종, 연산군, 인종, 현종, 숙종, 순종, 이렇게 일곱 명
에 불과하였다.

적장자 계승 원칙이 순조롭게 지켜지기 어려웠던 이유 중에는
왕비의 자녀 출산이라는 인력으로 어찌할 수 없는 생물학적 문제도
있었지만,[8] 적장자가 과연 왕위에 오를 만한 적합한 인물인가를 놓
고 후계자 선정을 둘러싼 권력 집단 간의 갈등도 중요한 변수가 되
었다.

특히 19세기에는 어린 왕이 즉위하였을 뿐만 아니라 왕조 사회
의 일반적 기준인 적장자 계승 방식으로 왕위 승계가 이루어진 예
가 한 번도 없을 정도로 왕위 승계 과정이 난맥상을 드러냈다는 점
이 특기할 만한 사항이다. 이 시기에는 순조의 뒤를 이어 헌종이
즉위한 것처럼 할아버지에서 손자로 왕위 승계가 이루어지거나, 헌
종에서 철종, 철종에서 고종처럼 아예 방계傍系의 인물이 선택되는
경우도 있어서 비정상적인 왕위 승계로 인한 왕권의 정통성에 문제
가 야기되었다.[9]

그런데 세자에 책봉되었다고 해서 모두 지존의 자리인 왕좌에
오를 수 있었던 것은 아니다. 조선시대에 적장자로서 세자에 책봉
되었으나 우여곡절 끝에 결국 왕에 오르지 못한 세자도 적지 않았

8_ 왕비의 자녀 출산을 포함한 조
선 왕실의 출산력과 출산 문화에
관해서는 다음 연구를 참고할 수
있다. 김지영, 「조선 왕실의 출산
문화 연구: 역사인류학적 접근」,
한국학중앙연구원 박사학위 논문,
2010.

9_ 홍순민, 「19세기 왕위의 승계
과정과 정통성」, 『국사관논총』 40,
1992.

10_ 세자에 책봉되고도 왕위에 오르지 못했던 불행했던 조선 세자들의 역사를 쉽게 풀어쓴 대중서로는 함규진, 『왕이 못 된 세자들』, 김영사, 2009가 있다.

다.[10]

먼저 태종의 첫째 아들 양녕대군讓寧大君(1394~1462)이다. 그는 세자가 되었으나 공부에 관심이 없고 여색을 탐한다는 이유로 그의 자질을 못마땅하게 여긴 부왕父王 태종에 의해 폐세자廢世子가 되었다. 다음으로 왕위에 오르기 전에 요절한 세자도 있었다. 세조의 첫째 아들 의경세자懿敬世子(1438~1457), 명종의 첫째 아들 순회세자順懷世子(1551~1563), 순조의 첫째 아들 효명세자孝明世子(1809~1830), 아버지 인조에 의해 독살당한 것으로 알려진 소현세자昭顯世子(1612~1645)가 그들이다. 그 밖에 연산군과 광해군의 세자는 반정으로 인해 아버지가 왕위에서 쫓겨나는 바람에 폐세자로 전락한 불운한 인물들이다.

한편 일반적인 왕위 계승 과정을 거치지 않고 여러 가지 정치적 격변을 계기로 왕위가 승계되는 경우도 많았고, 아무런 준비가 되어 있지 않은 왕자를 왕위에 지명함으로써 여러 문제를 파생하는 경우도 있었다. 따라서 조선 각 왕대별 세자 책봉 과정, 관료 집단과 왕권의 향배 등에 대한 사례들을 세밀하게 추적해야만 왕위 계승의 실상에 근접할 수 있다.

세자가 왕에 즉위하지 못하는 예외적인 경우도 있었지만, 원칙적으로 세자에 책봉된다는 것은 특별한 경우가 아니라면 그가 다음 왕위를 이을 존재임을 의미한다. 그런 점에서 조선시대 세자 책봉례冊封禮는 공식적으로 그가 왕의 후계자임을 인정하는 중대한 행사였다. 한마디로 세자가 차기 왕통의 계승자임을 천하에 포고하는

정치적 의식이었다.

세자 책봉 시기는 왕대별로 차이가 나지만 대개 7~10세 내외에서 책봉을 받는 경우가 많았다. 예컨대 조선 전기 문종은 여덟 살, 단종은 열 살, 연산군은 여덟 살에 세자에 책봉되었으며, 조선 후기에도 숙종, 순조가 각각 일곱 살, 열한 살에 세자로 책봉되어 훗날 왕위를 이었다. 경우에 따라서는 이보다 훨씬 어린 나이에 책봉되기도 하였으니, 경종은 세 살 때 부왕 숙종에 의해 세자에 책봉되었다. 또한 양녕대군을 대신하여 세종이 스물두 살의 나이로 세자에 책봉되었으며, 경종의 이복동생인 영조는 스물여덟 살에 왕세제王世弟가 된 사례처럼 갑작스러운 세자 교체나 형제의 왕위 계승이라는 상황에서는 세자 책봉 시기가 일반적인 기준보다 훨씬 늦어지기도 하였다.

세자의 책봉은 어떻게 이루어졌을까? 세자 책봉은 신하들의 요청을 왕이 받아들이는 형식으로 이루어지는 경우가 많았다. 하지만 이는 형식적인 절차에 불과하였을 뿐, 자신의 뒤를 이을 세자를 책봉하는 문제는 전적으로 왕의 의중에 달려 있었다.

세자 책봉의 절차는 『국조오례의』의 세자책봉례世子冊封禮를 통해 확인할 수 있다. 책봉 의식을 주관하는 임시 관청인 책례도감冊禮都監이 설치되었으며, 의식은 대궐의 정전에서 거행되었다.[11]

책봉 의식의 핵심 내용은 문무백관과 종친들이 보는 앞에서 왕이 세자에게 죽책문竹冊文, 교명문敎名文, 세자인世子印을 전해주는 것이었다. 죽책문은 세자로 책봉한다는 일종의 임명장에 해당하며,

11_ 세자 책봉식은 원자가 정전의 뜰로 나와 절차에 따라 책봉을 받는 것이 일반적이다. 하지만 원자의 나이가 너무 어려 예를 행하기 어려울 경우에는 보모가 세자를 안고서 약식으로 책봉 의식을 거행하기도 하였다. 조선시대 세자 책봉 의식에 관한 자세한 내용은 본서의 제1부 '탄생, 책봉 그리고 교육' 참조.

도1 **왕세제 책봉고명** 1722년(경종 2), 1권, 비단 바탕, 31×460cm, 한국학중앙연구원 장서각 소장. 청나라의 강희제康熙帝가 연잉군(훗날의 영조)을 조선의 왕세제로 책봉한다는 내용의 문서. 두루마리로 되어 있으며, 동일한 내용을 한자와 만주자 두 가지로 썼다.

도2 〈문효세자 책봉의례도〉 작자
미상, 1784년(정조 8), 비단에 채
색, 서울대학교 박물관 소장.
1784년 8월에 거행된 문효세자의
책봉의례를 기록한 그림이다. 전
체 8폭 중 2폭이 책봉문과 좌목이
고, 나머지 6폭이 그림이다. 문
효세자는 1786년 어린 나이에 요
절하는 바람에 왕위에 오르지 못
했다.

교명문은 세자 책봉 배경과 세자를 훈계하는 내용이 담겨 있으며, 세자인은 세자를 상징하는 도장이다. 책봉 의식 전 과정은 복잡하였으며, 행사의 의미가 컸던 만큼 엄숙하게 진행되었다.[12]

세자 책봉 의식이 거행되는 동안 세자는 국왕이 입는 최고의 예복인 대례복大禮服을 입었다. 왕의 대례복은 면복冕服이라고 하는데, 면류관冕旒冠과 구장복九章服을 합하여 부르는 말이다. 국가의 중요 행사가 있을 때 왕만 입을 수 있었던 이 면복을 세자가 책봉례에서 입는 것은 중요한 의미를 지닌다.[13] 즉 단순히 왕자 가운데 하나였던 위치에서 차기 왕위를 이을 세자로 지위가 상승함을 의미하며, 이후부터 그 지위와 역할에 걸맞은 예우와 조치를 받을 것임을 뜻한다.

세자로 책봉되면 동궁으로 거처를 옮기고 본격적으로 제왕 수업을 받기 위한 여러 통과의례를 거치게 된다. 세자의 정치적 위상은 어떻게 가늠할 수 있을까? 예치禮治를 표방한 조선 사회에서 국가 의례 속 세자의 위상을 살펴보면 어느 정도 파악할 수 있다. 국가 의례는 단순한 의식의 진행 과정뿐만 아니라 의례 주관자의 권위를 드러내는 일종의 정치 행위이기 때문이다.

조선 초기의 『국조오례의』, 조선 후기의 『국조속오례의』國朝續五禮儀 같은 의례서를 보면 각종 국가행사 속에서 세자는 어떻게 등장하며, 세자가 주관하는 행사는 어떤 것이 있었는지를 확인할 수 있다.[14]

먼저 조선시대의 세자는 왕이 주관하는 행사에 참여해야 했다. 각종 책봉 행사 및 중국 사신 영접과 관련한 의식, 종묘와 사직 등 국가 제사 등이 있을 때 세자는 왕을 보좌하여 참석하였는데, 이들 의례에서 세자는 조정의 모든 관리들에 앞서 행례行禮하는 등 그 위상이 분명 관료들보다 우위에 있었다. 예컨대 정월 초하루와 동지 때 백관이 왕에게 조하朝賀를 드리는 의식 때 세자는 백관보다 앞서 맨 처음 하례賀禮를 드린다거나, 제사에서 왕이 초헌初獻(제사 때

12_ 예컨대 1784년 7월 정조가 맏 아들인 문효세자를 책봉할 때 그 의식이 대략 아홉 가지로 정리되었는데, 이에 대해서는 김문식·김정호, 『조선의 왕세자 교육』, 121~133쪽 참조.

13_ 세자는 면복을 입기는 하지만 왕과 지위의 차이가 있었기 때문에 복식의 장식물도 구별되었다. 세자는 왕의 구장복에서 두 개의 문양을 뺀 칠장복을 착용하였다 (신명호, 『조선의 왕』, 31~35쪽).

14_ 이하 세자의 각종 의례 참여 내용과 성격에 대해서는 한형주, 「조선초기 왕세자의 국가의례 참여와 그 성격」을 참고하였다.

첫 술잔을 신위 앞에 올리는 것)을 하면 세자가 아헌亞獻(제사 때 두 번째 술잔을 신위 앞에 올리는 것)을 하는 등의 사실이 이 점을 말해준다.

다음으로 조선시대 세자가 주관하는 국가의례는 크게 두 가지 특징이 있었다. 첫째, 왕과 별도로 세자가 단독으로 의례를 주관하는 행사가 있었다는 점이다. 예컨대 정지백관하왕세자의正至百官賀王世子儀는 매년 정월 초하루와 동지 때 신하들이 왕에 대한 하례를 마친 후 세자에게 하례를 드리는 의식이다. 이는 세자 단독으로 하례를 받는 의식이다. 이와 같이 세자가 주관하는 독자적인 행사가 『국조오례의』에 등장하는 것은 세자의 높은 정치적 위상을 상징적으로 보여준다.

둘째, 조선 후기에 오면서 세자가 주관하는 의례가 확대되었다는 점이다. 즉 『국조속오례의』, 『국조속오례의보편』國朝續五禮儀補編 등의 길례吉禮, 가례嘉禮 항목을 보면 세자가 독립적으로 행사를 주관하는 의례가 늘어난 것을 확인할 수 있다. 아울러 세자가 직접 주관하는 의례뿐만 아니라 조선 후기 들어 왕이 주관하는 제사가 늘어나면서 세자가 참여하는 의식도 이전 시기에 비해 증가했다.

이처럼 의례서에 등장하는 각종 국가의례에는 왕의 후계자라는 세자의 공식적 위상이 의식에 그대로 드러나고 있었다. 세자는 책봉 이후 각종 국가의례에 참석하면서 왕위 세습을 위한 예비 과정을 거쳤으며, 차기 권력 승계자로서의 입지를 다지고 있었던 셈이다.

2 세자의 일상, 왕이 되기 위한 준비 과정

공부로 가득한
나날들

현 국왕의 뒤를 이을 후계자임에도 불구하고 궁궐에서 보내는 세자의 일상은 비교적 단순하였다. 왕으로 즉위하기 전까지 특별한 경우를 제외하면 세자가 직접 정치에 참여할 기회는 거의 없었기 때문이다. 세자로 책봉되면 거처를 동궁으로 옮기게 되는데, 세자궁을 동궁이라 칭한 이유는 궁궐의 동쪽에 위치하고 있었기 때문이다. 세자의 거처인 동궁이 조선시대 내내 항상 일정한 것은 아니었지만, 경복궁의 경우 왕의 침전寢殿인 강녕전康寧殿 동쪽에 있는 자선당資善堂이, 창덕궁의 경우 저승전儲承殿과 중희당重熙堂이 세자의 거처로 주로 쓰였다.[15]

세자는 이곳에서 생활하면서 공식적인 의례에 참석하는 경우가 아닌 한 거처를 함부로 벗어날 수 없었다. 세자는 본격적인 제왕수업에 전념해야 했으며, 자신의 역할에 충실하지 않거나 주제넘게 정사政事에 관계되는 행동을 할 경우에는 여러 가지 사단이 생길 수 있었다.

세자의 하루 일과는 왕과 왕비 등 왕실 어른에게 문안 인사를 드리는 것에서 시작하여, 이후 거의 하루 종일 미래 국왕으로서의

15_ 경복궁 자선당에는 문종·단종·인종·순회세자, 창덕궁 저승전에는 연산군·봉림대군·현종·숙종·경종·사도세자, 창덕궁 중희당에는 문효세자·순조·효명세자가 각각 세자 시절에 거처했다고 전한다. 이강근, 「조선왕조의 궁궐건축과 정치—세자궁의 변천을 중심으로」, 『한국미술사교육학회지』 22호, 2008 참조.

도3 **경복궁 자선당** ⓒ박상준
경복궁 자선당의 현재 모습. 자선
당은 조선 전기 동궁, 즉 세자와
세자빈의 거처로 쓰였다.

자질을 함양하기 위해 공부하는 것이 전부였고, 또 그렇게 할 것을
강요받았다. 공식적으로 왕위에 오르기 전까지 세자는 오직 예비
권력자일 뿐 아직까지는 실질적인 권력이 없었고 권력 행사 장치를
가지고 있지도 못했던 셈이다.

　세자의 일과 중 제일 중요한 공부는 아래에서 살펴보겠지만 세
자시강원世子侍講院 관료들의 지도 아래 아침 공부인 조강朝講, 낮
공부인 주강晝講, 저녁 공부인 석강夕講으로 이루어졌으며, 유교 경
전 공부 외에도 말 타기, 활쏘기 등 육예六藝를 연마하였다.

　매일의 일과는 아니지만 국가의례를 비롯한 왕실 공식 행사에
참석하는 것도 세자의 중요한 일상 가운데 하나였다. 앞에서 본 것
처럼『국조오례의』를 비롯한 의례서에는 세자가 주관하는 국가의례
대상이 제시되어 있지만, 세자는 이들 의례 외에도 왕이 주관하는
공식적인 국가 행사에 대부분 참석해야 했다.

　세자는 원칙적으로 왕의 고유 권한인 정사에 관여하지 않았지

도4 **창덕궁 중희당 편액** 75.4×
198.8cm, 국립고궁박물관 소장.
중희당은 정조가 문효세자를 위해
지은 전각으로, 동궁의 중심 건물
이었다. 현재 건물은 남아 있지
않다.

만, 경우에 따라서는 왕명에 의해 왕을 대신하여 정사를 돌볼 기회
를 얻기도 하였다. 이와 같이 세자가 왕을 대리하여 국사를 돌보는
것을 대리청정代理聽政이라 하였는데, 조선 전 시기에 걸쳐 대리청
정을 한 세자는 일곱 명이었다.[16]

예컨대 세종은 말년에 격무를 덜기 위해 세자인 문종에게 대리
청정의 기회를 주었으며, 임진왜란이라는 특수한 전란 상황에서 민
심을 추스르기 위한 방안의 하나로 선조에 의해 대리청정의 명을
받은 광해군, 이 밖에 왕위에 오르지 못한 영조 때의 사도세자思悼
世子(1735~1762), 순조 때의 효명세자 등도 세자 신분으로 왕을 대신
하여 국사를 처리하는 기회를 얻었다. 대리청정 과정에서는 중요한
사항은 왕에게 물어보고 결정하기도 했지만, 웬만한 사항은 세자
스스로 처리할 수 있었다. 따라서 세자의 대리청정은 국정 전반에
대한 예비 수업의 성격을 지녔다고 할 수 있다.

세자는 책례冊禮, 즉 책봉 이후 여러 가지 통과의례를 거쳤다. 세
자가 성장하면서 거쳐야 했던 의례는 크게 책례, 입학례入學禮, 관
례冠禮, 가례 등을 꼽을 수 있다. 책례는 책봉 의식을 말하며, 입학
례는 세자의 성균관 입학 의식, 관례는 유교식 성인식, 가례는 결
혼식을 말한다.

그런데 책봉을 먼저 할 것인가, 성인식인 관례를 먼저 할 것인
가를 둘러싸고 종종 논란이 벌어지곤 했다.[17] 인조의 아들 소현세자
의 경우처럼 관례를 먼저 하고 이어서 세자 책봉식을 거행한 경우

16_ 조선시대 세자의 대리청정 과
정, 대리청정 양상의 시기별 차이
등 자세한 내용은 본서 제3부 '세
자의 대리청정' 참조.

17_ 책봉 및 관례 의식과 관련한
논란은 김문식·김정호, 『조선의
왕세자 교육』, 116~118쪽 참조.

도5 **왕세제빈 옥인** 1721년(경종 1), 높이 8.8cm, 무게 1.87kg, 인신印 信 10.3×4×3.3cm, 국립고궁박물관 소장. 연잉군의 부인 달성군부인(훗날의 정성왕후)이 1721년 왕세제빈에 책봉되었을 때 옥으로 만든 어보다. '왕세제빈지인'王世弟嬪之印이라 새겼다.

18_ 왕세제(왕의 동생 신분으로 왕위 계승자에 책봉된 사람)로서 왕위에 오른 영조는 좀 특수한 경우다. 그는 스물여덟 살의 늦은 나이에 세자로 책봉되었고, 이듬해인 스물아홉 살에 입학례를 치렀지만, 관례와 가례는 이보다 한참 전인 열 살, 열한 살에 이미 행했다. 이처럼 조선 후기 세자들의 통과의례 연령에 대해서는 육수화, 『조선시대 왕실교육』, 157쪽 참조.

도 있었지만, 조선 후기에는 대부분 세자 책봉례, 입학례, 관례, 가례의 순으로 거행되었다. 예컨대 숙종은 일곱 살에 세자에 책봉된 후 아홉 살에 입학례, 열 살에 관례, 열한 살에 혼례를 치렀으며, 경종은 세 살에 세자에 책봉되어 여덟 살에 입학례와 관례를 함께 치르고, 아홉 살에 혼례를 행했다.[18]

책봉을 먼저 하게 되면 대체로 관례와 혼례를 동시에 치렀다. 조선 후기 왕의 관례와 혼례 나이를 살펴보면 같은 해에 관례와 혼례가 치러지는 경우가 있긴 하지만, 적어도 관례를 치른 지 2~3년 안에 혼례를 함께 치러 세자빈을 맞이하는 것이 대부분이었다. 세자빈은 장차 일국의 왕비가 될 몸이었기 때문에 간택揀擇을 할 때도 일정한 절차를 통해 신중히 골랐다. 세자의 혼례 연령은 대부분 열 살 전후였으며, 스물한 살에 결혼을 한 철종을 제외하면 늦어도 10대 초반에는 혼례를 치르고 가정을 이루는 것이 일반적이었다.

또한 혼례를 치러 세자빈을 맞이한 세자는 왕과 마찬가지로 공식적으로 후궁을 둘 수 있었다. 정실인 세자빈의 품계가 정1품에 해당하고, 세자의 후궁은 그 아래인 종2품의 양제良娣, 종3품의 양원良媛, 종4품의 승휘承徽, 종5품의 소훈昭訓 등 네 품계가 있었다.

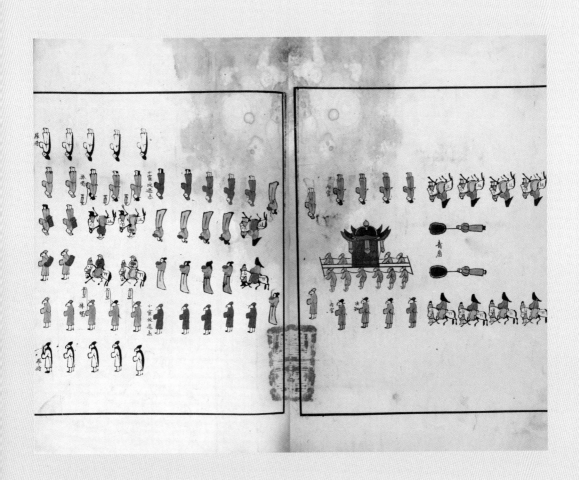

도6 『숙종인경왕후가례도감의궤』 반차도 부분 1671년(현종 12), 1책, 필사본, 50.1×38.3cm, 서울대학교 규장각한국학연구원 소장.
1671년 세자 시절의 숙종이 세자빈을 맞이하는 혼례식 과정을 기록한 의궤의 반차도. 세자빈은 광성부원군光成府院君 김만기金萬基의 딸
로서, 훗날의 인경왕후仁敬王后다.

세자의 일상은 주로 공부의 연속이었기 때문에 세자는 정신적 압박감에 시달리기도 하였다. 그런 압박감으로 인해 세자들 중에는 술과 여색에 빠져들거나, 부왕과 마찰을 빚는 경우도 있었다. 세자는 영예로운 자리임에도 불구하고 늘 왕과 관료들의 관심의 대상이었기에 삶이 결코 수월하지만은 않았다. 세자로서의 역할이 결코 쉽지 않았음은 아버지 영조와 갈등을 빚다가 끝내 비극적으로 삶을 마감한 사도세자의 사례가 우리에게 말해주고 있다.

도7 「소현세자가례도감의궤」 1627년
(인조 5), 1책, 필사본, 44.5×35.5cm,
서울대학교 규장각한국학연구원 소장.
1627년 소현세자와 강석기의 딸 강
씨의 결혼식 행사를 기록한 의궤.

세자 교육 커리큘럼

그렇다면 왕은 어떻게 만들어지는가? 이는 세자의 제왕학帝王學 수업을 통해서 확인할 수 있다. 세자는 책봉과 동시에 여러 가지 통과의례를 거치면서 본격적으로 왕위 계승을 위한 교육을 받게 된다. 세자 교육과 관련하여 살펴볼 행사가 앞서 언급한 성균관 입학례다.

조선시대의 세자는 책봉 직후 길일吉日을 택하여 성균관 입학례를 거행하였다. 요즘으로 치면 '입학식'을 치르는 셈인데, 세자가 학생 신분으로 성균관을 방문하여 공자를 모신 대성전大成殿에 참배하고, 명륜당明倫堂에서 성균관 박사博士에게 배움을 청하는 것을 말한다. 그런데 성균관에서 입학례를 치른다고 해서 세자가 성균관에 공부하러 다니는 것은 아니었다. 세자가 양반 자제와 함께 성균관에서 공부할 수는 없기 때문이다. 따라서 세자의 성균관 입학식은 유학의 스승인 공자에게 술잔을 올리고 스승에게 가르침을 받는 의식을 통하여 세자 역시 유학을 학습하는 학생이라는 점을 만천하에 알린다는 의미가 있다.

세자 입학식 절차는 크게 세 부분으로 구성되었다. 세자가 성균관에 가기 위해 궁궐을 나오는 과정인 출궁의出宮儀, 성균관에서 치르는 입학 절차를 담은 입학의入學儀, 입학식을 마친 세자가 궁궐로

돌아와 백관과 종친들의 축하를 받는 수하의受賀儀가 그것이다. 이
중 입학의는 세자가 성균관 대성전에 있는 공자의 신위에 직접 술
잔을 올리는 작헌례酌獻禮와 세자가 박사에게 예물을 바치고 가르침
을 청하는 속수례束脩禮 등이 중요한 의식으로 거행되었다.

조선 건국 직후에는 입학례가 정비되어 있지 않았으며, 고려 말
의 유습이 남아 있어서 사대부 및 왕실 자녀들조차도 승려들에게
수학하는 경우가 있었다. 그러다가 태종의 맏아들 양녕대군이 세자
에 책봉되기 전 원자 신분으로 1403년(태종 3)에 성균관 입학식을
거행하였고, 세자 신분으로는 세종의 아들 문종이 처음 입학례를
치렀다.

조선시대 입학식 절차를 그림으로 상세하게 기록한 자료가 있
다. 1817년(순조 17) 3월 11일 효명세자의 입학식을 글과 그림으로
담은 『왕세자입학도첩』王世子入學圖帖이 그것이다. 모두 여섯 개의 기
록화가 수록되어 있어 당시 입학식의 모습을 생생하게 확인할 수
있다.

왕실에서는 왕위 계승자의 성장 과정에 따라 국가적인 차원에서
조직적이고 체계적으로 교육을 진행하였다. 즉 원자나 원손 등이
태어나면 보양청輔養廳을 설치하여 보육을 담당하게 했고, 어느 정

도 자라서 글을 읽을 무렵이 되면 강학청講學廳에서 교육을 맡았다. 규장각에 소장된 『강학청일기』講學廳日記를 살펴보면 숙종이 다섯 살, 순조가 일곱 살 때 강학청이 설치되었고, 왕실 초학 교육은 통상 다섯 살 전후에 시작되었다.[19] 따라서 세자는 이미 원자 때부터 조기 교육을 통해 유교의 기초 덕목을 체득한 셈이다.

원자의 제왕학 수련이 본격적으로 시작되는 것은 세자에 책봉되어 왕의 후계자로 확정되면서부터다. 조선 건국 후 태종대에는 세자 교육을 위한 기구를 본격적으로 마련함으로써 왕실 교육의 기반을 갖춘 시기인데, 세자에 대한 강학講學과 호위護衛 기능을 분리한 것도 이때다. 이후 세종대에 이르면 세자 교육의 체계를 거의 완성하게 된다.

조선시대 법전에는 세자의 교육과 시위를 전담한 관청이 나오는데, 세자시강원과 세자익위사世子翊衛司가 그것이다. 세자시강원은 서연書筵, 즉 세자의 교육을 담당한 정3품 아문이며, 세자의 경호를 담당한 세자익위사는 이보다 격이 낮은 정5품 아문이다. 두 관청의 직제는 시기에 따라 조금씩 차이가 나는데, 『대전회통』에서는 두 관청의 소속 관원을 〈표1〉과 같이 규정하고 있다.

19_ 육수화, 『조선시대 왕실교육』, 104~105쪽.

	세자시강원	세자익위사
정1품	사師, 부傅 각 1명	
종1품	이사貳師 1명	
정2품	좌빈객左賓客, 우빈객右賓客 각 1명	
종2품	좌부빈객左副賓客, 우부빈객右副賓客 각 1명	
정3품	찬선贊善, 보덕輔德, 겸보덕兼輔德 각 1명	
정4품	진선進善, 필선弼善, 겸필선兼弼善 각 1명	
정5품	문학文學, 겸문학兼文學 각 1명	좌익위左翊衛, 우익위右翊衛 각 1명
종5품		좌사어左司禦, 우사어右司禦 각 1명
정6품	사서司書, 겸사서兼司書 각 1명	좌익찬左翊贊, 우익찬右翊贊 각 1명
종6품		좌위솔左衛率, 우위솔右衛率 각 1명
정7품	설서說書, 겸설서兼說書, 자의諮議 각 1명	좌부솔左副率, 우부솔右副率 각 1명
정8품		좌시직左侍直, 우시직右侍直 각 1명
정9품		좌세마左洗馬, 우세마右洗馬 각 1명

〈표1〉 세자시강원과 세자익위사 소속 관원

도10 **계방 편액** 40.2×82.7cm, 국립고궁박물관 소장.
세자익위사인 계방에 걸었던 편액.

세자익위사는 계방桂坊이라고도 불렀는데, 관청 명칭에 '세자'가 들어간 것에서 알 수 있듯이 세자를 호위하는 임무를 맡았다. 따라서 세자가 행차하는 곳이면 어디나 동행하였다. 즉 세자익위사의 관리들은 세자가 참석하는 서연 등 각종 행사에 세자를 수행하였으며, 호위뿐만 아니라 세자에게 말 타기, 활쏘기와 같은 무예를 가르치기도 하였다.

태종 때 처음 설치된 세자익위사는 『대전회통』 단계에 오면 〈표1〉에서 보듯이 정5품의 좌익위, 우익위에서 정9품의 좌세마, 우세마까지 관리 열네 명이 배치되었다. 세자익위사 소속 관리들은 당연히 무술에 능한 무신들이 주로 임명되었다. 하지만 왕세자를 항상 수행하면서 때에 따라 왕세자를 계도하고 가르칠 수 있는 학문적 소양이 필요했기 때문에 문신이 임명되는 경우도 있었다.

왕세자 교육을 전담한 기관인 세자시강원은 춘방春坊이라고도 했다. 앞서 언급한 것처럼 세자는 세자시강원의 관원들의 지도 아래 차기 왕이 갖추어야 할 학문과 소양을 닦는 공부를 하게 된다.[20] 조선시대의 왕은 정사를 보는 틈틈이 경연經筵제도를 통해 신료들과 끊임없이 만나 유학의 경서經書를 강론하는 과정을 거치게 된다. 이 같은 점을 전제할 때 현 국왕의 뒤를 이을 세자의 국왕 수업이 중요시되었던 것이 당연하며, 세자시강원에서 진행되는 서연은 세자의 핵심 일과였다.

20_ 세자시강원과 별개로 세손에 대한 교육은 세손강서원世孫講書院에서 맡았다. 세손강서원은 상설기관은 아니며 필요할 때만 설치되었다.

書筵會講式朝畫講並同

世子誦前受讀音一遍
釋則臨讀一遍

講官讀新受音一遍

世子讀音一遍

講官釋一遍

世子又音釋各一遍

世子釋一遍

講官釋一遍

世子讀音一遍

冠禮後宮官講讀

冠禮前賓客講讀

世子前受音釋誦讀後賓客

告牲賓客不次上番告牲

傳曰世子書筵時自今日音釋
一遍後勿為更讀一遍餘

傳曰所講之書非新受讀者更
讀音釋一節自今勿為之

辛酉二月

도11 **서연회강식 편액** 국립고궁박물
관 소장.
세자시강원에서 세자 교육을 위한
강의 진행 방식을 기록한 현판.

21_ 『경국대전』 권1, 이전吏典
「세자시강원」.

『경국대전』에는 세자시강원의 설립 목적이 세자에게 경사經史를 강의하고 도의道義를 깨우치게 하기 위한 것으로 나와 있다.[21] 세자 교육을 전담하는 기관으로 세자시강원이 설립된 것은 세조대였는데, 소속 관리의 숫자는 시간이 갈수록 늘어나서 『대전회통』 단계에 오면 시강원의 관리들, 즉 시강관侍講官들은 정1품에서 정7품까지 스무 명이나 되었다.

세자의 사師·부傅는 각각 정1품의 영의정과 좌의정·우의정이, 이사貳師는 종1품의 의정부 찬성贊成이 맡았다. 정승, 찬성은 공무로 바빴기 때문에 세자시강원의 사·부, 이사의 벼슬을 겸직하였다. 그럼에도 가장 높은 벼슬인 정승을 세자의 사·부로 임명한 것은 세자시강원의 위상을 높이려는 의도라고 볼 수 있다.

겸직자를 제외하면 실제로 세자 교육을 맡은 관리는 정2품의 빈객賓客 이하 전담 관료들이었다. 사·부, 이사는 세자의 스승이라는 상징적 존재였고, 빈객·부빈객은 강의의 실무 책임자, 실제 세자에 대한 강의는 당하관인 보덕輔德 이하 열 명 남짓의 관리가 전담하였다.

시강원 관리들은 머지않아 왕위에 오를 세자의 교육을 위해 차

도12 《회강반차도》 조선 후기, 1첩, 채색 필사본, 서울대학교 규장각한 국학연구원 소장.
서연에서 회강하는 모습을 묘사한 그림. 가운데 빈자리가 세자의 자리이며, 맞은편에 시강원 관원들이 앉아 있다.

출된 만큼 당대 최고의 실력자들을 임명하는 것이 관례였다. 시강관은 교육뿐만 아니라 세자의 인격 형성 과정에도 큰 영향을 미치는 존재였기 때문에 시강관을 신중하게 선발하였다.

세자시강원의 세자 교육 및 강의 방식은 어떠했을까? 세자에게 무엇을 어떻게 가르칠 것인가는 매우 중요한 문제였다. 세자는 새벽에 일어나 왕을 비롯한 왕실 어른들에게 문안 드리는 것을 시작으로 하루를 시작했으며, 아침 식사를 마치고 오전 공부에 들어갔다. 세자시강원에서 이루어진 세자 강의 방식은 크게 법강法講과 회강會講으로 구분할 수 있다.

먼저, 법강은 매일 정기적으로 이루어지는 정규 강의를 말하는데, 강의 시간에 따라서 조강, 주강, 석강으로 나뉜다. 조강은 해 뜰 무렵에, 주강은 정오 무렵에, 석강은 오후 2시경에 시작하였다.

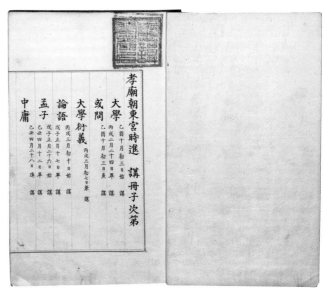

도13 『열성조계강책자차제』 표지와
본문 고종대, 1책, 필사본, 36.2×
23.3cm, 한국학중앙연구원 장서각
소장.
조선 후기 왕들이 즉위 전후에 이
수한 교육 과정 내역을 기록한 책
자다. 책의 겉표지와 함께 소개한
부분은 효종이 세자 시절에 공부
한 서적과 공부한 날짜를 기록한
것이다.

22_ 조선 후기의 왕과 추존된 왕
등 모두 열세 명의 동궁 시절 및
즉위 직후에 교육받은 책자와 교
육 기간 등을 기록한 『열성조계강
책자차제』列聖朝繼講冊子次第를
보면 조선 후기에는 훨씬 다양한
책자가 교재로 활용되었음을 알
수 있다. 이에 대한 개괄적 설명은
김문식·김정호, 『조선의 왕세자
교육』, 238~246쪽 참조.

이외에도 세자가 필요한 때 시강관을 불러서 하는 비정규 강의로
소대召對와 야대夜對가 있었다. 법강에서는 주로 경서를 가르쳐 세
자의 인성과 덕성 함양에 주력했고, 소대와 야대에서 세자는 중국
과 조선의 역사를 배움으로써 왕이 갖추어야 할 역사적 지식과 안
목을 습득하였다. 세자 책봉 이후 세자시강원에서 세자에게 처음
강의하는 과목은 『효경』孝經과 『소학』小學, 혹은 이를 요약한 책이었
는데, 이들 초학자용 교재를 익힌 후에는 경서와 역사서 등으로 과
목을 확대하였다.[22]

회강은 세자가 그동안 배운 경서와 역사서를 복습하고 평가하는
일종의 공개 강의다. 회강은 보통 한 달에 두세 차례 진행되었는
데, 사·부 이하 관원들이 참석한 가운데 사·부가 회강을 주도하고
세자의 성적을 평가하였다. 때로는 왕이 직접 회강에 참석하여 세
자의 학문을 점검하기도 하였다.

이처럼 매일 빡빡한 일정이었지만 세자에게도 공식적으로 쉴 수
있는 때가 있었으니, 서연을 중지하는 휴강일이 그것이다. 휴강일
은 시기에 따라 조금씩 차이가 나지만, 조선 후기에 주요 휴강일은

이전 왕이나 왕비가 돌아가신 날인 국기일國忌日, 종묘·사직대제, 기우제, 왕의 생일, 왕의 궁궐 밖 행차 시, 일식·월식 등 국가적 대사가 있을 경우였다.[23]

이렇듯 조선시대 세자는 어린 시절부터 끊임없이 제왕학 수업을 받으면서 단련되었다. 이는 왕위를 세습하는 왕조 사회에서 최고의 국왕 만들기 프로젝트였다고 해도 과언이 아니다. 즉 왕의 세습으로 야기될 수 있는 여러 가지 문제점, 예컨대 자질이 부족한 왕이 등극할 위험이나 왕이 되어서 국정을 농단할 가능성에 대한 대비책으로서 세자에 대한 지속적인 교육이 이루어졌던 것이다.

23_『육전조례』六典條例 권6, 예전禮典 「세자시강원」 참조.

世子
日常

3 역사 속 비운의 세자들

엇갈린 운명　　　　　다시 말하지만 구중궁궐 왕실의 핵심 구성
　　　　　　　　　　원이자 차기 왕위에 오를 인물이었다는 점
에서 조선에서 세자는 왕 다음으로 지엄한 존재의 하나였다. 그렇
다고 해서 그들의 삶이 늘 화려했던 것만은 아니었다. 왕실에서 요
구되는 유교적 의례와 행동, 힘든 제왕학 수업은 제쳐두더라도 궁
궐에서 세자로서 살아가기 위해서는 지극히 조심스럽게 행동해야
했다.

　왕과 대왕대비 외에도 권력을 가진 신하들이 끊임없이 세자를
주시하였으며, 정치적 격변 속에서 타의에 의해 권력에서 멀어지거
나 심지어 목숨을 잃은 세자들도 있었다. 화려하게 왕의 자리에 오
른 세자가 있는 반면, 왕위에 오르지도 못한 채 일찍 요절한 세자,
심지어 권력 투쟁의 희생양으로 역사의 이면에서 처절하게 스러진
비운의 세자 등 역사 속 조선의 세자는 여러 가지 다양한 삶의 궤
적을 그렸다.

　조선 왕실에서는 왕위 승계와 관련하여 여러 가지 변수와 예외
적인 상황이 닥치곤 했다. 이는 때로 한 명의 왕에게 여러 명의 세
자가 있었던 사실에서 미루어 알 수 있다. 예컨대 태종의 세자는

처음에는 장남인 양녕대군이었지만 결국에는 셋째 아들인 세종이 형을 대신하여 세자에 책봉되어 왕위를 이었다. 세조의 아들 의경세자와 정조의 아들 문효세자文孝世子(1782~1786)는 요절하는 바람에 두 번째 세자였던 예종과 순조가 왕위를 이었다. 한편 왕비가 아닌 후궁 소생으로 세자에 오른 경우에도 태생적 한계 때문에 왕위 승계 과정에서 격렬한 대립이나 정치적 논란을 가져오기도 하였으니, 선조와 공빈恭嬪 김씨金氏(1553~1577) 사이에서 태어난 광해군이 그런 예다.

이하에서는 세자의 다양한 삶의 모습을 몇 가지 사례를 중심으로 소개하기로 한다. 다만 여기서는 개괄적인 소개에 그치고, 이들 세자들의 일화와 삶의 궤적에 대한 자세한 소개는 각 장에서 상세하게 다룰 것이다.[24]

먼저 세자의 자리에 올랐다가 폐세자가 된 비운의 세자 중에 양녕대군이 있다. 당초 태종은 원자인 양녕대군을 세자로 책봉하였고, 양녕대군은 17년이란 오랜 세월 동안 세자의 지위를 유지했다. 하지만 양녕대군은 어릴 때부터 학문을 게을리 하고 사냥과 주색酒色을 즐기는 등 제왕이 되기에 부적합한 모습을 보였다. 결국 그의 파행적 행실은 세자 교체라는 파국을 초래하였다. 어찌 보면 양녕대군은 스스로 왕위를 버린 세자라 할 수 있으며, 자신은 비록 권좌에 오르지 못했지만 셋째인 충녕대군이 왕위에 오름으로써 결과적으로 조선의 뛰어난 군주인 세종을 탄생시켰다는 점에서 적절한 왕위 승계였다고 볼 수도 있다.

양녕대군은 단순히 폐세자로 그쳤지만, 폐세자가 된 뒤 불행하게 죽어간 세자도 있다. 광해군의 아들로 세자에 책봉된 이지李祬는 인조반정으로 광해군이 폐위되자 함께 세자에서 폐위되어 강화도에 위리안치圍籬安置되는 신세가 되었다. 그러나 갑갑한 감금 생활을 견디지 못하고 땅굴을 파 울타리 밖으로 통로를 낸 뒤 밤중에 빠져나가다가 나졸에게 붙잡혔다. 그 뒤 폐세자빈은 자결하고 폐세

24_ 특히 보위에 오르지 못한 비운의 세자에 대한 상세한 설명은 본서 제4부 '왕이 되지 못한 세자' 참조.

도14 **폐세자 이지에 관한 기사** 국사편찬위원회 소장.
1623년 5월에 위리안치된 폐세자 이지李祬가 땅굴을 파 도망치다 붙잡히고, 폐세자빈은 자결했다는 내용이다. 『인조실록』, 인조 1년 5월 22일자 기사.

자 이지도 사사賜死되었다. 이 이야기는 『조선왕조실록』에 상세히 전한다.

부왕인 친아버지에게 살해된 세자도 있다. 병자호란 이후 청나라에 볼모로 끌려갔다가 갖은 고초를 치르고 온 소현세자는 서른네 살의 젊은 나이에 의문사하였다. 새로운 문물에도 적극적이었고 청나라와 가까운 인물이었던 그는 부왕 인조에 의해 독살되었을 가능성이 유력하게 제기되고 있다. 아버지 영조에 의해 뒤주에 갇혀 굶어 죽은 사도세자의 기구한 삶은 너무나 잘 알려져 있어 새삼 소개할 필요도 없다.

이렇듯 소현세자와 사도세자는 비슷하게 비극적으로 삶을 마쳤지만 사후는 극과 극이다. 소현세자가 의문사한 후 인조는 왕권 강화 차원에서 소현세자의 아들인 왕세손王世孫을 폐위하고 봉림대군鳳林大君(훗날의 효종)을 세자로 책봉하였다. 인조는 소현세자의 부인 강빈姜嬪(1611~1646)에게 임금의 수라상에 독을 넣었다는 혐의를 씌워 죽였으며, 왕세손을 포함한 소현세자의 세 아들 모두 제주도에 유배시켰다. 훗날 이들은 모두 귀양지에서 사망하였으니, 보위를 이을 귀한 왕세손이었음에도 불구하고 죄인의 몸으로 죽음을 맞이한 셈이다.

반면 사도세자의 아들의 운명은 달랐다. 왕세손은 어린 시절부터 할아버지 영조의 총애를 받으며 제22대 왕으로 즉위했으니, 바로 정조 임금이다. 비록 그는 아버지의 비참한 최후를 목도하였지만, 왕위에 오른 뒤 조선의 중흥에 큰 역할을 하는 군주가 된다.

요절한 세자로 순조의 아들 효명세자도 있다. 효명세자는 조선시대 대리청정을 경험한 몇 안 되는 세자였다. 그러나 불행하게도 왕좌에는 앉지 못했다. 효명세자는 1827년 열아홉 살의 젊은 나이에 대리청정을 통하여 안동 김씨 세도정권을 견제하고, 인사권을 행사하여 새로운 신진관료를 육성하기도 하였다. 특히 그는 자신의 정치적 모델을 할아버지 정조에게서 찾으며 백성을 위한 정치에 주력하고자 하였으나, 대리청정을 수행한 지 겨우 3년 만에 갑자기 요절함으로써 그의 꿈도 끝내 실현되지 못했다.

도15 **현륭원비 탁본** 1789년, 1점, 한국학중앙연구원 장서각 소장.
1789년(정조 13) 10월에 양주 배봉산에 있던 사도세자의 무덤을 수원 화산(지금의 화성)으로 이장하고, 무덤 명칭도 '현륭원'顯隆園으로 개칭하여 세운 비석의 탁본.

세자를 만나는 법

조선시대 세자의 지위와 일상, 다양한 삶의 궤적을 보인 세자들을 개괄적으로 살펴보았다. 왕조 사회에서 왕은 정책의 최고 결정권자로서 국정의 성패에 대한 사실상의 책임을 졌다. 이러한 왕의 위상을 고려할 때 재위 시 왕의 정치적, 심리적 성향에 대한 총체적 이해를 위해서도 왕 즉위 이전 세자 시절의 삶에 주목하는 것은 당연하다. 나아가 조선의 왕위 계승과 정치 구조를 이해하려 할 때 세자가 왕이 되기까지의 정치적 역학관계를 제대로 다룰 필요가 있다.

조선시대 관료 체계의 정점은 왕이다. 세자는 왕의 아들이자 권력 서열 2인자라는 높은 지위에 있었던 인물이다. 세자는 다음 시대를 이끌어갈 주인공이었기에 왕실에서는 왕자의 출생부터 즉위까지 교육과 보호에 만전을 기하며 힘을 쏟았다. 선왕이 이루어놓은 유산을 이어받아 성리학을 국시로 삼은 조선 왕조를 이끌어가기 위해서 세자는 높은 수준의 학문과 소양을 갖출 필요가 있었다.

세자가 왕좌에 오를 권력 2인자라는 중요성에 비해 지금까지 세자에 관한 연구는 일부 주제에 머물렀다는 한계가 있다. 세자 교육 제도에 관해서는 비교적 활발한 연구가 진행된 반면, 세자의 법적 지위와 구체적 정치 활동, 세자의 궁중생활상에 대해서는 본격적인 조망이 이루어지지 못했다.

최근 조선 왕실에 대한 관심이 커지면서 관련 문헌이나 자료 발굴도 활발해지고 있다. 이에 따라 세자 연구의 진전을 위해서 살펴보아야 할 자료도 더욱 다양해지고 있는데, 중요하다고 판단되는 자료를 소개하면 다음과 같다.

첫째, 기본 사료인 『조선왕조실록』을 비롯한 관찬 연대기 기록에 대한 꼼꼼한 분석이 필요하다. 조선시대 정치, 경제, 사회, 문화의 모든 주제에 걸쳐 풍부한 내용을 담고 있는 연대기 기록은 세자 연구에서도 훌륭한 정보를 제공해준다. 조선 후기 연구자라면 『조선왕조실록』 외에도 『승정원일기』, 『일성록』을 함께 검토해야 함은 물론이다.

둘째, 세자의 법적 지위, 국가 행사 속의 세자의 모습과 위상을 살펴보기 위해서는 법전과 의례서, 의궤·등록 등의 기록을 뒤져야 한다. 조선시대 왕실 국가의례는 왕정王政을 펼치는 왕조체제의 권위와 질서를 상징한다. 각 의례마다 외형적으로 나타나는 모습에는 약간의 차이가 있지만 각 의식은 의례 행사에 참여하는 인물들의 성격에 따라 다양한 복식과 의장, 음악이 연주되고 있다. 의례서, 의궤, 등록 속에 나타난 세자의 모습은 조정에서의 그의 위상을 그대로 보여준다. 우리가 조선의 다양한 왕실 행사에 주목하는 것은 이 때문이다.

셋째, 궁중문학 작품, 왕실 고문서, 일기류 등의 기록도 빼놓을 수 없다. 특히 세자와 관련된 관청일기官廳日記는 세자의 성장 과정을 그대로 보여준다는 점에서 중요하다. 보양청, 강학청, 세자시강원 등 많은 관청에서 세자의 보양과 교육을 담당하였는데, 이들 관청에서 남긴 일기에는 세자의 성장과 교육은 물론 궁중생활, 각종 의례, 당시의 정치적 사건 등이 총망라되어 있다.

이들 세자 관련 관청일기의 대부분은 현재 서울대학교 규장각에 소장되어 있다. 규장각에는 『소현동궁일기』昭顯東宮日記에서부터 『순종동궁초일기』純宗東宮草日記에 이르기까지 조선 후기 전반에 걸쳐 있으며, 일부 빠진 시기는 국립중앙도서관 소장 순조의 『강학청일기』와 한국학중앙연구원 장서각 소장 순종의 『춘방일기』春坊日記로 보완할 수 있다. 최근에는 일부 번역 작업도 이루어져 이용이 한결 용이해졌다.[25]

이들 자료를 바탕으로 세자의 탄생과 책봉, 관례와 가례, 세자 교육 방식과 교재, 교육기관과 역할, 시대별 교육의 특징, 세자 개개인의 연령과 자질, 세자의 인간관계와 궁중생활, 대리청정 등을 통한 국정 참여 양상 등을 세밀하게 살펴본다면 머지않아 조선시대 정치사에 대한 이해를 심화할 수 있을 뿐만 아니라 궁중생활사의 한 장을 생생하게 재구성하는 것이 가능할 것이다.

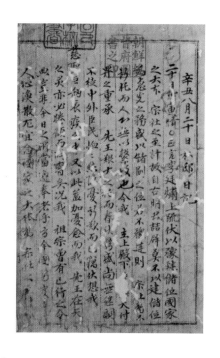

도17 『동궁일기』 경종대, 5책, 34.3 ×23.2cm, 서울대학교 규장각한국학연구원 소장.
영조가 왕세제였던 1721년부터 1724년까지 교육을 담당했던 세제시강원에서 작성한 일기다.

25_ 서울대 규장각 한국학연구원 동궁일기 역주팀, 『규장각소장동궁일기역주총서』1~22, 민속원, 2008.

왕의 아들이 태어났다. 태어난 아들은 원자라 불린다. 원자는 일반명사처럼 왕의 적장자를
가리키는 호칭으로 주로 쓰였다. 태어난 뒤 보통 6~7세에 세자 책봉이 이루어졌다. 세자 책
봉의 목적은 무엇이었을까? 첫째, 왕통의 차기 계승권자임을 천하에 포고하는 것이다. 둘째, 백
성을 복종시키는 것이다. 성균관에 입학할 때는 입학례를 행했다. 입학례는 점을 쳐 택한 길일에 거행
되었다. 행사를 치르기 전에 한 치의 실수도 없도록 하기 위해 날을 잡아 미리 연습을 했다. 세자의 성균관 입학례는
차기 왕통 계승자에게 성리학 이념을 수호하고 유교정치의 이상을 실현해야 할 책임을 지우는 의례였다.

제1부

탄생, 책봉 그리고 교육

世子日常

1 원자의 탄생

왕의 맏아들,
원자 태어나다

조선 세상에 왕의 원자가 태어났다. 원자의 탄생은 종사의 막대한 경사요, 신민의 큰 기쁨이었다. 국가가 맞이하는 이런 큰 경사는 하늘땅과 조상이 내려준 축복이니 그들과 함께해야 했다. 신민들은 이 사실을 조상신이 머물러 계신 종묘와 땅귀신에게 아뢰고 그 은혜에 감사했다. 그런데 이를 행하는 데는 터부가 있었다. 일칠 일이 지나야 한다는 것이다. 동시에 백관들은 경사를 축하하는 하례를 거행하고, 국가는 온 세상에 이 사실을 널리 공표하며 죄인들을 사면하는 특사를 베풀었다. 왕도 그 기쁨을 나누고자 문무백관들에게 품계를 한 자급씩 올려주기도 하고, 경우에 따라서는 경과慶科인 별시別試를 치르기도 했다.

왕의 맏아들에게는 '원자'元子라는 이름을 정해주었다. 사실 원자는 국가의 서열체계인 작위에 들어 있지 않아 책봉할 필요가 없었다. 왕의 적장자는 적당한 연령이 차면 세자로 책봉되는 것이 순리였다. 그런데 태종은 즉위한 지 얼마 지나지 않아서 양녕대군을 원자로 삼았다. 그 요속으로 유선諭善과 시학侍學을 임명하고, 책봉 의식은 거행하지 않았다. 그렇지만 신하들이 이것을 책봉한 것으로 보고 하례하고자 하자 태종은 이를 거절했다. 태종은 "봉한 것이 잘못이다"라고 했으니, 이로써 보면, 조선의 원자 책봉은 태종 2년 (1402)에 처음 거행되었다고 할 수 있다.

태종이 원자를 책봉한 데는 이유가 있었던 것으로 보인다. 태종 4년에 세자로 책봉하면서, 그 교서에서 "예의와 겸양을 알지 못하니 장차 어찌해야 어진 이와 친하겠으며, 옛 가르침을 익히지 못하였으니 또한 어찌해야 정치를 보필하겠는가? 그러므로 배움에 나아가게 한 지가 여러 해가 되었다"라고 했다. 세자로서의 자질이 의심되어 지식과 인격 수양을 위한 예비 기간을 두고자 원자로 책봉하였던 것이다. 강론과 시위를 담당할 사부와 시직 및 해당 부를 설치한 배경도 여기에 있었다.

원자는 왕의 적장자를 가리키는 일반적인 호칭으로 주로 쓰였다. 예종은 소손小孫을 원자로 칭하게 하였는데, 성종이 즉위하면서 왕자로 고쳐 칭하게 했다. 소손은 세조의 어린 손자이니, 이러한 호칭과 지위의 변개는 현왕을 중심으로 적장嫡長의 자손 여부가 정해지게 마련이기 때문이었다. 광해군 즉위년에 원손을 세자에 책봉하기 전에 원자라고 호칭하도록 한 것도 마찬가지다. 선조 31년에 광해군의 맏아들이 태어나자 원손이라 하고는 권초례捲草禮를 행했다. 권초례는 왕자녀가 태어나면 산실청에 깔았던 산자리를 걷어 붉은 보자기로 싸서 칠궤에 넣고 권초각에 보관하였는데, 이때 올리는 일종의 제사를 말한다. 헌관은 덕이 있고 아들을 많이 둔 사람을 택했으니, 부제학 홍이상洪履祥이 선발되었다. 이 원손은 서원손庶元孫이기는 하였으나 세자의 맏아들이라 원손으로 받아들여졌다. 원자나 원손이나 적장이 아닐 경우에 그 이름을 정하는 공인 절차가 필요했을 것으로 보이나, 꼭 그렇지도 않았던 것 같다.

적장자인 원자가 왕 재위 중에 탄생하기는 성종 7년이 처음이었다. 이때에 비로소 그 경사를 축하하는 반사頒赦와 백관의 하례가 거행되었다. 고려에서는 왕이 맏아들을 낳았을 때 축하하는 의식이

도1 〈원자탄강진하도〉 1874년(고종 11), 10폭 병풍, 각 폭 133.5×37.5cm, 국립고궁박물관 소장.
고종 11년(1874) 고종의 둘째 아들(순종) 탄생을 기념하여 신하들이 하례하는 그림 병풍. 원자 탄생 7일 만에 창덕궁 인정전에서 거행한
행사 장면을 산실청 관원들이 만들었다.

都提調大匡輔國崇祿大夫議政府領議政兼
都提調大匡輔國崇祿大夫議政府領議政兼

提調正憲大夫禮曹判書　　　朴齊寬

副提調資憲大夫知宗正卿府事兼承政院都承旨
經筵參贊官春秋館撰修弘文館提學尚瑞院正　李會正

籤功郎承政院注書兼春秋館記事官　申一永

籤功郎行藝文館檢閱兼春秋館記事官　金永喆

經筵弘文館藝文館春秋館觀象監事　李裕元

제정되어 있었다. 맏아들이 태어난 직후, 왕은 사흘 동안 정무를 보지 않았다. 4일째 되는 날에는 백관들의 축하를 받고, 7일째에는 경령전景靈殿에 고유하며, 태사太使를 파견하여 조서를 내리고 왕후전에 하례한 다음 연회에 참석하여 표문을 받아왔다. 순조로운 왕위 계승과 왕실의 안정을 염원하는 온 백성의 마음을 들뜨게 하는 원자 탄생 하례는 국가의 안정 및 번영과 직결되는 행사로 인식했다. 이로써 백성들의 근심과 걱정이 덜어지게 되었으니, 기쁨이 오죽하였으랴! 국가의례로 제정되기는 하였으나 이러한 감성적·상징적인 전통은 조선에서도 얼마든지 수용할 만한 것이었다.

조선에서는 원자 책봉례가 제정되지는 않았으나, 그 경사를 축하하는 여러 의식을 공식적으로 거행했다. 그런데 아무래도 원자가 적장자가 아닐 경우에는 종법을 중시하는 사회에서 꺼림칙하지 않을 수 없었다. 숙종 14년에 희빈 장씨가 아들을 낳았다. 숙종의 맏아들이었으므로 태어난 지 2개월 만에 숙종은 원자라는 명호를 정하고자 했다. 신하들은 숙종이나 인현왕후나 한창 젊은 나이여서 아들을 낳을 가능성이 충분하니 서두르지 말자고 간했다. 그러나 숙종의 결단은 신속했다. 이것은 '왕후에게 적자가 없으면 맏아들을 뽑아 세운다'는 선례에 근거했다. 신하들의 소극적인 비판은 전혀 개의치 않았다. 그렇더라도 정식 왕비가 원자를 낳을 가능성을 일축한 채 서장자가 태어나자마자 원자로 정한 것은 숙종의 조급성을 드러낸 것이라 하지 않을 수 없었다. 어찌 보면 원자의 책봉은 왕실의 안정을 위한 정치적 볼모로 전락한 셈이 된 것은 아닐까.

원자는 부모인 왕과 왕비의 손에 키워지지 않았다. 태어나자마자 어머니의 품에서 떨어져 봉보부인의 젖을 먹고 궁녀와 환관 혹은 후궁에 의해 양육되었다. 그런데 성종 재위 중에 원자의 양육과 교육을 둘러싸고 논란이 일었다. 논란의 핵심은 원자에게 백성의 삶과 고충을 이해하고 알 수 있도록 하는 정치의 기초 교육이었다. 이를 위해 교육 장소를 궁궐 내로 할 것이냐 아니면 궁궐 밖의 사

도2 **춘방 현판** 78.1×122.4cm, 국립고궁박물관 소장.
춘방은 세자의 교육을 담당하던 관청인 세자시강원의 별칭. 순조 29년(1829) 당시 세자로 있던 효명세자가 쓴 글이다.

가로 할 것이냐를 시빗거리로 삼았다. 이때에는 민간의 괴로움과 물정을 알게 하기 위해 원자를 강희맹의 집으로 보내 살게 한 적이 있었다.

중종도 동왕 3년에 이를 본받아 원자를 궁궐 밖으로 나가 살게 했다. 그러자 이를 반대하는 여론이 비등했다. 좌의정 정광필이 "원자가 어디에서 본받을 것이냐 하면, 궁중에서 양육하여 상께서 공사를 처결하시는 것과 환시를 대하고 궁첩을 대하며 대신을 접하고 대간을 접하는 도리를 보여서 본뜨게 해야 합니다. 옛말에 '부호의 집에는 예법이 있는 집이 드물다'고 하였거니와, 외간에서 예법이 있는 집을 어찌 쉽사리 많이 얻겠습니까?"라고 한 바와 같이, 왕의 정치를 견문하여 본받는 것이 정치의 기초라는 것이다. 외간에서 예법이 있는 집안을 찾기도 쉽지 않다고 했으니, 여기에서 외간은 남천군南川君의 아들인 문천부정文川副正의 집을 말한다. 영의정 유순도 "어진 재상의 집이라면 모르겠거니와"라고 한 것을 보면, 문천부정을 폄하하여 이를 못마땅하게 여겼던 것 같다. 궁중에서 양육한다고 하여 기대에 미칠 만큼 어진 군왕으로 성장한다는 보장도 없었다.

그렇게 몇 년이 지나면 원자의 보양에 대한 계획이 마련되었다. 태종 때에는 학당을 지어서 원자부元子府라 칭하고 그 관속을 시학

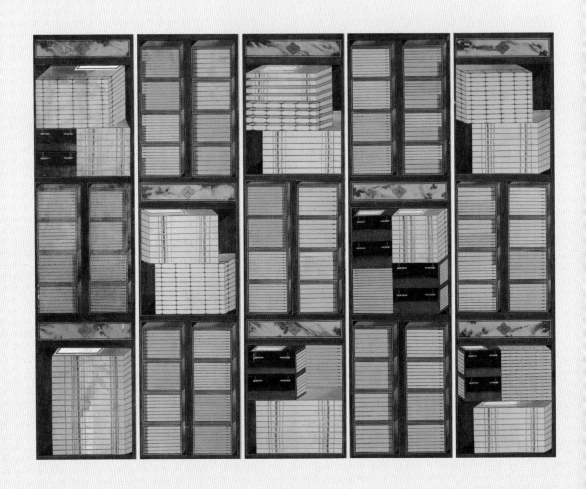

도3 〈책가도〉 20세기 초, 비단에 채색, 10폭 병풍, 각 폭 161.7×39.5cm, 국립고궁박물관 소장.
여러 칸에 책을 가득 꽂은 책꽂이를 그린 그림이다. 조선 후기에 주로 왕이나 세자의 거처에 놓았다. 실제로 책이 꽂힌 서가를 설치한 듯한 효과를 내어, 장차 왕통을 이을 세자가 학문에 힘쓰기를 바라는 뜻을 담았다.

도4 〈서연관사연도〉書筵官賜宴圖
48.5×33cm, 국립고궁박물관 소장.
1535년에 중종이 경복궁 근정전에
서 세자의 교육을 담당하고 있던
서연관들에게 연회를 베푼 모습을
그린 것이다. 조선 후기의 모사본
인 『경이물훼』敬而勿毁에 수록된
의령 남씨 관련 기록화 5건 중의
하나다. 그림 뒤에는 당시 사연 참
석자 39명의 명단이 품계 순으로
열거되어 있다.

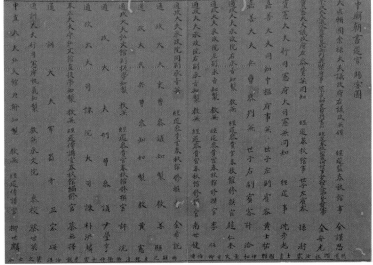

관侍學官이라 불렀다. 사부는 성균관원이 맡고, 시학은 생원이 행하
였다. 그런데 중종 때에는 곧장 원자를 세자로 칭하고 서연을 출입
하게 했다. 이때에는 대신을 시강관으로 차출하기도 했다. 인조 때
에는 원자의 관속을 차출하여 당상관은 강학관, 당하관은 시학관이
라 칭하였다. 보양관輔養官을 두고, 담당 기관으로 강학청을 설치했
다. 현종 6년에는 장차 숙종이 될 원자의 교육 담당관과 기구를 일

찍이 설치하여 원자의 공부와 인격 형성에 중추적인 역할을 맡도록 했다. 그전에는 성균관에 입학하고 관례를 치르고 난 뒤에 이 조직을 갖추는 것이 보통이었다. 이때 만들어진 강학절목을 보자.

1. 원자와 보양관이 처음 상견례를 행할 때에는 동계童髻에다 옥잠玉簪을 꽂고 아청색雅靑色 단령團領을 입고 흉배胸褙와 옥대玉帶와 흑화자黑靴子만을 착용한다. 원자가 강학하는 처소는 본청, 곧 예조에서 임시로 여쭈어 시행하며, 처소를 수리하고 배설하는 일 등은 해당 기관으로 하여금 속히 거행하게 한다.

1. 원자와 보양관의 상견례는 사부師傅 상견례의 의식에 따르고, 의주儀註는 때에 임하여 써서 들인다.

1. 원자가 강학청에 출입할 때에는 한결같이 조종祖宗의 옛 사례에 의거하는데, 노성 견실하고 근신 돈후한 환관을 택하여 좌우에서 모시고 받들며, 무릇 기거하는 때에는 그로 하여금 모시고 따르게 한다.

1. 보양관은 이미 소속 서리와 사령使令이 없으니, 강학청으로 하여금 적정한 수를 정하게 하고 해조該曹로 하여금 요포料布를 지급하게 한다. 강학청은 시강원에 설치한다.[1]

1_『현종실록』 권10, 현종 6년 8월 16일.

이 절목이 제정되자 원자가 착용하는 복색을 둘러싸고 논란이 일었다. 현종은 자신이 사부와 상견례를 할 때에는 당수唐首(일명 당마리, 사대부 집안 아이들이 트는 상투)에 곤룡포를 입었으며, 공정책空頂幘은 판을 없앤 평천관平天冠을 쓰고 흑대黑帶를 사용했고, 인조조의 원자는 흑직령黑直領에 옥대를 착용했다고 하면서 문제를 제기한 것이다. 송준길은 공정책과 수정대水晶帶가 좋을 듯하여 그렇게 정했다고 하였는데, 옥대는 세자가 착용하는 것이므로 책봉되기 전에는 수정대를 착용해야 한다는 주장이다. 이는 세자로 책봉되기 전의 원자는 세자와 복색에 차이를 두어야 한다는 논리다.

그러나 현종은 세자의 복색으로 하기를 바랐다. 세자는 흑단黑段

도5 **영친왕 곤룡포** 길이 119cm, 화장 98.5cm, 국립고궁박물관 소장.

왕과 세자의 조복. 겉은 대홍색이고 안은 남색으로 넣었다. 이 옷을 입을 때에는 옥대를 차고 익선관을 썼으며 흑색 녹피화鹿皮靴를 신었다.

도6 **자적용포** 길이 66cm, 화장 44.5cm, 국립고궁박물관 소장.

세자의 예복. 도류단桃榴緞이나 사紗라는 자주색 비단 겉감에 붉은색 안감을 대어 곤룡포와 같이 만든다. 여기에 공정책이라는 모자를 쓰고 옥대를 띠며 녹피화를 신었다.

2_ 『현종실록』 권10, 현종 6년 8월 18일.

단령團領을 입는데 앞뒤 흉배에 모두 견화肩花가 있으며, 이 견화가 있어야 곤룡袞龍이라고 했다. 견화는 비단에 일월용봉日月龍鳳을 금색실로 수놓은 것인데, 조선에서는 용을 사용했다. 그리고 옥대에는 용포龍袍를 입어야 하며, 세손은 방흉배方胸褙를 하도록 되어 있었다. 이러한 양 견해는 결국 절충되어 흑단령黑團領과 견화를 없앤 단흉배團胸褙 그리고 옥대를 착용하는 것으로 결정되었다.[2]

원자의 교육은 『소학』, 『효경』 등을 중심으로 음을 읽고 뜻을 깨우치는 방식을 위주로 했다. 정조가 원자 시절에 쓴 필적인 '노인태평원자만년'老人太平元子萬年이라는 글에서 만년토록 왕실의 안정과 번영을 누릴 수 있도록 성군이 되겠다는 다짐을 한 사실을 통해 알 수 있듯이, 원자는 뛰어난 자질과 확고한 신념을 지닌 예비 군왕으로서의 면모를 갖추면서 성장해갔다. 이렇게 체계적인 양육과 강학이 이루어진 지 3~4년 만에 원자는 세자로 책봉되었다.

원자와 세자   세자 책봉은 꼭 그렇지는 않지만, 보통 6~7세에 이루어졌다. 책봉의 자리에서 원자는 드디어 엄숙하게 왕의 사신으로부터 세자로 책봉한다는 교명문을 받았다.

전책관[책봉 교명문을 전하는 관리]이 '전교가 있다'고 말한다. 왕세자가 꿇어앉는다. 전책관이 함을 열어 간책簡册을 선포하여 밝힌다. 왕세자는 부복하였다가 일어나 네 번 절한다.

이렇게 해서 조선의 세자가 탄생했다. 세자는 장차 왕이 될 인물이다. 세자 책봉은 개인과 왕실의 무한한 광영이요, 국가와 사회의 기틀을 유지하는 데 매우 긴요한 절차였다.

세자는 장차 천명에 의해 부여된 왕통과 교화를 책임질 군사君師로서의 지위를 계승할 권리를 부여받았다. 이를 공식적으로 거행하는 의식이 책례의册禮儀다. 책례의는 가례에 속한 의례로서, 세자와 세손·세제 및 왕비·세자빈 등을 책봉하는 의식이다. 관례나 혼례 같은 일생의례와는 달리, 국가의 종통을 세우는 정치 행위라 할 수 있다. 이 의례는 예치국가禮治國家의 질서를 확립하고 유지하기 위한 목적에서 시행되었다. 특히 세자는 국가의 대본大本으로 인식되었기 때문에, 그 의식은 더할 나위 없이 중요하였다.

그런데 세자는 원자와 혼동되어 쓰이는 경우가 많았다. 어떤 차이가 있을까? 『의례』를 보면, "원자는 사土와 같다. 천하에 태어나면서 귀한 자는 없다"라 하고, 『예기』禮記에서는 "천자의 원자는 사土이다"라고 했다. 곧 원자는 천자의 원자다. 원자로 책봉되는 전후로 관례가 행해졌는데, 이것이 관행은 아니지만 이 관례에서 원자는 사土의 지위로 이해되었다. 천자의 원자라고 해도 관례 때에는 사土가 행하는 의례를 행하도록 한 것이다. 그래서 천하에 태어나면서부터 귀한 자가 없다는 것이며, 천자의 아들이라도 모두 아래를 거쳐서 올라가야 한다는 것이다. 이러한 이유로 원자는 사土와 같다고 했다. 왕의 적장자는 원자이면서 세자였다. 세자의 본래 의미는 '계세하는 아들'[繼世之子]이다. 아버지의 대를 잇는 아들이라는 뜻이다. 곧 천자와 제후의 지위를 계승할 적자를 가리킨다. 세자가 계세하여 제후에 즉위하는 것은 어짊을 본받았기 때문이라고 했다. 자손이 선조의 어짊을 본받았으므로 계세할 수 있는 것이다. 제후의 적장자인 세자가 선조의 어짊을 본받는다는 것은 조묘祧廟를 잇고 종묘를 받듦을 말한다. 이는 곧 종법의 기본 원리이며, 세자는 장차 종자의 지위를 계승할 적장자이므로 당연한 말이다. 다만, 세자가 원자와 다른 점은 앞서 언급했듯이, 왕위 계승권자로서의 지위를 부여받았는가 아닌가 하는 것이다. 이 원자는 세자라는 말과 같으며, 저군 혹은 부군副君이라고도 한다.

원자를 처음 책봉한 태종은 그의 교육을 위해 성균관의 동북쪽 모퉁이에 학궁을 짓고, 원자를 보위할 기구로 경승부敬承府라는 원자부를 두었다. 이때 사간원에서 올린 시무時務 두어 조목에서, 원자의 입학에 대해 다음과 같이 건의했다.

"『주역』에서 말하기를, '어린것을 바르게 기르는 것은 성인聖人의 공功이다'라고 하였습니다. 내개 순일純一하고 아직 피어나지 아니한 어린 것을 바르게 기르면 곧 성인聖人이 되는 공功이요, 피어난 뒤에 금禁하면 저항하여 이기기가 어렵습니다. 따라서 어릴 때 바르게 기르는 것은 학문의 제일 좋은 방법입니다. 하물며 원자는 제2의 임금이라, 장차 종묘와 사직 및 민생의 책임이 일신에 달려 있으니, 처음부터 교육하고 미리부터 길러두지 않을 수 있겠습니까? 가의賈誼는 말하기를, '태자의 선善함은 일찍이 교육으로 달리고 좌우의 보필의 선택에 달렸다'고 하였습니다. 이런 까닭에 전하께서는 원자를 위하여 유신儒臣을 택해 빈사賓師로 삼으시고, 또 유선과 시학 벼슬을 두어 그들로 하여금 날마다 서연을 열고 『효경』을 강습시키게 하며, 유사有司에게 명하여 원자께서 입학할 궁宮을 세우게 하여 이제 이미 낙성이 되었사오니, 원컨대 길일을 택하여 원자를 보내 입학하게 하소서. 그 빈사와 유선, 시학으로 하여금 아침저녁으로 좌우에서 떠나지 못하게 하고 항상 효제충신의 도를 날마다 앞에서 강의하게 하신다면, 자연히 훈도되고 점점 감화되어 덕기가 성취되고 국본國本이 견고하여질 것입니다."[3]

3_ 『태종실록』 권3, 태종 2년 6월 18일.

제1부 탄생, 책봉 그리고 교육

원자는 제2의 임금〔君之貳〕이라 했다. 장차 세자가 될 인물이니, 틀린 말은 아니다. '원자가 성인聖人이 되려면 어려서부터 바르게 길러야 한다. 그렇게 하지 않고서 장성한 뒤에 가르치면 이미 늦어서 오히려 저항을 부르는 후회스러운 상황에 처할 수 있다. 더욱이 원자가 임금으로 즉위하였을 때에는 종묘사직과 민생의 책임이 오직 일신에 달려 있게 된다. 국가와 백성을 제대로 다스리게 하기 위해서라도 원자 시절에 미리 양육과 교육을 전담할 조직과 체계를 갖추어 이에 대비해야 한다'는 것이다. 그리하여 빈사 등의 사부를 두고 학궁도 낙성되었으니, 입학례를 거행하여 효제충신의 도를 교육시킬 것을 건의한 것이다.

그 후 성균관 입학례를 행했다. 학생복을 입고 문묘文廟에 참배하여 작爵을 드리고, 박사博士에게 속수束脩의 예를 행하였다. 예물은 속백束帛 한 광주리와 술 한 병, 포 한 상이었다.

그런데 사간원에서는 몇 개월 지나지 않아 사부의 자격에 대해 시비를 하고 나섰다. 그들은 가의賈誼(기원전 200~168, 중국 전한의 문인 겸 학자)의 충언을 예로 들었다. 가의는 위의 말에 더해서, "태자가 나서부터 바른 일을 보고, 바른 말을 듣고, 바른 도를 행하고, 좌우전후가 모두 바른 사람이면, 바르게 되지 않을 수가 없으니, 마치 제나라에서 생장하면 제나라 말을 하지 않을 수 없는 것과 같다"고 했다. 그런데 원자의 좌우에서 보필하는 사람들이 덕과 지위가 높지도 않고 바르지도 않다고 비판하고, 연치年齒와 덕행이 높아 한 나라의 중망을 받는 자를 빈사로 삼을 것을 청했다.

태종이 원자의 양육과 교육에 각별히 관심을 보인 것은 왕권을 확립해 가는 도정에 있었던 그에게 후계자로서의 자질과 품성을 간과할 수 없었기 때문일 것이다. 그렇게 노력한 지 2년 반이 지난 즈음에 태종은 원자를 세자로 삼았다. 그런데 불행하게도 동왕 18년 6월에 양녕대군을 폐하고 충녕대군을 세자로 삼는 뜻밖의 일이 벌어졌다. 태종은 어느날 원자에게 "내 나이 거의 마흔이 되어 귀밑

털이 희뜩희뜩하나, 아침저녁으로 조금도 게을리 하지 않고 부지런히 글을 읽으니, 네가 그 뜻을 아는가?" 하고 물었다. 하지만 원자는 대답하지 못했다. 이에 태종은 "딱하다. 저 아이여! 내가 말하여도 캄캄히 알지 못하니, 슬프다! 언제나 이치를 알 것인가"라고 하면서 탄식했다. 열 살도 채 안 된 원자인데, 태종의 과욕일 수는 있으나 이 일은 원자라고 해서 반드시 왕위를 계승한다는 보장은 없었음을 보여준다.

책봉하기
좋은 나이

세자의 책봉 방법은 임헌책명臨軒冊命으로
규정하였다. 임헌책명은 원자가 정전의 뜰
로 나가 절차에 따라 책봉을 받는 방식을 말한다. 그런데 조선 중
기 이후에 세자로 책봉될 원자의 나이가 매우 어려 그 의식을 원만
히 치를 수 있겠느냐 하는 점이 현안으로 대두되었다. 아버지인 왕
의 입장에서는 이 문제에 더욱 민감할 수밖에 없었다.

그러면 세자 책봉은 몇 살에 하는 것을 이상으로 여겼을까? 세
자 책봉의 연령은 보통 7~8세 혹은 9세였다. 연산군이 그 이유를
물은 적이 있다. 승지 이자건 등은 "옛날 제왕들이 태자를 일찍이
세우는 것은 나라의 근본을 튼튼히 하고 백성들의 마음을 하나로
하고자 하는 것"이라 했으며, 예조에서는, "우리 조정에서 나이 8
~9세가 되기를 기다려 책봉하는 것은 생각건대 반드시 성립成立하
여 행례行禮를 감내할 수 있으리라는 것을 참작하고서 책봉한다는
것인 듯합니다"라고 하였다. 중국 조정에서는 태자가 태어난 해에
책봉하기도 하였지만, 조선에서는 이 같은 생각이 일반적이었던 듯
하다.

아무리 8~9세에 성립하여 행례를 감당할 수 있을 것이라고 해

도, 왕으로서는 선뜻 내키지 않았던 모양이다. 성종이 "여덟 살 난 아이에게 관복을 갖추고 예를 행하게 하는 것은 온당치 못할 듯하니, 나는 내전에서 책봉하고 정전에는 나오지 못하게 하련다"라고 한 것이 한 예다. 동지사 남곤이 말한 바와 같이, 책봉례의 행례뿐만 아니라 책봉 이후의 시선視膳과 문안問安 등의 일은 나이가 너무 어린 경우에는 해낼 수 없기 때문이다.

중종 15년에 좌의정 남곤 등이 국본을 일찍 정할 것을 청한 바 있다. 중종은 겨우 여섯 살인 원자가 모든 예모를 제대로 행해낼 수 있을지 걱정이었다. 남곤은 "예부터 반드시 국본을 일찍 정하여 놓은 뒤에야 국인國人의 기대가 매인 데가 있게 되는 것이므로 임금이 이를 급선무로 삼아야 한다"라고 하고, 한세환은 "명위名位가 정하여지면 궁중 사람들도 모두 바라는 마음을 붙일 데가 있게 되므로 물론物論이 모두 일찍 정하기를 바라고 있다"고 하면서, 세자 책봉의 명분과 시급성을 들어 그 시행을 주장하였다. 그렇지만, 중종은 "나이가 어려서 능히 예를 행하지 못할까 염려스럽다"는 걱정만 늘어놓았다.

며칠 뒤에도 신하들의 주청이 이어졌다. 중종은 결국 이를 수락하고 도감을 설치하여 책봉례를 거행할 것을 명했다. 거행 날짜가 다가오자, 중종은 여전히 그 우려를 떨치지 못한 나머지 책례 장소를 문제 삼았다. 연산군의 세자 책봉은 경복궁 사정전에서 거행하고 세자가 직접 백관의 하례를 받지 않은 선례가 있으니, 이를 상고하여 아뢰라고 명하였던 것이다.

이에 대해 예조에서는 "과연 세자의 나이가 어렸기 때문에 외정外庭에서 예를 거행하기 어렵다고 생각하여 그렇게 했습니다. 그러나 이 일은 국가의 중대사이니 모름지기 광명정대한 곳에서 예를 거행하여, 백관과 만백성들로 하여금 다 같이 그 일을 볼 수 있도록 함이 가합니다"라고 건의하였다. 연산군은 성종 14년에 세자로 책봉되었는데, 당시 나이가 만 일곱 살이었다. 이때 검교 공조참의

도7 **경복궁 사정전** ⓒ박상준
임금이 정사를 보는 곳인 편전이
다. 경복궁 근정전 바로 뒤편에 있
다. 이곳에서 어린 나이의 원자를
세자로 책봉하는 의례가 행해지기
도 했다.

이계기李啓基가 시 3수를 올려 경사를 축하하고 왕실의 백세를 축원
하며 축수했다.

하늘이 신조神祖〔조선의 선대 조상〕에게 단군을 계승케 하여
성군의 다스림 기주箕疇〔기자의 홍범구주〕에 근본했네.
창덕궁 안에는 요일堯日〔요임금 때와 같은 시대〕이 밝았고
흥인문 밖에는 순풍舜風〔순임금 때와 같은 교화〕이 훈훈해라.
씩씩한 우림군은 슬기롭고 용감하며
영특한 한림원은 성리학을 베풀었네.
외로운 마음엔 연기 일고 바다는 잠잠한데
천고의 화산은 상서 구름 안고 있네.

밝은 별 일찍 나와 동궁을 비치니
아침저녁 삼전三殿〔왕, 대비, 왕비〕으로 빛이 흐르네.
청편靑編〔글을 읽음〕에 빛이 발해 밝음 더욱 성하니
환하게 햇빛 받아〔하늘의 뜻에 따라 인덕을 행함〕 봄바람〔인仁을 비유〕 움
직이네.

이 시에서 그는 조선이 요순시대와 같은 태평성대를 구가함을 즐거워하면서, 세자 책봉을 상서로운 구름에 비유했다. 그러고는 밝은 별인 동궁의 지극한 효성과 수기修己, 그의 덕으로 장차 인치仁治가 행해질 것임을 노래하고 있다. 그는 산속에 살면서 약초를 채취하며 산 적이 있다고 했다. 그리하여 마지막 한 수에서는 약재의 효능에 비유하여 치국의 요체를 설명하고 이를 당부하고 있다. "인삼과 복령茯苓은 원기를 보양하고, 생강과 계피는 독을 다스리는 데 제일이며, 길경桔梗은 주림을 채우기에 일품이네. 이 세 가지는 나라 다스리는 방법이로다." 이 시의 뜻에 대해서는 스스로 주를 달아 일깨워주고 있는데, 첫 구는 대개 강상綱常은 사람의 원기와 같으니, 강상의 근본을 부식扶植함은 풍속을 후厚하게 하는 것이 요체라는 것이다. 둘째 구는 대체로 강한 적은 마치 사람의 독한 병과 같아서 그것을 다스리려면 군사를 훈련시키는 것처럼 강하게 해야 한다는 것이다. 셋째 구는 대개 나라를 부유하게 함은 마치 사람의 배를 채우는 것과 같으니, 먹을 것을 풍족하게 하고 백성을 편안하게 하는 방법은 농사에 힘쓰는 것이 요체가 된다는 것이다. 그는 이 세 가지를 나라를 다스리는 큰 근본이라고 했다. 곧 강상의 질서를 바로 세우고 부국강병하는 것이 세자가 장차 지향해야 할 치국의 도리이며, 이를 실현할 수 있는 자질을 갖추는 데 최선을 다해야 함을 역설한 것이다.

예조에서 백관과 만백성이 다 볼 수 있도록 광명정대한 곳에서 거행하기를 청하는 것은 여러 가지 정치적 효과를 볼 수 있기 때문이었다. 그러나 중종은 "대신들은 비록 여섯 살 난 아이가 보통 아이들과 다르다고 생각하나 넓은 뜰 큰 집의 만인이 보는 앞에서는 기가 위축되어 난색難色이 있을 경우 지도할 수 없을 것"이라고 하여, 원자가 왕의 아들이라는 특수 신분이라고 해서 여느 어린아이와 다를 것이라고 생각하는 신하들의 편견을 지적하였다. 정치적 고려를 우선하고 아비의 정을 뒤로 하는 태도는 아무리 국가의 막

중한 의식이라 하더라도 부자의 정리상 차마 하지 못할 일이라는 말이다. 웅장한 정전 뜰에는 종친과 문무백관이 만장하고 무기를 든 호위 군사가 눈을 부릅뜨고 서 있다. 각종 수많은 기치가 바람에 나부끼는 가운데, 의장이 도열하고 절차에 따른 일사불란한 행동이 어린 원자의 눈에는 범상치 않을 것이다. 원자가 아이의 여린 마음으로 이런 현장을 목격했을 때 기운이 위축되어 놀라는 상황을 충분히 예상할 수 있다. 그렇게 되면 모든 의식을 망치게 될 것은 불문가지다. 결국 신하들도 중종의 말에 동의하여 책봉 장소를 편전으로 정하였다. 이것은 장소를 정전에서 편전으로 바꾸어 왕의 친림하에 행하는 임헌책명의 변형이라 할 수 있다.

명종 때에도 이와 같은 논란은 재연되었다. 명종이 조복과 갑주, 궁시 등의 물품을 들여다가 습의習儀할 것을 전교한 일에 대해, 삼공은 "원자의 기상을 보니 비록 예습하지 않더라도 경동하지 않을 듯하다"고 하면서, 조복 등의 물품을 대내에 들이지 말 것을 주청하였다. 명종은 "중묘中廟께서 인종을 책봉하여 세자로 삼을 때에 조복과 관대를 대내에 들여다가 내관에게 입히고 보게 했으니 이미 전례가 있다. 또 지금 원자는 궁중에 깊숙이 있어서 많은 사람이 모인 것을 보지 못했다. 근일에도 내관이 많이 모인 것을 보고 놀라는 빛이 없지 않았는데, 더구나 대례를 당해서 평상시에 보지 못한 채색 양관梁冠과 붉은 의복 및 의장에 소용되는 물품을 갑자기 보게 되면, 놀라서 의식을 잘못하는 폐단이 반드시 있을 것이다"라고 하며 허락하지 않았다.

장소에 대해서도 간원에서는 "세자 책봉을 (중략) 반드시 정전 큰 뜰에서 행하여 모든 관원으로 하여금 다 보게 하여 온 나라가 함께 하도록 한 것은, 그 근본을 중히 여기고 그 시작을 삼간 것입니다"라고 하면서, 예문에 따라 근정전에서 행할 것을 주장하였다. 그러나 명종은 원자의 나이가 어려 정전 큰 뜰에서 행할 수 없기 때문에 편전에서 행하는 것이라고 했다. 이튿날 예조판서 홍섬이

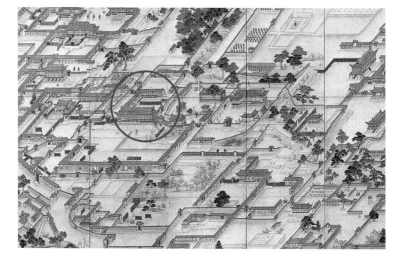

『오례의』에 따를 것을 재차 주장하였지만 소용없었다. 이처럼 명종
도 중종과 다를 바 없이 어버이의 지극한 자식 사랑을 위해 예법이
든 정치적 명분이든 따질 겨를이 없었다.

　　원자가 어려서 행례의 지난함을 들어 왕이 난색을 표한 사례는
현종 연간에도 있었다.[4] 반면에 숙종 때에는 세 살인 원자를 세자로
책봉하고자 하였을 때, 너무 어려서 행례가 지난하다는 논란은 지
양하고 견사책명遣使册命하는 방식으로 변경해 시행하였다.[5] 그러나
의주는 마련되어 있지 않아, 『명집례』明集禮와 『명회전』 등을 참고
하여 제정하였다. 영조 12년에도 겨우 두 살인 원자(훗날의 사도세자)
를 세자로 책봉할 때 보모가 안고서 양정각에서 견사수책하였다.[6]
따라서 세자 책봉의 방법은 『국조오례의』의 규정에 구애받지 않고
원자의 장유長幼와 국왕의 뜻에 따라 임헌책명과 견사책명을 겸하
였다고 하겠다.

책봉, 국왕 후보자로　　세자 책봉례를 치르는 목적은 무엇이었
임명하는 의식　　　　을까? 첫째, 왕통의 차기 계승권자임
을 천하에 포고하는 것이다. 둘째, 백성을 복종시키는 것이다. 이러
한 내용은 책문에 그대로 옮겨져 있다. 표현 방식만 다를 뿐, 책문

4_ 『왕세자책례등록』王世子册禮
謄錄(장서각도서 2-2692) 현종 7
년 1월 23일.

5_ 『왕세자책례등록』(장서각도서
2-2693).

6_ 『왕세자책봉등록』(장서각도서
2-2688).

에는 이 두 가지 정치적 목적과 명분을 확고히 하고 있다.

세자는 왕통의 차기 계승권자였다. 원자는 현왕의 적장자로서, 종법의 적장자 상속 원칙에 따라 왕위를 계승할 수 있는 권리를 책봉례를 통해 부여받아 세자의 지위에 올랐다. 종법은 정치사회의 질서를 일원적으로 편제하는 원리로서, 조선 초기에 이미 적극적으로 수용되었다. 이 원리에 따라 왕통 계승의 질서체계를 확고히 하고자 거행한 세자 책봉례는 차별적 가치를 존중하는 의례의 성격을 최대한 반영하였다.

의제儀制는 등위等位를 밝히고 상하를 구별하는 제도였다.[7] 예 중에 가장 큰 것인 이 의제는 존비尊卑의 구분에 있어서 명기名器와 작호爵號, 거복車服보다 엄격한 것이 없으며, 특히 명기의 등급은 여복輿服보다 구별되기 쉬운 것이 없다고 하였다. 존비의 차별에 있어서 여복이 시각적으로 가장 두드러지며, 복색은 왕에서부터 왕세자, 군신群臣이 현격히 달랐다. 왕의 다음가는 지위에 있는 부군, 곧 세자는 그 지위에 준하는 복색과 의장의 규모를 갖추어야 했다. 이렇게 천자와 제후에서부터 서민에 이르기까지 각각 등급을 두는 것은 사람들의 시청視聽을 통일하고 사람들의 마음을 안정시키기 위한 것이었다.

등급은 곧 차별을 말한다. 세자 책봉례에서 제반 의물과 의절, 의장, 참여자 수 등에서 차별을 나타내는 것이 시청 통일 및 심리 안정과 무슨 관계가 있을까? 먼저 광명정대한 곳에서 책봉례를 거행하는 이유에 대한 설명부터 살펴보자. "반드시 정전 큰 뜰에서 행하여 모든 관원으로 하여금 다 보게 하여 온 나라가 함께하도록 한 것은 그 근본을 중히 여기고 그 시작을 삼간 것입니다"라고 했다. 정전 큰 뜰에서 의식을 행한다고 하여 온 나라가 함께하는 것은 아니다. 만백성에게 참여할 기회를 부여한 것도 아닌데, 이렇게 언급한 것은 그 상징성 때문이다.

정전은 왕이 정령政令을 내리는 곳이다. 이곳에서 왕이 명령을

7_『삼봉집』三峯集 권14, 조선경국전 하, 헌전, 의제.

도9, 10 **궁궐의 정전** ⓒ박상준
경복궁의 정전인 근정전과 창덕궁
의 정전인 인정전의 전경.

발하면, 전국에 파발을 띄워 알리거나 조보朝報로 소식을 전하고 정전 뜰에 모인 신하들의 귀와 눈 그리고 입을 거쳐 사방으로 퍼져나가게 된다. 그렇게 되면 지방의 대소 사신과 외관을 비롯하여 온 백성들의 시선이 정전 이 한 곳으로 쏠리게 되고, 그다음 주인이 될 세자의 봄에 집중된다. 이것이 시청을 통일한다는 것이다. 이것은 왕의 명령에 대한 온 백성들의 동의와 지지다. 그들은 차기 왕위 계승권자가 왕실과 왕조의 무궁한 발전과 함께 할 것이라는 기대와 희망에 가득찰 것이다. 그 기쁨에 온 백성들의 마음은 안정될 수 있다.

그런데 이것이 그 근본을 중히 여기고 그 시작을 삼간 것이라고 했다. 다음에 언급하듯이, 세자는 국본으로 인식되었다. 언제부턴가 TV 사극에서 흔히 듣게 된 용어가 이 국본이다. 나라의 근본이 될 세자의 책봉은 규범으로서의 의식을 거행하는 것이 당연한 절차였다. 차기 왕이 되기 위한 수순의 첫 의식이기 때문에, 그 출발점이 되는 의식을 규범에 맞게 치러야 하는 것이다. 규범으로서의 의식이라 함은 국가의례의 정통을 규정한 『국조오례의』를 준수하는 것을 말한다.

규범인 예제를 따르는 것은 차별을 두는 것이다. 예가 차별을 가리키기 때문이다. 차별은 신분에 따라 그 등위에 차이를 둔다.

각 신분이 그러한 분수를 알아야 질서의 조화를 꾀할 수 있다. 존존尊尊과 정명正名의 논리를 결합하여 정치적, 윤리적 명분론으로 승화시킨 유교의 예제에 대한 이러한 인식이 위의 몇 마디에 녹아 있다. 따라서 의제는 신분적 위계 질서를 구조적으로 적용하여 실현하는 수단이었다. 이를 바탕으로 한 세자 책봉례는 백성들의 마음을 안정시켜 왕실과 사회의 유지와 발전을 꾀하는 정치 행사였다고 하겠다.

세자 책봉례의 의례적 성격과 정치적 의미는 각 책문이나 사유교서赦宥教書에 고루 내포되어 있다. 먼저 세자를 세우는 목적은 "세자를 세워서 근본을 바로잡음은"이라거나, "저부儲副를 세워서 나라의 근본을 정하는 것은 국가의 공통되는 규례"라고 한 바와 같이, 국가의 근본을 정하는 것이었다. 이것은 하늘의 상도인 천경天經을 좇는 일이며, 만년토록 변함없는 큰 분수인 대분大分이기도 하였다.

이러한 국가의 근본을 세우기 위해서는 명기를 엄격히 해야 했다. 원자의 위호位號를 바로잡아 정당한 지위를 부여해야 하는 것이다. "일은 저사儲嗣를 세우는 것보다 더 큰 것이 없고, 예는 마땅히 이름을 바르게 하는 것을 먼저 하여야 한다"는 것이 그것이다. 이는 곧 정명正名이다. 정사政事를 하는 도리는 이것을 우선으로 삼아야 한다는 인식은 말할 것도 없고, 이러한 일이 이루어지지 못하면 예악禮樂이 일어나지 못한다는 것도 정명이나 역명易名을 강조한 말이다. "이에 융성한 명위名位를 바로잡아 봉숭封崇의 예식을 거행하노라"라고 한 것이다. 이극貳極의 명분을 정한다는 것은 국본을 굳건히 하기 위함이었다.

이처럼 위호를 세워 명분을 바르게 하는 목적은 사람의 마음을 붙잡아두려는 데 있었다. 이름을 바르게 하고 지위를 정하는 것은 억조창생의 마음을 붙잡아매기 위함이니, 인심에 관계된 이 전례를 행하여 여정輿情을 붙잡아매는 이유는 대본大本을 위한 것이었다.

일찍 책봉하여 인심을 미리 배양하는 것은 국가가 길이 잘 다스려지고 장구히 평안하기를 바라서였다.

인심의 향배를 결정짓는 책봉례는 장차 왕의 역할을 맡기겠다는 여론의 지지와 다름 아니다. "세자를 세워서 근본을 바로잡음은 종묘를 받들고 인심을 안정시켜 만세의 계책을 삼으려는 까닭이다"[8] 라는 말에 함축되어 있듯이, 종묘를 계승할 대종자로서의 지위를 보장하고 그럼으로써 인심이 이에 대한 의심 없이 안정을 찾을 수 있다는 것이다. 예부터 저이儲貳를 세우는 것은 장차 신기神器를 부탁하여 종조宗祧를 받들려는 것이라는 말도 같은 의미다. 신기는 종묘에서 사용하는 신성한 제기를 가리키며, 종조는 종묘에 모신 조상을 말한다. 따라서 책봉례는 종법에 따른 적장자 상속의 원칙을 충실히 따르는 의례였다. "주기主器에는 맏아들만 한 자가 없으니, 이는 실로 큰 이륜彝倫이다"라고 하거나, "승조수기承祧守器(종조를 잇고 신기를 지킴)는 진실로 원량元良에게 속하는 것이니"라고 한 것도 모두 그러한 인식을 잘 보여주고 있다. "종저宗儲(종자의 계승자)가 주창主鬯(울창주를 주관하는 자이니, 초헌례를 담당하는 왕을 지칭)하게 하는 것은 천도에 순응하기 위함"이므로 감히 거역할 수 없는 소당연의 이치였다. 결국 "종저의 자리를 정하는 것은 바로 제왕이 계통을 전하는 큰 규획規劃이요, 어진 이를 얻어 나라를 맡기는 것은 곧 성철聖哲한 임금이 천명을 터 잡는 지극한 계책이다"라고 한 말에서 알수 있듯이, 세자 책봉은 제왕의 계통을 전하는 법칙이요 계책이며, 천명으로 덕치를 행하도록 나라를 맡기고자 어진 이를 얻는 일이었다.

따라서 세자 책봉례는 장차 국가의 대종자로서의 지위를 계승할 권리를 세자에게 부여하는 의식이었다. 종법의 원리에 따르는 이러한 의례를 거행함으로써 모든 백성들의 지지를 이끌어내어 국가와 사회의 안정된 질서를 구축하고 화합을 도모하였다. 여기에 세자 책봉례의 정치적 목적과 의미가 있었다고 하겠다.

8_ 『태종실록』 권35, 태종 18년 6월 17일.

제1부 탄생, 책봉 그리고 교육

도11 **왕실의 제사에 사용한 다양한 제기들** 국립고궁박물관 소장.
아래의 제기들 외에도 떡, 고기, 김치, 젓갈 등을 담아놓는 나무로 만든 제기(두豆), 마른 음식이나 과일 등을 담는 대나무로 만든 제기(변
籩), 봄과 여름 제사에 사용하는 술을 담는 제기(준尊) 등이 있다.

❶ **작爵** 높이 20.6cm, 점 25.4×25.5cm.
종묘 등의 제사에 사용하는 술잔. 받침은 점坫이라 한다.

❷ **향로와 향합** 향로 높이 33.5cm, 향합 지름 11.4cm, 높이 5cm.
향을 사르는 데 사용하는 제기다. 향합은 향을 담는 그릇으로서, 향로의 동쪽에 놓는다.

❸ **보簠** 26.6×32.7×23cm.
도稻(벼)와 량粱(기장) 등을 담는 제기. 음陰에 속하여 사각형으로 만들었다.

❹ **궤簋** 18.2×29.9×28.0cm.
메기장(黍)과 찰기장(稷)을 담는 제기. 양陽에 속하여 둥글게 만들었다.

책례를 거행하다   태조 원년에 방석을 세자로 책봉할 때는 누
구를 세자로 삼을 것인가에 대한 논의만 있
었을 뿐, 그 의식 절차에 관한 기록은 전혀 남아 있지 않다. 그런데
심씨를 세자의 현빈으로 삼을 당시의 기사를 보면, "임금이 공복을
갖추어 입고 정전에 앉아 심씨를 봉하여 왕세자의 현빈으로 삼고
참찬문하 이무와 중추원학사 정탁을 명하여 책冊과 인印을 하사하
게 하였다"라고 하였다. 태조가 정전에 납시어 책봉의 명을 내리고
사신을 별궁으로 파견하여 책과 인을 하사한 것이다. 짤막한 소개
이기는 하나, 조선 건국 직후임에도 왕의 임헌臨軒과 내책內冊이라
는 책례 의례의 기본 절차를 제대로 갖추어 거행하였음을 알 수 있
다. 이는 세자 책봉의 경우에도 크게 다르지 않았을 것이라는 추측
의 여지를 남긴다.

정안군 이방원을 세자로 책봉할 때에는 태묘太廟에 고유하고 이
틀 후에 의식을 행하여 책봉교서를 내리고 사유교서를 반포하였다.
이날 세자는 태상전에 나아가 사은하고, 태상왕이 잔치를 베풀었
다. 도당에서는 모든 기관의 관료들을 거느리고 전문箋文을 올려 하
례하였다. 이때도 구체적인 의주는 마련되지 않았으나, 전체 일정
은 '태묘 고유', '책명 의례', '태상왕에게 조현하는 의례', '백관의
하례' 등으로 구성되었다. 민씨를 세자의 정빈貞嬪으로 봉할 때도
책문은 실록에 수록하였으나, 의주는 기록하지 않았다.

이처럼 조선 건국 직후의 세자 책봉례는 단편적인 기록이나 의
주명을 통하여 그 윤곽만을 파악할 수 있을 뿐이다. 한편으로는 당
시 책봉례에 대한 정확하고도 충분한 이해가 부족한 측면이 있었
다. 태종 2년에 처음 시행된 원자 책봉의 하례 문제에 대한 논의에
서 이를 엿볼 수 있다.

좌정승 김사형이 각사各司를 거느리고 원자의 책봉을 하례하려
하자, 태종은 이를 받지 않았다. 임금은 "원자는 맏아들이라는 칭
호라 반드시 봉해야 할 필요는 없다. 경문經文에 상고하더라도 원자

의 책봉이란 말은 반드시 없을 것이다. 전일에는 자세하게 상고할 겨를이 없이 이 일을 행하였지만 또 뒤따라서 하례함은 잘못이다. 『서경』書經에 말하기를, '왕은 비록 작으나 원자이십니다!' 하였으니, 이것은 소공召公이 성왕成王에게 고해준 말이다. 어찌 원자를 봉했다고 하여 칭하稱賀하겠는가? 경전經傳에 '자'子 자를 '생'生 자와 같이 썼다. 전傳에 말하기를, '천하에 나면서부터 귀한 자는 없다. 천자에게 맹세한 뒤에야 세자가 된다'고 하였으니, 만약 세자를 봉했다면 나라의 근본을 정한 것이라, 진하함이 옳다"고 하면서 진하를 거부한 것이다.

이때에는 원자 책봉에 대한 이해가 부족했던 까닭에, 대신들은 책봉 후의 하례가 의식 절차에 포함되는지의 여부를 모르는 상태였다. "이미 봉하고도 하례하지 아니함은 예가 아닙니다"라고 하였는데, 관습적인 일상의 예를 행하겠다고 한 것인지, 아니면 국가의례의 한 절차로서 행하겠다고 한 것인지 애매하다. 그러자 태종은 세자 책봉은 국본을 정하는 일이라 진하함이 옳지만, 원자 책봉은 경문에도 없는 일이므로 그 칭하는 부당하다고 하는 점을 지적한 것이다.

태종 연간의 세자 책봉에는 실무를 담당할 임시 기구를 설치하였다. 태종 4년에 원자 이제李禔를 세자로 삼을 때 처음으로 봉숭도감封崇都監을 설치하였던 것이다. 이때의 세자 책봉 기사에는 처음으로 세자의 사은전謝恩箋이 언급되며, 이틀 후에는 정전에 나아가서 의정부와 백관의 진하를 받았다고 나온다. 세자가 충녕대군으로 교체된 때에도 봉숭도감을 설치한 것은 물론이려니와, 세자 책봉 의주도 마련하였다. 그렇지만 아쉽게도 그 사실만을 전할 뿐, 그 의주를 수록하지 않았다. 이때 태종은 정전에 나아가서 세자와 경빈에게 책보를 내려주고, 책문과 유지를 반포하였다. 세자와 경빈은 전문을 올려 사례하였다. 이튿날에는 양부 이하 문무백관이 공복을 갖추어 입고 세자전에 나아가서 하례를 하였다.

따라서 이때의 책봉례는 봉숭도감의 지휘 아래 좀 더 조직적이고 체계적인 절차에 따라 진행되었을 것으로 보인다. 그 절차는 봉숭도감이나 예조에서 마련한 의주에 준해서 거행되었을 것이 틀림없다.

세자 책봉례의 의주가 실록에 수록된 것은 세종 3년의 세자 책봉 때가 처음이었다. 이때에 마련된 의주는 '왕세자 책봉의'와 '세자의 왕비 조현의', '태상왕 조현의', '종묘 알현의' 등이었다. 이 의주는 고려시대의 왕태자 책봉의와 몇 가지 차이점이 드러난다. 첫째, 고려시대에는 세자가 세자궁에서 수책受冊하는 내책의內冊儀를 행하였는데, 이때에는 정전에 참석하여 책명을 받는 임헌책명으로 행해졌다. 이 임헌책명에서는 책사冊使와 부사副使에게 "원자를 책봉하여 왕태자로 삼았으니, 그대들에게 부절을 주어 예식을 거행할 것을 명하노라"라는 교서를 내릴 필요가 없었다. 둘째, 세자와 문무백관이 왕에서 행하는 배례拜禮가 두 번의 절에서 네 번의 절로 바뀌었다. 셋째, 산호山呼가 생략되고 하례 때에 헌수獻壽가 새로 규정되었다.

임헌책명[9]은 '황제가 어좌가 있는 정전에 임해서 책봉을 명한다'는 뜻이다. 원자가 정전 뜰에 나아가 이미 숙지한 의식 절차를 차질 없이 해낼 수 있는 연령으로 장성했을 때 행하는 예였다. 원자의 나이가 어릴 경우에는 이러한 예를 실행하기가 어려우므로 내책례內冊禮를 행하였다. 사신을 궁으로 보내어 책례하되 태사太師가 원자를 안고서 책봉을 받도록 하는 의례가 내책의다. 중국 당나라는 임헌책수臨軒冊授와 견사내책遣使內冊을 겸하였으며, 송과 명나라는 임헌책명을 사용하였고, 원나라 때에는 견사내책을 사용했다. 따라서 고려의 왕태자 책봉의는 당과 원의 내책의를 기본으로 하였다고 하겠다.

절의 횟수가 네 번인 것은 최고의 지존인 국왕에게 행하는 경우에 해당한다. 세자가 정전의 뜰에 들어와서는 네 번 절하고, 왕명

9_ '王位若今御座與臨軒'(『주례정의』周禮訂義 권5).

을 전하고 책명을 전할 때에는 재배와 부복흥재배俯伏興再拜를 하며, 인수印綬를 전하는 예가 끝나면 사배하고서 뜰을 나갔다. 뜰을 들어오고 나갈 때 왕을 향해 올리는 배례는 사배이며, 책명을 전하는 등의 절차에는 재배를 행하였다. 세자가 뜰을 나간 후에 행하는 반교頒敎 의식에서는 문무백관이 '부복흥사배'하였다. 곧 왕을 향한 배례는 세자나 문무백관 모두 사배하는 것이 예법이었다. 이처럼 절의 횟수가 사배로 바뀐 것은 명의 의례를 수용했기 때문이다. 고려와 한·당·송에서는 모두 재배를 했으며, 명나라 때 사배로 바뀌었다.

산호의 생략과 헌수의 추가의 경우, 고려의 왕태자 책봉의에서는 왕이 정전으로 들어올 때 산호와 재배를 행하였다. 산호는 만세萬歲였다. 연회는 동궁에서 행하였으며, 군신의 회례會禮가 없어 헌수하지 않았다. 그런데 세종 3년에는 산호 절차를 없애고, 「백관조하의」에서 '근배상천만세수주'謹拜上千萬歲壽酒(삼가 절하면서 천만세 사시라고 수주를 올립니다)라고 하는 헌수를 신설했다. 『대당개원례』 「황제회군신」皇帝會群臣에서는 '근상천만세수'謹上千萬歲壽라 하였으며, 「황태자회궁신」皇太子會宮臣에서도 이와 같았다. 명나라에서는 산호와 헌수를 모두 행하였다. 세종 3년에 있었던 의주의 이 변화는 고려의 의주가 아니라 역시 당나라와 명나라의 예를 채용한 것으로 보인다.

세종 3년의 책봉례 절차를 살펴보면, 임금이 면복冕服을 하고 인정전에 나와 원자 이향李珦(문종)을 책봉하여 세자로 삼았다. 이날 책문을 내리고, 중외에 유시하는 교서를 반포하였다. 세자는 바로 사은하는 전문을 올렸다. 이튿날에는 백관의 하례가 거행되고, 세자가 태상왕을 알현하였다. 그다음 날에는 종묘와 광효전을 알현하였다. 다만, 왕

도12 『책례도감의궤』 45.6×33.4cm, 한국학중앙연구원 장서각 소장.
영조 1년(1725) 정빈 이씨 소생의 경의군을 세자로 책봉한 사실의 전말을 기록한 의궤다.

세자의 책봉 과정에서 종묘 알현
은 빼놓을 수 없는 중요한 의식이
었다.

이 백관에게 회례를 베푸는 것은 왕지王旨에 의해 거행 여부를 결정
하기로 하였다. 그 후 세종 14년에 이를 고쳐, 옛날 제도에 따라 왕
비와 세자 책봉을 하는 날에는 연회를 열게 하고, 그때에 쓸 악장
은 관습도감으로 하여금 관현악을 연습하도록 규정하였다. 이에 따
라 『세종실록』「오례」에서는 별도의 의주로 마련되었던 것인데, 축
수를 올리는 말의 일부 표현이 바뀌고 회례는 정조正朝와 동지의

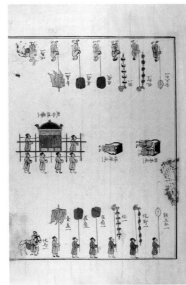
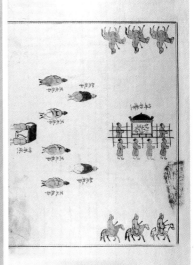

도14 **왕세제책례 반차도** 45.3×
34.2cm, 서울대학교 규장각한국학
연구원 소장.
경종 1년(1721) 연잉군과 달성군
부인 서씨가 왕세제와 세제빈으로
책봉된 사실을 기록한 의궤에 수
록된 반차도다.

　　　　제1부 탄생, 책봉 그리고 교육

회례의식과 같이 한다고 하였다.

세자 책봉일은 길일로 택한 좋은 날이다. 그날 이전에 먼저 책봉 사실을 종묘에 고해야 하는데, 그 고유문에는 이름을 넣어야 했다. 이때에 비로소 세자의 이름이 정해진다. 정명定名은 의정부와 관각의 당상, 육조참판 이상이 모여 의논해서 세 가지 이름을 정해 임금에게 올렸다. 임금이 그중 하나를 낙점하여 세자의 이름을 확정지었다.

책봉일에 정해진 시간이 되면 세자는 동궁의 내전에 있다가 나와서 정전으로 들어간다. 그 진행은 절차대로 거행되며, 해당 절차의 시간이 되면 집사관이 무릎 꿇고서 다음에 행할 동작을 아뢴다. 동궁을 나올 때에는 '준비가 다 되었다'는 말에 움직이는데, 그 용어는 '외판'外辦이었다가 '외비'外備로 바뀌었다. 『세종실록』「오례」에서는 왕과 세자의 구별 없이 외판이라고 했다가, 『국조오례의』에 와서 세자의 경우에는 외판을 외비로 바꾸었다. 왕에게는 외판, 세자에게는 외비라 하여, 그 존비에 차이를 둔 것이다.

이러한 구분의 연원과 의미는 『신당서』新唐書에서 확인할 수 있다. 개원 26년에 황태자를 세우는 행례에서, 유사가 중엄외판中嚴外辦을 아뢰고 강사絳紗를 입었다. 태자가 이것은 천자의 예라고 하면서, 공경에게 이를 의논할 것을 지시했다. 그 결과 외판을 고쳐 외비라 하고, 강사의는 주명복朱明服이라 하였다.[10] 주명은 여름의 별칭으로, 여름에는 기운이 붉고 빛나며 밝다고 했다. 황제와 태자는 각각 양陽과 소양少陽이며, 같은 붉은색의 옷이기는 하나 강絳은 진홍색이고 주朱는 이보다 조금 엷은 색이다. 따라서 외판과 외비는 황제와 황태자의 신분에 따라 개원 26년부터 구별하여 사용된 용어였다. 고려와 세종 연간의 의주에서는 이를 구별하지 않다가, 『국조오례의』에 와서 당나라의 제도를 받아들여 적용하였다고 하겠다.

왕과 세자의 위엄은 일상의 모든 삶에서 특권으로 발현된다. 국가 행사에 참석할 때도 항상 받들어 모시는 존재였다. 책봉례의 주

10_ 『신당서』 권6, 본기本紀 제6.

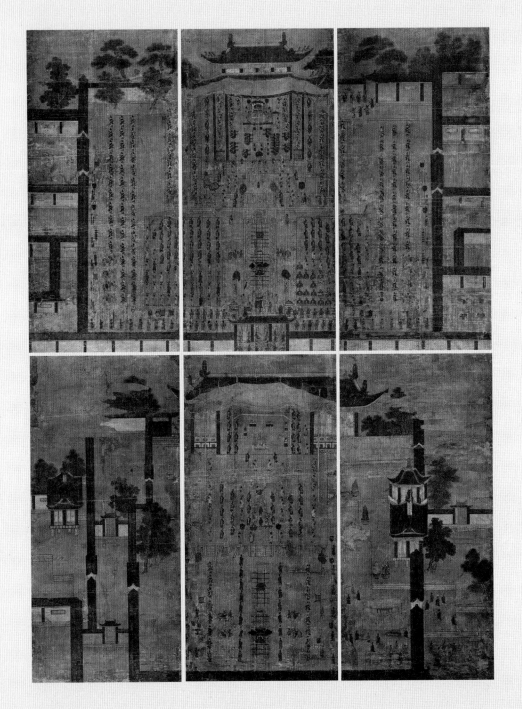

도15 〈문효세자 책봉의례도〉 8폭 병풍, 작자 미상, 1784년(정조 8), 비단에 채색, 서울대학교 박물관 소장.
정조 8년(1784) 8월 1일에 있었던 문효세자 책봉례를 그린 그림으로 만든 병풍으로 나머지 2폭은 책봉문과 좌목이다.

체는 왕이지 세자가 아니었다. 왕이 세자를 책봉하는 예이므로 왕 중심의 규모와 구조 및 절차를 갖추게 되어 있었다. 따라서 세자의 자리는 행사장인 정전의 어도御道 동쪽에 북향하여 마련한다. 종친과 문관, 무관을 뒤로 하여 맨 앞에 서는 것이다. 세자가 출입할 때는 궁관들이 시위했다. 왕과 세자의 지근거리에는 근시와 환관 및 궁녀 그리고 수종 혹은 시위하는 신하들이 있었다.

궁관은 세자궁에 속한 관료다. 그들은 시각에 맞추어 각자 복장과 무기를 갖추고서 집합한다. 초엄의 북이 울리면, 궁관은 궁문 밖에 좌우로 나뉘어 서고 시종하는 관원은 합문 밖으로 나가서 맞이할 준비를 한다. 시종 관원 중에서 익위사 소속인 익위翊衛와 사어司禦는 각각 칼을 차고 활과 화살을 멘다. 이엄의 북이 울리면, 세자는 필선이 외비를 아룀에 따라 면복을 갖추고 나와 근정문 밖의 막차로 들어간다. 삼엄의 북이 울리면, 세자는 봉례의 인도를 받아 전문을 들어가 자리로 나아간다. 이렇게 세자와 문무백관이 정렬하면, 그제야 의장이 움직이고 고취가 울리면서 왕이 들어온다. 왕이 어좌에 오를 때는 헌가가 음악을 연주한다.

의례는 항상 변수가 있게 마련인데, 『세종실록』「오례」의 성립 이후 문종 즉위년에는 상중喪中의 세자 책봉을 어떻게 할 것인가라는 문제가 대두되었다. 문종이 즉위하자마자 이루어진 세자 책봉 논의에서 성균사예 민원閔瑗은 임금의 즉위식과 중국 황제의 고명을 맞이하는 의식에서는 상중이라도 길복을 입을 수밖에 없으나, 책명례는 삼년상이 끝난 뒤라야 시행할 수 있다고 하면서 세자 책명례 역시 예외일 수 없고, 굳이 상중이라도 거행하고자 한다면 종묘에 배알하지 못하고 책봉교서만 반포해야 한다고 주장하였다.

그러나 조정의 논의에서는 변례가 제시되었다. 세자 책봉에 길복을 입는 것이 불가하면 임금이 반드시 헌軒에 임하여 친히 책봉할 것이 아니라, 허위虛位를 설치하고서 백관이 뜰에 들어서고 세자가 자리에 나온 다음, 대내大內로부터 책명을 내보내어 행례하도록

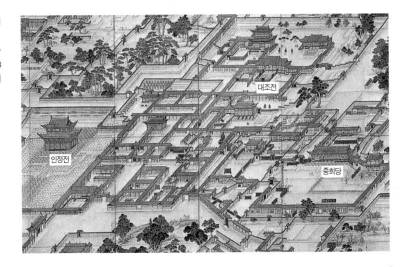

세자의 생활공간으로, 중심 건물은 중희당이다. 이곳에서 정조 8년(1784)에 문효세자 책봉식이 거행되었다.

인정전

대조전

중희당

할 수 있다는 것이다. 허위는 임금의 상징인 전패殿牌를 가리키는 듯하다. 그리고 종묘 배알은 세자는 속례로 보면 상제喪制가 이미 끝났으므로 알묘례謁廟禮를 행하는 것이 사체事體에 해로울 것이 없다고 히였디.

따라서 이때의 책봉례는 상중인 임금이 길복을 입고 책명을 행례하는 것은 곤란하므로 허위를 설치하고 대내에서 책명을 내보내는 방향으로 정해졌다. 그런데 어찌된 일인지 성균사예 민원의 건의대로 의주를 마련하기로 하였던 모양이다. 이에 대해 장령 하위지는 "전하가 면복을 입고 헌에 나아가 책명한다는 말이 있는데"라고 전제하고서, 면복을 입는 것은 불가하다고 주장하였다. 상중이라도 즉위하거나 고명을 받는 경우에는 면복을 입을 수 있다고 하더라도, 지금의 추숭과 책봉은 그와 달라서 면복을 입어서는 안 된다는 것이다. 이러한 주장이 채택되어 내책하는 방식으로 변경 결정되었다.

이처럼 상중의 세자 책봉 시 길복인 면복은 입을 수 없는 것으로 일단락되었으나, 이번에는 백관이 하례 때 어떤 옷을 입어야 하는지가 문제였다. 장령 신숙주는 세자를 책봉한 뒤에 백관이 조복朝服을 입고 진하하는 것은 잘못이라고 지적했다. 조복은 임금에게 조회하는 옷인데, 동궁에게 진하할 때 입는 것은 의리에 어긋난다고 하면서 공복公服의 착용을 건의하였다. 그러자 임금은 아예 "백관의 하례는 정지하는 것이 좋으나, 다시 상고하여 시행하겠다"고 하여, 신숙주의 건의는 채택되지 않았다.

이때의 책봉의에 관한 기사를 보면, 왕세손을 세자로 삼는 책문과 유지를 내리고, 백관이 조복을 입고서 전문을 올려 진하하였다. 그리고 각도 감사는 관원을 보내어 전문을 받들어 진하하였다. 경기감사와 개성부유수도 친히 전문을 받들었으며, 동궁에게도 모두 축하하는 글을 올렸다.

그런데 이때 『세종실록』「오례」의 '백관조하의'가 소략하다고 여겼는지, 세부 의주가 새로 만들어졌다.[11] 『세종실록』「오례」는 치사致詞를 올리는 예를 위주로 제정되었으나, 이 의주는 종친, 문무백관, 집사자, 의물 등의 자리 배치와 하례 의식을 구체적으로 규정하였다.

세조 때의 세자 책봉례는 『세종실록』「오례」의 의주를 그대로 채택하였다. 다만 백관의 하례를 받을 것인지와 음악을 쓸 것인지의 여부를 묻는 세조의 질문에 대해서, 도승지 조석문은 의당 풍정豊呈을 올려야 한다고 답변하여 그대로 따랐다. 그 후 성종 연간에 오례의 전반을 재검토하는 과정을 거쳐 『국조오례의』가 편찬되었는데, 가례에 속한 '책왕세자의'冊王世子儀가 세자 책봉례의 전범이 되었다.

11_ 『문종실록』 권3, 문종 즉위년 8월 20일.

3 책봉례의 복식과 의물

칠장복을 입고
면류관을 쓰다

세자 책봉례 때의 복식과 각종 의물로는 칠
장복七章服과 규圭, 죽책竹册, 보인寶印 등이
있다.

이엄의 북이 울리면, 필선이 무릎 꿇고서 외비를 아뢴다. 왕세자는 면
복을 갖추고서 나온다.

책봉례를 할 때 세자는 면복을 갖추었다. 『국조오례의서례』를
보면, 세자는 일곱 장의 면복을 입으며, 규는 청옥靑玉으로 길이가
9촌이라고 하였다. 일곱 장의 면복은 곧 칠장복과 면류관을 가리킨
다. 칠장복은 일곱 가지 무늬가 들어간 곤복袞服이다. 장章은 무늬
라는 뜻이다. 일곱 가지 무늬는 상의와 하의에 그렸다. 우선 현색玄
色 바탕의 증繪이라는 비단으로 만든 상의에 화火, 화충華蟲, 종이宗
彝를 그렸다. 소맷부리의 뒷부분에도 다시 화와 화충 각 둘, 종이
셋을 그리고, 어깨에는 화 하나를 걸치게 한다. 훈색纁色(분홍색) 바
탕에 앞이 세 폭, 뒤가 네 폭으로 모두 일곱 폭인 하의에는 조藻,
분미粉米, 보黼, 불黻을 그렸는데, 양옆과 아래의 준에 수놓는다.

『송남잡지』松南雜識를 보면 "『아희원람』兒戱原覽에서 '존비례尊卑禮는 수황遂皇에게서 시작하였는데 황제黃帝에 이르러 문장文章으로 삼아서 귀천을 표시하였다"라고 나온다. 문장은 귀천의 등급을 나타내는 표지인 것이다. 세자는 칠장복을 입는 데 비해, 왕은 구장복을 입는 것과 같은 따위를 말한다.

면류관은 팔류관이다. 주朱, 백白, 창蒼색의 순서로 구슬 여덟 개를 한 줄에 꿴 여덟 줄, 곧 팔류가 평천판의 앞뒤로 달려 있다. 왕의 면류관은 오채의 구슬이 아홉 줄 달린 구류관이다.

그런데 명종 때 면복을 둘러싼 논란이 일었다. 발단은 역시 세자가 겨우 강보를 면했다는 데 있었다. 이때의 논의를 통해 그동안 세자가 착용한 관복을 살펴보면, 태종은 세자가 되어 하례를 받을 때에 오사모烏紗帽와 단령團領을 갖추었다. 세종은 책봉 때에 조복, 하례를 받을 때에 공복을 입었으며, 덕종(의경세자)은 각각 면복과 공복을 갖추었다. 곧 세자는 면복과 조복, 공복을 책봉 때와 하례를 받을 때를 구분하여 착용했다. 이처럼 왕마다 달랐던 것은 예제가 정비되기 전의 단계에서 나타난 현상으로 보인다.

이것이 『국조오례의』에 와서는 "왕세자가 책봉을 받을 때는 면복을 갖추고 하례를 받을 때는 구복具服을 한다"는 것으로 규정되었다. 구복이라 함은 곧 육량관六梁冠과 강사포絳紗袍를 가리킨다. 전례前例에서는 하례를 받을 때 모두 공복을 착용했으며, 이 공복은 곧 홍포紅袍와 복두幞頭였다. 이것이 육량관과 강사포로 바뀐 것이다. 그 후 연산군 때 예조에서 "세자가 비록 어리지만 예절을 거행하는 데는 성인과 다름이 없으니, 예문禮文에 의거하여 면복 차림으로 책봉을 받고 조복 차림으로 하례를 받기를 청합니다"라고 하여, 그렇게 결정되었다. 강보를 겨우 면한 세자라 하더라도 『국조오례의』의 규정대로 각각 면복과 조복을 착용하도록 한 것이다. 조복은 위에서 언급한 것처럼 육량관과 강사포였다.

그런데 이러한 규정에도 불구하고 두식頭飾과 관식冠飾을 어떻게

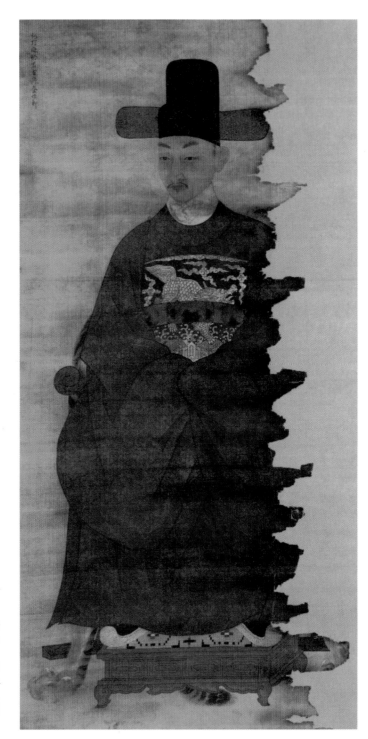

도17 〈연잉군 초상〉 1714년(숙종 40), 비단에 채색, 150.1×77.7cm, 국립고궁박물관 소장.

오사모에 녹색 단령을 착용한 영조의 연잉군 시절을 그린 초상으로 화원 박동보朴東普가 그렸다. 1714년에 제작되었으나, 한국전쟁 때 화폭의 오른쪽이 소실되었다.

할 것이냐 하는 문제가 자주 거론되었다. 그동안 책봉은 보통 관례冠禮(성인식)를 먼저 행한 후에 이루어졌다. 『국조오례의』에서 "왕세자에게 관을 씌운다" 하고, 또 "조알할 때에는 돕는 사람에게 인印을 지도록 한다"고 한 것을 근거로, 책봉한 뒤에 관례를 행하는 것이 맞다고 보았다. 그런데 『통전』의 기록에는 "황태자 조하의에, 원유관과 강사포를 입는데 아직 관례를 하지 않았으면 쌍동계雙童髻를 튼다"고 했다. 쌍동계를 튼다는 것은 동자童子의 의식을 말한다. 관례 전이라면 쌍동계를 해야 하는데 면복으로 책봉을 받는 것은 예가 아니라는 것이다. 물론 반대 의견이 없었던 것은 아니지만, 책봉이 명나라의 승인과 맞물려 있어 후일로 미루어졌다.

쌍동계는 광해군 1년의 관례 논의에서 그 모양이 대략 언급되었다. 쌍동계는 말 그대로 어린아이의 한 쌍의 상투를 말한다. 우리나라의 상투 묶는 방법과 같으나, 검은색 단소건段小巾으로 머리카락을 모아 묶고, 검은 천으로 큰 끈을 만들어서 머리를 둘러 상투의 뒤에서 합해 묶는다. 그런데 중국에서는 외상투를 튼다고 했다.

쌍동계를 할 경우에는 후의 사례처럼, 공정책을 써야 했다. 그런데 중종 때에는 어린 원자에게 예관禮冠을 씌울 수 없어 충정관忠靜冠을 쓰게 한 것으로 보인다. 쌍동계를 했는지는 알 수 없다. 명종조의 세자 책봉에서도 이를 따랐다. 충정관은 곧 충정건이다.

공정책은 모자의 윗부분을 덮는 판 없이 터진 모자이다. 일명 소요건逍遙巾인데, 중종 16년(1521)에 명나라를 다녀온 사신들이 처음으로 가져왔다. 어린아이들이 머리카락 끝을 한두 가닥으로 묶고서 이 건을 덮어 썼는데, 황태자는 일종의 비녀인 쌍옥도雙玉導를 건의 양옆에 가로질러 꿰어서 움직이지 않게 했다. 이때 이 건을 가져오게 된 것은 원자의 관례에 관한 문제를 명나라에 질정質正한 후 거행하기로 한 것이 계기가 되었다.

인조 26년(1648)에는 왕세손의 책봉이 이루어졌다. 이때의 별단을 보면, 복색은 쌍동계, 쌍옥도, 흑색 공정책, 곤룡포, 견룡肩龍을

도18 공정책을 쓴 고종의 왕자

도19 공정책을 쓴 영친왕

제거한 방용보方龍補, 수정대로 정해졌다. 쌍동계를 하고 공정책을 쓰는 것이 세자와 비교하여 지위에 따라 강쇄降殺하는 절차가 있어 그리 한 것인지는 확실하지 않다. 그렇지만 역시 어린아이에게 면류관을 씌우기에는 불편한 점이 많아 규정과는 다르게 건을 씌우게 된 것이 아닌가 생각한다.

　이 문제는 현종 7년(1666)에 이르러 다시 논의되었다. 같은 내용이기는 하나, 책봉할 때 총각總角 차림으로 의논이 모아져 예를 거행했던 것은 틀림없다는 것이다. 어린 나이에 관례를 치르는 것이 문제가 되었던 것이지만, 근거로 삼을 만한 조항이 없어 대신들의 의논을 거쳐 결정하도록 하였다. 그 후 거행 날짜를 퇴행하고서 이듬해에 왕이 공정책을 사용하지 않는 사실에 의문을 제기하였다.

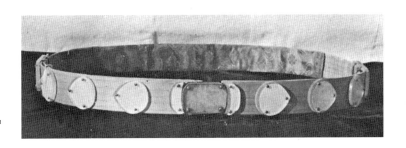

도20 **수정대** 석주선, 『한국복식사』 (1980)에 수록.

　제1부 탄생, 책봉 그리고 교육

결국 공정책에다 쌍동계(총각)를 하고 면복을 갖추기로 하였다. 이때 보고된 공정책의 모양은 다음과 같다.

"『두씨통전』杜氏通典 및 『문헌통고』文獻通考 등의 책을 상고해보니, 황태자가 관례를 치르기 전에는 쌍동계, 공정흑개책空頂黑介幘, 쌍옥도에 보석 장식을 한다고 하였습니다. 그런데 그 제도는 이미 도형圖形이 없고 주소註疏에도 명백하게 나타난 곳이 없습니다. 또 『당서』唐書 거복지車服志를 상고해보니 '흑개책의 청수분靑綬紛(청색 끈)은 길이가 6척 4촌이며, 너비가 4촌이고, 색깔은 그 끈과 같다. 3품 이상은 3량梁, 5품 이상은 2량, 9품 이상은 1량으로 한다' 하였습니다. 이는 그 당시 경사卿士들이 착용했던 것으로 양梁이 있는 책幘입니다. 또 『진서』晉書에 이르기를, '동자책童子幘은 옥屋이 없다' 하였는데, 옥은 곧 양입니다. 이로써 미루어보면, 책은 동일한데 양이 있으면 흑개책이 되고, 양이 없으면 공정흑개책이 됩니다. 그렇다면 『문헌통고』에 이른바, 태자가 관례를 치르기 전에 착용한다는 공정책은 양이 없는 흑개책인 듯합니다. 그 제도는 오늘날의 양관梁冠을 모방하되 옥屋이 없게 하면 되겠습니다."

관례를 치르기 전 원자의 세자 책봉례는 쌍동계와 공정책, 면복을 갖추는데, 공정책은 양관의 형태에서 윗부분에 옥屋이 없는 터진 모자라는 것이다. 이러한 복식은 이후 관례가 되어 그대로 행해졌다.

중국 한나라 때의 태자 책봉례에는 조복으로 현관玄冠과 강의絳衣를 착용하였다. 당나라 때에는 임헌책례로서 나이가 장성하여 행하는 예이므로 원유관과 강사포를 사용하였으며,[12] 천자가 직접 주었다. 그러나 내책일 경우에는 어린 나이에 예를 행하기 때문에 쌍동계와 공정책을 사용하고, 사신을 보내어 그 궁에서 책례하되 태사가 안고서 수책하였다.[13] 조선에서도 세자가 어려 서서 예법대로 행례할 수 없으므로 보모가 안고서 거행하고, 경우에 따라서는 면

12_ 『명집례』 권20, 가례4, 책황태자, 관복.

13_ 『명집례』 권20, 가례4, 책황태자, 총서.

복을 입지 않고 앞에 진설하는 것으로 대신하기도 했던 모양이다.

세자가 행사에 참석할 때에는 규圭를 들었다. 세자의 규는 길이가 9촌이었다. "구장九章과 같다"고 하였으니, 왕이 사용하는 규와 크기가 동일하다.[14] 이것은 예의 본질적 측면에서 이해하기 어려운 부분이다. 『제사직장』諸司職掌을 보면, 황제는 규의 길이가 1척 2촌이며, 동궁은 9촌 5푼, 친왕은 9촌 2푼 5리, 친왕세자는 9촌이었다. 『국조오례의서례』에서는 왕과 세자는 규, 문무관은 홀로 명칭을 구분하였으며, 모양도 전자는 윗부분을 뾰족하게 깎았으나, 후자는 윗부분을 약간 휘어 둥글게 처리하였다. 이처럼 규는 길이와 명칭, 모양 등에서 신분에 따라 차등 적용되는 것임에도 불구하고 왕과 세자의 규의 길이가 동일한 것은 이상하다. 그러나 아래에서 언급하듯이, 명나라에서 무종 즉위년에 보내온 세자의 규가 구장과 같았다고 한 데서 이와 같이 규정된 것이 아닌가 한다.

그렇지만 아니나 다를까. 영조 연간에 편찬된 『국조속오례의서례』에는 예의 등급에 맞게 이를 수정하여 규정했다. 곧 왕은 백옥규로서 길이가 9촌이며, 세자는 청옥규로서 길이가 7촌이고 너비는 5촌, 뾰족한 부분은 1촌 5푼이라 했다. 이 옥규를 비롯하여 옥인玉印, 패옥珮玉은 조선에서 생산되는 옥으로 만들었다. 그런데 옥대는 재질이 진옥眞玉으로, 이 옥은 조선에서 생산되지 않았다. 그 때문에 중국에서 사다가 사용했는데, 그럴 여유가 없을 경우에는 남양옥을 정밀하게 가공하여 사용하기도 했다.

『국조오례의서례』에는 규에 대한 이와 같은 규정이 있으나, 문제는 의주에 세자가 규를 든다는 절차가 수록되지 않았다는 점이다. 이 문제가 명종 연간에 제기되었다. 명종은 "세자 책봉 일기나 등록, 단자에는 세자가 예를 거행할 때에 규를 잡는 절차가 있는 듯한데, 의주에는 기록되어 있지 않다"고 하여, 의문을 제기한 것

도21 〈고종황제 초상〉 162.5 × 100cm, 국립고궁박물관 소장. 통천관을 쓰고 강사포를 입은 고종의 초상.

제1부 탄생, 책봉 그리고 교육

이다. 이에 대해 예조에서는 다음과 같이 보고하였다.

> "면복을 갖추었으면 규를 잡음이 당연합니다. 종묘와 사직에 친제親祭
> 할 때 세자가 아헌관이 되므로 신위 앞에 나아가 잔을 올릴 적에 필선
> 이 대신해서 규를 받듭니다. 이번에도 교명, 죽책, 인을 꿇어앉아서 받
> 을 때에 대신해서 규를 잡을 사람이 반드시 있어야 하는데, 의주를 마
> 련할 때에 이 두 가지 절차가 빠졌습니다. 계묘년〔성종조에 세자를 책봉
> 할 때〕 및 경진년〔중종조에 세자를 책봉할 때〕의 의주에서도 (중략) 이 한
> 절차가 빠졌습니다. (중략) 의주는 당연히 어람御覽을 거칠 것이고 동
> 궁의 예는 신하와 같은 것이므로 사람을 시켜 대신 잡게 하는 것은 병
> 존並尊의 혐의가 있기 때문에 마련하지 않은 것이거나, 혹 근시하는 신
> 하가 당연히 대신 잡을 것이기에 의주에 나타낼 필요가 없어서 그렇게
> 한 것인가 여깁니다."[15]

예조에서는 『국조오례의』에 세자가 규를 잡는 절차가 생략된 이
유를 두어 가지로 들었다. 첫째, 동궁의 예는 신하와 같은 것으로
서 규를 대신 잡게 하는 것은 병존의 혐의가 있다는 것이다. 병존
은 동궁의 규를 신하로 하여금 대신 잡게 함으로써 왕과 동등한 지
위로 높이는 예가 된다는 말이다. 둘째, 근시가 대신 잡는 것은 당
연한 일이므로 굳이 의주를 마련할 필요가 없었다는 것이다.

그런데 승정원에서는 이와 다른 견해를 제시했다. "경태景泰 원
년(문종 즉위년)에 왕세자에게 면복을 흠사欽賜하는 제도에 규가 있었
고, 그 제도는 구장九章과 같았습니다. 대저 규란 것은 제후가 이를
잡아 천자에게 있는 부符와 합쳐서 그 신부信符를 징험하는 것입니
다. 그런데 지금 『오례의』 및 계묘, 경진 두 해의 의주에 모두 규를
잡는다는 문장이 없음은 궐문闕文이 아니라 반드시 세자가 아직 천
자에게 명을 받지 않았기 때문에 이와 같은 것입니다." 이는 병존
의 혐의와는 무관한 것으로, 규의 신부信符의 성격에 따라 천자의

제1부 탄생, 책봉 그리고 교육

명을 받아야만 잡을 수 있는데, 아직 천자의 명을 받지 않은 세자는 규를 잡을 수 없다는 것이다.

천자의 명이란 중국 황제가 조선의 세자 책봉을 승인하는 절차로서 이때 면복과 함께 규를 하사하였다. 규는 중국의 선진시기에는 '시신'示信의 용도로서, 천자는 하늘로부터 명을 받고, 제후와 공경대부는 천자로부터 권력을 부여받았음을 나타내는 징표였다. 이것은 하늘의 '응서'應瑞로 인식되어, 신에게 제사할 때에는 규를 들고 예를 올리는 하나의 예기로 점차 바뀌었다.[16] 이러한 규의 성격을 고려할 때, 승정원의 주장은 일견 타당한 듯이 보였다.

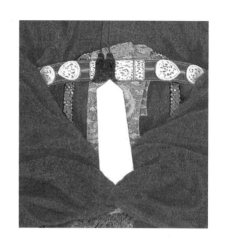

도22 〈고종황제 초상〉 중 규 부분
황제가 들고 있는 규는 윗부분이 뾰족하고 아래로 내려갈수록 넓은 형태의 백옥규다.

16_ 최규순, 『중국역대황제면복연구』, 동화대출판부, 1997 참조.

이틀 후 명종은 "이제 전례를 보니 경진년에 인종께서 세자로 책봉될 때 예조에서 '세자가 예를 거행할 때에 규를 잡아야 하는데, 책명과 교명을 받을 때에 규는 봉례奉禮가 받듦이 마땅하다. 그러나 압존壓尊되는 일이므로 의궤에 넣을 수 없다'고 품하였다. 이 때문에 의궤에 기록되지는 않았으나 규를 잡는 것은 그때 이미 시행했으니 이번에도 경진년의 예대로 해야 한다"는 견해를 밝혔다. 압존은 높은 이의 지위에 눌리어 동등한 예를 행할 수 없음을 말한다. 세자가 규를 드는 것은 의주에 넣어 규범화할 수 없으나, 선왕의 전통을 계승하겠다는 것이다. 이는 앞서의 예조의 주장을 따른 것이다.

그러자 예조에서는 규에 관한 전례와 고사를 철저히 상고해서 보고하였다.

"정원에서는 『오례의』에, 규를 꽂는 절차를 기록하지 않은 것을 세자가 아직 천자의 명을 받지 않았기 때문에 이와 같다고 했습니다. 하지만 신들이 경태 원년(문종 즉위년, 1450)에 문종이 노산魯山을 세자로 책봉할 때의 의주를 상고해보니, '왕세자가 면복을 갖추고 나와서 교명을

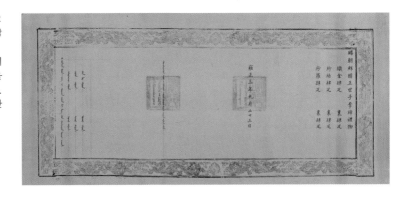

받을 때에 왕세자는 북쪽을 향해 꿇어앉아서 규를 꽂는다'고 했고, 그
아래 주에 '만약 꽂기가 불편하면 종관從官이 전해 받든다'고 했습니
다. 이때에는 황제가 하사하는 곤복과 면관冕冠, 고명을 받든 칙사가
아직 나오지 않았는데, 세자는 이미 면관을 쓰고 규를 꽂았습니다. (중
략) 계묘년(성종 14년, 1483)과 경진년(중종 15년, 1520)의 의궤 중에서
세자의 복식과 잡물을 제조하는 건件 내에, '면복과 제연諸緣(여러 장
식)·규, 이상은 상의원尙衣院'이라고 했으니, 곧 그때에 세자가 규를 들
고 책명을 받았음이 또한 분명합니다. 규를 드는 것이 부당하다면, 이
것을 만들어서 어디에 썼겠습니까.『대명회전』大明會典 친왕세자관복조
親王世子冠服條에, '홍무 25년에 정한 여러 명절의 경하에는 왕세자가
모두 곤복에 면류관을 착용한다'고 했습니다. 우리나라의 세자가 친왕
세자와 무엇이 다릅니까. 나라에 대례大禮가 있으면 세자가 면관을 쓰
고 규를 들어야 마땅한데, 어찌 흠사欽賜(황제가 하사함)를 기다린 연후
에 입어야 한다는 것입니까. (중략)『두씨통전』과『당개원례』唐開元禮의
임헌책명황태자의臨軒冊命皇太子儀에, '황태자가 원유관과 강사포를 갖
추고 홀을 들고서 들어온다. 책명을 받을 때에 중서령이 책명을 읽는
다. 마치면, 태자는 나아가 책명을 받고 물러나서 좌서자左庶子에게 준
다'고 했습니다. 여기에도 역시 홀을 꽂는 절차를 기록하지 않았는데,
세자가 책명을 받을 때에 규를 꽂는 것을 말하지 않은 것은 반드시 이
것을 본 것이 있어서일 것입니다. (중략) 건문 2년(정종 2년, 1400)에 공

정대왕이 태종을 세자로 책봉할 때에 세자가 홀을 꽂고 책명을 받았으며, 영락 16년(태종 18년, 1418)에 태종이 세종을 세자로 책봉할 때에 세자가 홀을 꽂고 책명을 받아 보덕에게 주었으니, 손에 든 것이 없지 않았음은 이것으로 역시 증명할 수 있습니다. 또 경태 원년에 (중략) 그 때의 의주에서도 이미 면복을 갖추고 규를 꽂는다고 했으니, 『오례의』에 규를 꽂는다는 글이 빠진 것은 반드시 『개원례』에 홀 꽂는다는 것을 말하지 않은 예를 본떴을 것입니다."[17]

17_ 『명종실록』 권23, 명종 12년 7월 13일.

이 보고 내용을 보면, 예조에서는 먼저 단종을 세자로 책봉할 때의 의주와 그 이후의 발기를 근거로 세자의 규 사용이 천자의 명과는 무관함을 밝혔다. 그런데도 『국조오례의』에 이 절차를 빠뜨린 이유는 『당개원례』에서 홀을 꽂는 것을 말하지 않은 예를 본떴기 때문이라 하였다. 따라서 조선 초부터의 전통과 『두씨통전』 및 『당개원례』의 전례를 근거로, 세자가 홀을 잡는 의주는 당연히 포함되어야 한다는 것이다.

그러나 유감스럽게도 황태자가 홀을 들고 꽂는다는 의절은 『당개원례』와 『두씨통전』 어디에서도 찾아볼 수가 없다. 황태자가 규를 드는 것은 송나라 때가 처음이며, 이때 사용한 규가 환규桓圭다.[18] 한과 당나라에서는 규에 관한 기록이 없다가, 송 지도至道 원년 8월에, 이전 대에는 태자가 규를 든다는 문장이 없었는데 왕공王公의 제도와 같이 환규를 들게 하라고 하였다.[19] 당에서는 황태자가 홀을 들지 않았으며, 『두씨통전』은 『당개원례』를 그대로 계승하였기 때문에 그에 관한 기록을 찾을 수 없는 것이다. 예조에서 어떻게 위와 같은 사실을 왜곡할 수 있었는지는 알 수 없지만, 조선에서는 어쨌든 명종 12년의 논의를 거쳐 세자가 홀을 들고 꽂는 의주를 책봉례에 포함하게 되었다.

18_ 『명집례』 권20, 가례4, 책황태자, 관복.

19_ 『송사』宋史 권111, 예지禮志 제64, 예14, 가례2.

상징과 권위의 표지,
죽책과 보인

세자는 책봉례 때 그 상징과 권위의 표
지로서 교명과 책, 인수印綬를 받는다.
『국조오례의』에서 그 절차를 살펴보면, 아래와 같다.

전책관이 '전교가 있습니다'라고 말한다. 찬의는 '무릎 꿇으시오'라고
창한다. 왕세자는 무릎 꿇는다. 전책관은 함을 열어 간책簡冊을 가지고
서 선포하여 밝힌다. 마치면, 찬의는 '부복흥사배흥평신'을 창한다. 왕
세자가 부복흥 하면 풍악이 울리고, 사배흥평신 하면 풍악이 그친다.
전책관이 간책을 도로 함에 넣는다. 집사자는 교명과 책, 인의 안案을
들어 차례로 전책관 앞에 놓는다. 전책관은 교명함敎命函을 받들어 왕
세자에게 준다. 왕세자는 나아가 북향하여 무릎 꿇고 받아서 보덕에게
준다. 전책관이 또 책함을 받들어 왕세자에게 준다. 왕세자는 받아서
필선에게 준다. 전책관이 또 인수를 받들어 왕세자에게 준다. 왕세자는
받아서 익찬에게 준다.

세자는 전교가 선포되고 난 다음에, 북향하여 무릎 꿇고서 교명
과 책, 인수를 차례로 받는다. 이것이 책봉례의 목적이다. 이 상징
물들을 받음으로써, 원자는 명실공히 조선의 세자로 우뚝 서는 것
이다.

세자에게 책인을 내리는 것은 고려의 전통을 그대로 계승하였

다. 태조 6년에 현빈 심씨에게 책인을 하사하게 하였으니, 세자에게는 두말할 것도 없다. 그런데 태종 4년 8월에 원자 양녕대군을 세자로 삼았을 때에는 옥책玉冊과 금인金印을 주었다고 했다. 이것이 사실이라면, 예법상의 큰 오류를 저지른 것이다. 옥책은 상왕이나 왕, 왕비, 대비 등의 신분에 해당하는 것이었다. 그런데 세종 14년에 책문을 보관할 것에 대한 건의에서 태종대왕을 세자로 봉한 죽책이라 하고, 세종 30년의 세손 책봉 기사에서 죽책을 만들게 되면 동궁과 분별되는 것이 없으니 중국의 제도를 따라 교명을 쓰게 함이 타당하다고 했다. 세자는 죽책, 세손은 교명을 사용하여야 한다는 것이다. 따라서 양녕대군에게 옥책을 내렸다는 것은 예법에 어긋나는 측면이 없지 않다.

세자의 인은 금인이다. 옥인玉印을 사용하기도 했다. 왕의 인을 보寶라 하여, 옥보, 금보라 칭한 것과는 구별된다. 그렇다고 이러한 명칭의 구별이 철저히 지켜진 것은 아니었다. 인식印式은 전각篆刻으로 '왕세자지인'王世子之印 혹은 '왕세자인'王世子印이라 새겼다. 세자 금인의 규격을 보면, 세종 때의 기록에, 세자의 인은 너비를 3촌으로 한다고 하였다. 대보大寶의 너비가 3촌 5푼이며, 중궁의 인은 3촌 4푼이나 2푼으로 한다고 하였으니, 그보다는 조금 작다. 두께는 중궁中宮의 인은 7푼, 왕세자의 인은 6푼, 세자빈의 인은 5푼으로 하도록 하였다.[20] 『국조오례의서례』에서 왕의 인은 두께가 8푼이

20_『세종실록』권55, 세종 14년 2월 11일. 중궁의 인은 그 뒤에 대보의 규격과 같게 만들었다(『성종실록』권51, 성종 6년 1월 12일).

도24 **교명문** 35×304cm, 국립고궁박물관 소장.
영조 35년(1759)에 왕세손(정조)을 책봉하면서 내린 교명문이다. 일종의 고신告身이다. 책봉의 취지와 의미 및 세자의 덕과 인품을 칭송한 글이다. 비단으로 만든 두루마리다. 글을 쓴 부분은 적황청백현의 오방색 비단을 나누어 이어 붙였으며, 사방 둘레는 옥색 바탕에 오방색의 비봉飛鳳을 직조했다.

라 하였으니, 왕 이하의 보인의 크기와 두께를 지위에 따라 일정하
게 차등을 두었음을 알 수 있다.

그런데 후기로 가면서 이러한 차등이 희석되어 인면의 글자를
통해 구별했다. 『보인소의궤』寶印所儀軌를 보면, '왕세자인'은 사방 4
촌 2푼, 높이 1촌 4푼, 곽郭 5푼, 귀龜는 길이 4촌 8푼, 너비 3촌,
높이 2촌 3푼이라 하였다. '조선국왕지인'朝鮮國王之印은 사방 4촌,
높이 1촌 1푼, 곽 5푼, 뉴鈕는 길이 4촌 1푼, 너비 2촌 4푼이다. 따
라서 전체적으로 규격이 더 커지기는 하였으나, '왕세자인'과 '조선
국왕지인'을 비교하면 오히려 전자가 좀 더 크다는 사실을 알 수 있
다. 따라서 이때에 이르면 각 보인의 규격에 대한 지위의 차등은
적용하지 않은 것으로 보인다.

재질에도 차등을 두었다. 『국조오례의』에는 왕의 보에 대해 "주
석으로 주조하고 황금으로 도금한다"고 했다. 그런데 세자의 보는
기유년의 등록을 상고해보면 은 바탕에 도금을 했고, 종묘의 등록
을 상고해보면 역대 세자보를 옥보로 쓰기도 했다고 한다.[21] 『보인
소의궤』에서도 "왕세자인은 옥으로 개조한다"고 하였으니, 세자인
의 재질은 은을 도금하거나 옥을 사용했음을 알 수 있다.

중국에서는 한나라 때 황태자는 황금인귀뉴黃金印龜鈕를 사용하고 '황태자장'皇太子章이라 새겼다. 당나라 때도 황금을 사용하고 방方 1촌이며, '황태자보'皇太子寶라 새겼다. 송나라 때는 황금을 사용하고 방 2촌, 두께 5촌이었다. 원나라 때는 황금으로 만들었으며, 너비 3촌 6푼에 쌍룡뉴雙龍鈕였다. 몽골어로 '황태자보'라 새겼다. 명나라 때는 전서篆書로 '황태자보'라 새겼으며, 주척으로 방 5촌 9푼, 두께 1촌 7푼이었다.[22] 그런데 친왕은 방 5촌 2푼, 두께 1촌 5푼이었다. 조선에서는 조례기척을 사용하였으므로 양자의 규격을 비교하는 것이 용이하지 않다.

22_『명집례』 권20, 가례4, 책황태자, 보寶.

세종이 세자로 책봉되었을 때는 양녕대군이 세자 때 쓰던 인을 사용하지 않고 다시 주조했다. 그런데 세종 연간에 세자를 책봉할 때는 재사용 여부에 대한 의견이 엇갈렸다. 이원李原은 그대로 전하는 것이 편리하다고 했고, 박은朴訔은 다시 주조하자고 했다. 박은은 뒷날 혹시 세자를 폐하고 다시 세자를 세울 때에 그대로 전하지 못하는 경우가 발생할 수 있으므로 이를 통상적인 예로 할 수 없다고 생각한 까닭이었다. 그렇지만 전대의 인을 그대로 전하는 방식으로 정해졌다.

세자 책봉 때의 책간은 죽책이었다. 죽책에 기록하는 내용은 "우리나라에도 동궁이나 빈에게 좋은 일을 칭찬하고 타일러서 훈계하는 뜻을 죽책을 두어 기록하게 했다"[23]고 한 것처럼, 세자의 자질과 덕성을 칭찬하고 기리는 한편으로 세자 책봉의 명과 당위성 및 목적, 그로 인한 종사의 번영을 기원하고 앞으로 갖추어야 할 품성 함양에 힘쓸 것을 당부하는 등의 말을 기록하였다. 인조 3년 세자 책봉 때 내린 죽책문의 내용은 아래와 같다.

23_『세종실록』 권119, 세종 30년 3월 17일.

이르노라. 나라를 굳건히 하는 길은 진정 원량元良에게 있으니 이는 대개 명량明兩(임금과 세자)의 의리를 취한 것이고, 주기主器는 장자長子만한 자가 없으니 실로 저이儲貳의 칭호가 합당하다. 이에 비로소 동궁으

도26 **죽책문** 25.3×107.3cm, 국립 고궁박물관 소장.
영조 35년(1759)에 왕세손(정조)을 책봉하면서 내린 죽책이다. 6첩 36간簡이며, 글은 29간에 새기고 니금泥金으로 칠했다. 간마다 글자 수는 극항 12자, 평항 10자다.

로 세우고 보책을 반포한다.

아, 너 원자 이조는 성조聖祖의 빼어난 정기를 이어받아 갖가지 복과 신령스러운 자질을 타고났다. 온화하고 문아文雅한 덕성이 일취월장하여 학문은 사부師傅를 번거롭게 할 것이 없고 선천적인 효도와 우애는 승의勝衣(유아기) 때부터 그 덕성이 이미 드러났다. 이미 여염의 병폐와 고통을 갖추 알아 옥송獄訟하는 사람이나 구가謳歌하는 사람이나 모두 따르게 되었다.

국본을 굳건히 하는 지극한 계책을 깊이 생각해보건대 목을 늘이고 고대하는 대중의 심정에 부응해야 마땅하다. 적임자를 얻어 그에게 부탁함으로써 큰 기업을 영구히 도모해가기를 기약하고, 인자한 현인에게 국체國體를 이어가게 함으로써 국가 운명에 대한 책임을 저버리지 않게 되었으면 하는 마음이다. 이에 소양少陽에 자리를 정하고 상사上嗣하는 규정을 좇아 너를 명하여 왕세자로 삼는다.

아, 훈계를 공경히 마음속에 새기고 헌장憲章을 삼가 받들어 동정운위動靜云爲(행동거지와 언행)를 예가 아니면 처하지 말고, 좌우전후에 오직 올바른 것만 보라. 큰 기업은 어려운 것임을 생각하여 언제나 소심小心하게 조심해 가고, 하현춘송夏絃春誦(여름에 악기를 타서 봄의 글공부를 진취시켜 나감)을 게을리 하지 말아 삼선三善(세 가지 착한 일, 즉 효도, 충의, 장유의 예절)과 사술四術(선왕의 가르침인 시, 서, 예, 악)에 잘못됨이 없도록 하라. 종묘에 계신 선조들의 제사를 받들어 더욱 선왕의 업적을 빛내고 자손만대의 큰 복이 잇따르게 하여 큰 국가의 터진을 보존헤기도록 하라. 그래서 이렇게 교시하니, 잘 이해했으리라 생각한다.

이 글은 대제학 김류金瑬가 지은 것이다. 인조는 소현을 세자로 책봉하면서 위와 같은 내용의 죽책문을 내렸다. 소현은 물론 세자의 시호다. 세자는 재위 11년 만인 인조 14년(1636)의 병자호란 때 삼전도의 굴욕 후 청나라 심양에 끌려갔다가 인조 23년(1645) 2월에 돌아왔다. 그러니 세자로 재위한 기간은 20여 년이지만, 조선에서 생활한 것은 햇수로 12년 정도다. 위의 죽책문에서처럼, 소현세자는 신령스러운 자질과 덕성을 칭송받으면서 국가의 큰 터전을 보존하라는 여망을 한 몸에 받았건만, 불행하게도 이를 실현하지 못하고 의문을 죽음을 맞고 말았다.

책册은 한나라 때부터 있었던 제도이나 연원은 자세히 알 수 없다. 송나라 때의 친사親祠에는 죽책을 사용하였는데, 재질이 대나무였으며 책마다 24간簡을 썼다.[24] 오직 천자만 옥을 쓰고, 왕공은 모두 죽책을 사용한다고 하였으니,[25] 조선의 세자도 왕공의 예를 따라 죽책을 사용했다. 왕의 옥책은 남양의 청옥을 사용하며, 길이 9촌 7푼, 너비 1촌 2푼, 두께 6푼이고, 간수簡數는 글의 다소에 따른다고 하였다. 세자의 죽책은 기록이 없어 규격을 알 수 없으나, 왕의 옥책보다 조금 작았을 것으로 여겨진다.

간簡은 글의 다소에 따라 개수의 차이가 있었다. 송나라 태종 때에 수왕壽王을 세워 황태자로 삼았을 때에는 민옥珉玉으로 된 간 60개를 사용하였다고 한다. 전후 4매枚이며, 각룡전금刻龍塡金하였다. 그러나 원나라 때에는 옥으로 책을 만들었으며, 명나라 때에는 금책金册 2편片을 사용하였다고 한다. 이때에는 편마다 주척周尺으로 길이 1척 2촌, 너비 5촌, 두께 2푼 5리였다.[26]

따라서 중국의 황태자는 옥이나 금으로 책간을 만들었으나, 조선의 세자는 왕공의 지위로 낮추어 죽책을 사용했음을 알 수 있다. 책문은 한나라 때의 책에는 책문의 글을 쓰지 않다가, 당 태종 때 진왕 치를 황태자로 책봉할 때 책문을 썼다[27]고 한 것으로 보아, 당 이후의 제도를 받아들였다고 하겠다.

24_ 『명집례』 권1, 길례 제1, 사천祀天, 축책祝册.

25_ 『산당사고』山堂肆考 권175, 기용器用, 인사전류印賜錢鏐.

26_ 『명집례』 권20, 가례4, 책황태자, 책册.

27_ 『명집례』 권20, 가례4, 책황태자, 책문.

世
子
日
常

4 세자, 성균관에 입학하다

작헌례, 속수례
그리고 입학례

입학례는 점을 쳐 택한 길일에 거행되었다. 행사를 치르기 전에 한 치의 실수도 없도록 하기 위해 날을 잡아 미리 연습을 했다. 의례를 미리 익히는 연습을 습의習儀라고 하는데, 그럼에도 가끔 실수가 있게 마련이었다.

순조 17년 때 효명세자의 사례를 보자. 당일이 되자, 세자는 쌍동계, 공정책, 곤룡포를 갖추었다. 동궁에서 가마에 올라탄 세자는 이극문貳極門을 나가 홍화문弘化門에 이르렀다. 세자는 정문을 이용할 수 없기 때문에 동협문東挾門을 거쳐서 나갔다. 궁궐 밖으로 나오자마자, 세자는 가마에서 내려 연輦으로 바꾸어 탔다. 관현館峴(성균관고개)을 거쳐 문묘의 동문 밖에 이른 세자는 연에서 내려 일단 그곳에 설치된 편차便次에 들었다.

작헌례를 행할 시간이 되자, 세자는 학생복으로 갈아입고 편차에서 나왔다. 겸보덕이 앞에서 인도하여 문묘의 동문으로 들어갔다. 자리로 나아간 세자는 먼저 대성전을 향해 사배를 올리고 관세위盥洗位(술을 올리기 전에 손을 씻는 자리)로 갔다. 손을 물에 씻고 수건으로 닦은 뒤 동계東階로 올라가 대성전 안으로 들어가서 공자의 신위神位 앞으로 나아갔다. 세 번 향을 사르고, 잔을 들어서 올렸다.

다음으로 사성위四聖位(맹자, 안자, 증자, 자사의 신위) 앞으로 가서 역시 향을 사르고 술을 올렸다. 이를 마치면, 나와서 동계로 내려가 자리로 돌아갔다. 대성전 안의 동서와 밖의 동서무東西廡에 모신 종향위從享位에는 집사자執事者들이 나뉘어서 술을 올렸다. 이것이 끝나자, 세자는 사배례를 행하고 도로 편차로 들어갔다.

공자에게 올리는 작헌례가 끝나고 입학례를 거행할 시간이 되면, 세자는 학생복을 입고 나왔다. 보덕의 인도를 받아 명륜당 대문의 동쪽에서 서향하여 섰다. 세자의 서쪽에는 백비帛篚(저포紵布 세 필을 넣은 광주리)와 주호酒壺(두 말짜리 술병), 수안脩案(포 다섯 정脡을 올려 놓은 상)을 북향하여 겹줄로 벌여놓았는데, 서쪽을 윗자리로 했다. 박사는 공복을 차려입고 집사자의 인도로 명륜당 동쪽 계단 위에서 서향하여 섰다. 그러면 장명자將命者가 양측을 오가면서 말을 전달한다. 그 모습을 들여다보자.

장명자는 문 서쪽으로 나와 동향하여 서서 "감히 행사하시기를 청합니다"라고 말한다. 세자는 조금 앞으로 나서서 "아무개는 선생께 수업하기를 원합니다"라고 말한다.

장명자가 들어가서 고하면, 박사는 "아무개는 부덕합니다. 왕세자께서 욕됨이 없기를 바랍니다"라고 한다.

장명자가 나와서 고하면 세자는 거듭 청한다.

장명자가 들어가서 고하면, 박사는 "아무개가 부덕합니다만, 청컨대 왕세자께서는 자리로 가소서. 아무개가 나가 뵙겠습니다"라고 말한다.

장명자가 나와서 고하면, 세자는 "아무개는 빈객으로 뵐 수 없으니, 청컨대 뵙도록 해주소서"라고 한다.

장명자가 들어가서 고하면, 박사는 "아무개도 사양을 받아주지 않으시니, 명을 따르지 않을 수 있겠습니까"라고 말한다.

장명자가 나와서 고한다.

이 절차를 왕복의往復儀라고 한다. 이렇게 해서 제자로 받아들여

진 세자는 스승에게 선물인 폐백을 드렸다. 이를 속수례 혹은 수폐의修幣儀라고 한다. 그 절차를 살펴보면, 폐백을 든 집비자執篚者가 동향하여 광주리를 세자에게 주었다. 박사는 동쪽 계단 아래로 내려가 서향하여 기다렸다. 보덕이 폐백을 든 세자를 인도하여 문 왼쪽으로 들어갔다. 집사자는 주호와 수안을 받들고 뒤를 따랐다. 세자는 서쪽 계단의 남쪽으로 가서 동향하여 서고, 주호와 수안을 받든 자는 세자의 서남쪽에서 동향하여 북쪽을 윗자리로 해서 섰다. 세자가 무릎 꿇고 광주리를 올리고서 재배하면, 박사가 답배했다. 여기서 올린다는 것은 박사 앞에 놓는다는 말이다. 세자는 무릎 꿇고서 광주리를 들어 바쳤다. 주호와 수안을 받든 자도 따라서 박사 앞에 올렸다. 박사는 무릎 꿇고서 광주리를 받아 집사자에게 주고, 또 집사자가 무릎 꿇고서 주호와 수안을 가지고 물러났다.

　예물을 드리는 예를 마치면 세자는 보덕의 인도로 계단 사이에 서서 북향하여 재배하고, 편차로 가서 기다렸다. 박사는 상복常服으로 갈아입고 당에 올라가 앉았는데, 동벽東壁에서 서향했다. 세자는 보덕의 인도로 서쪽 계단으로 올라가 박사 앞으로 나아갔다. 집사자가 강학할 책을 박사 앞의 서안과 세자 앞에 놓았다. 강서講書와 석의釋義를 마치면, 집사자가 서안 및 책을 치웠다. 보덕은 세자를 인도하여 서쪽 계단을 내려가 편차로 갔다. 이것이 입학이다.

　세자의 성균관 입학례 모습은 흥미로운 구경거리였다. 현종 10년 8월에는 "세자의 나이가 아홉 살이었는데 기질이 청명하고 행동이 의젓한 데다가 강독하는 소리도 낭랑하였으므로, 교문橋門 밖에 둘러 모여 구경하는 사람들 모두가 감탄하며 기뻐하였다"고 한다. 순조의 세자 효명세자의 입학의 때에는 박사와의 문답이 자세하게 소개되기도 했는데, 이날에는 『소학』의 제사題辭를 강하였다. 그 내용 중에서 "오직 성인聖人만이 천성을 온전히 보존한 자다"〔惟聖性者〕라는 대목에 이르러, 세자가 박사 남공철에게 물었다.

　"어떻게 하면 성인이 될 수 있습니까?"

도27 **세자의 입학례 동선** ⓒ박상준
세자가 동궁에서 나와 입학례를 치르기 위해 명륜당까지 가는 가상의 주요 동선이다.
❶ 자선당 ❷ 이극문 ❸ 홍화문 ❹ 동협문 ❺ 문묘의 동문 ❻ 대성전 ❼❽ 동무와 서무 ❾ 명륜당

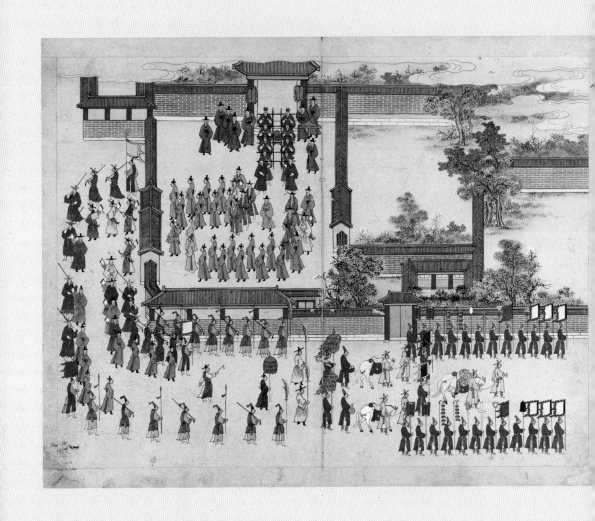

도28 **〈왕세자입학도첩〉** 국립문화재연구소 소장.

순조의 맏아들 효명세자가 아홉 살이 되던 1817년(순조 17) 3월 11일에 성균관에 입학하는 의식을 그린 그림이다.

❶ 〈출궁도〉出宮圖

창경궁 홍화문을 나와 문묘로 향하는 세자 행렬을 그렸다.

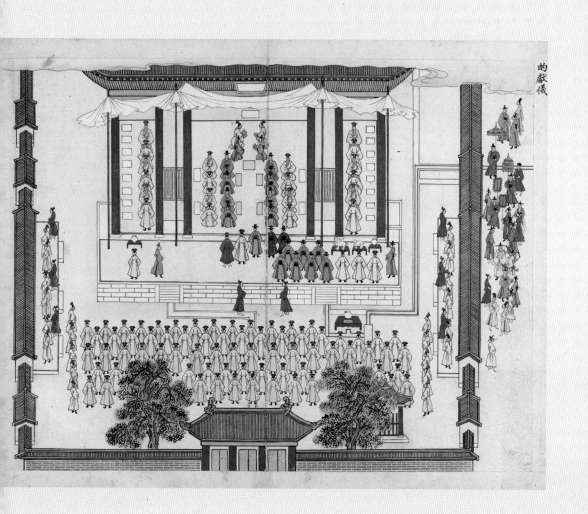

❷ 〈작헌도〉酌獻圖

세자가 입학례를 치르기 전 공자에게 잔을 올리는 의식을 그렸다.

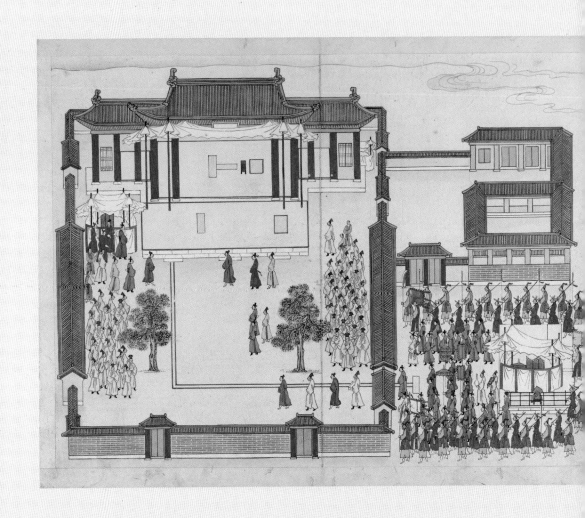

❸ 〈왕복도〉往復圖
세자가 박사에게 수업 받기를 청하자 박사가 이를 수락하고 명륜당 내로 들어가는 과정을 그렸다.

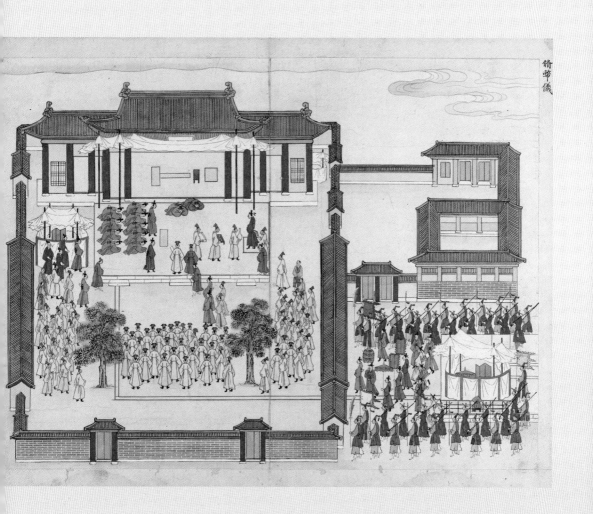

❹〈수폐도〉脩幣圖

스승이 되는 박사에게 여러 가지 예물을 드리는 예를 그렸다.

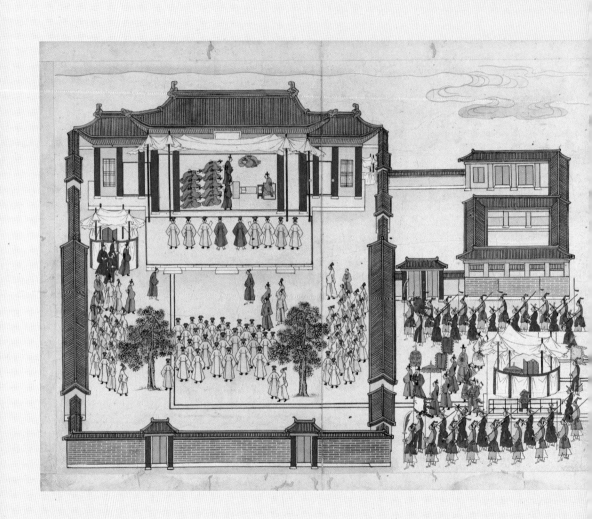

❺ 〈입학도〉入學圖
예물을 바치는 일을 끝내고 세자가 박사 앞의 자리로 나아가 앉아 있는 모습을 그렸다.

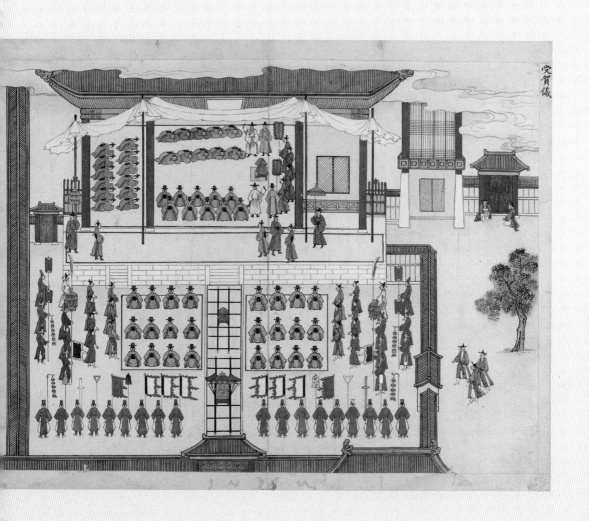

❻ 〈수하도〉受賀圖

세자가 입학례를 마치고 시민당에서 2품 이상의 문·무관과 종친들로부터 하례를 받는 모습을 그렸다.

박사가 일어나서 대답하기를,

"저하邸下의 이 물으심은 참으로 종묘사직과 신민의 복입니다. 세자께서 어린 나이에 입학하여 이미 성인이 되기를 스스로 기약하시는 뜻이 있으니, 참으로 이 마음만 잘 미루어 확충하신다면 요임금도 될 수 있고 순임금도 될 수 있는데 지금부터가 시작입니다"라고 하였다. 세자가 또 묻기를,

"여기에서 '들어와서는 효도하고 나가서는 공손하라'〔入孝出恭〕고 하였는데, 효도를 하려면 무엇부터 먼저 하여야 합니까?"

하니, 박사가 대답하기를,

"효도를 하는 길에 대해 그 허다한 절목을 논하자면 갑자기 다 대답해 올릴 수 없습니다. 다만 마땅히 덕을 닦고 착한 행실을 하는 것으로 근본을 삼아야 할 것입니다. 부모의 마음을 기쁘게 해드리는 데 어찌 이보다 더 큰 것이 있겠습니까? 그리고 수신修身은 제가치국평천하의 근본이 만큼, 효도의 큰 근본은 이보다 더한 것이 없습니다."

하니, 세자가 가납嘉納하였다.

이때 세자의 보령은 아홉 살이었다. 세자의 행례하는 자세와 태도를 그린 실록 기사를 보면, 그의 자질이 온순 단아하고 예의범절이 숙성하였다고 했다. 선성先聖을 공경히 알현하는데 주선周旋이 법도에 맞았고, 강독할 때에 글 읽는 소리가 가락에 맞았으며, 천인天人과 성명性命에 대한 토론과 문답에 있어서 의젓하기가 덕을 이룬 사람처럼 의표儀表가 있었다고도 했다. 이 광경을 지켜보는 신하들과 많은 선비들이 문묘 앞 개천의 다리를 에워쌌다. 주변에서 구경한 사람들도 수천이었는데, 모두 목을 길게 빼어 구경하면서 손을 모아 송축하였다고 한다.

편차에 들른 세자는 다시 공정책과 곤룡포로 갈아입고는 연에 올랐다. 온 길을 되짚어 관현을 서치고 홍화문에 이르러 연에서 내린 세자는 가마로 바꾸어 탔다. 그러고는 동협문으로 들어가 동룡

제1부 탄생, 책봉 그리고 교육

문銅龍門과 이극문을 지나서 대내大內로 들어갔다.

이와 같이 세자의 성균관 입학례는 먼저 대성전에서 작헌례를 거행한 다음에, 유생복인 청금복青衿服을 입고 명륜당에서 속수례와 입학례를 거행하는 순서로 이루어졌다. 세자의 작헌례는 백대의 스승인 공자를 알현하는 예다. 선초에 무묘武廟의 건립 문제가 대두하여 논란을 빚기도 했지만,[28] 학문의 길을 열어서 만대에 법을 전해 준 공자는 백대의 스승이며 역대 백왕의 스승이므로 문묘를 건립하여 왕과 세자가 제자의 예로 알성하는 것이 도리였다. 이것은 명분상 존사尊師의 실천이며, 유교 이념을 수호하고 정치의 이상을 실현하는 교화를 위한 정치 행위였다. 세자가 입학례에서 문묘에 먼저 작헌하는 것은 공자의 제자임을 선언함과 동시에, 왕의 교화에 대한 책임을 계술해나가겠다는 의미를 담고 있다.

세자가 학교에 입학해서 배워야 할 교육 내용은 예악禮樂이다. 『예기』를 보면, "왕태자王太子와 왕자王子로부터 나라의 준선俊選에 이르기까지 입학하여 나이 순서대로 한다"고 했다.[29] 또한 "한 가지 일을 행하여 세 가지 선善을 모두 얻는 자는 오직 세자뿐이니, 학교에서 나이 순서대로 함을 이른다"고 했다.[30] 따라서 존귀한 왕자라고 하더라도 학교에 입학해야 할 의무가 있으며, 그 자리는 신분에 관계없이 나이 순서대로 정해졌다. 이 한 가지 행위를 통해 세 가지 선을 얻는다고 했으니, 부자父子의 도리와 군신君臣의 의리, 장유長幼의 절도였다. 이 세 가지가 곧 세자가 배우는 존군친친尊君親親(임금을 높이고 친한 이를 친히 함)이며, 그래야 나라가 다스려진다는 것이다.[31] 세자의 성균관 입학례는 차기 왕통 계승자에게 성리학 이념을 수호하고 유교 정치의 이상을 실현할 책임을 지우는 의례였던 것이다.

28_ 김해영, 「조선 초기 문묘 향사제에 대하여」, 『조선시대사학보』 15, 2000 참조.

29_ 『예기』 권5, 왕제王制.

30_ 『예기』 권3, 문왕세자文王世子.

31_ 『예기』 권3, 문왕세자.

세자 혼인의 최우선 절차는 세자빈을 정하는 일이다. 세자빈의 간택은 신중해야 했다. 더구나 혼인이 집안과 집안의 결합이니 왕실에서는 매우 신경 쓰이는 일이었다. 세자빈을 맞이하면 그다음은 잘 가르치는 것이 과제였다. 세자의 위치와 역할의 중요성을 인식하되 그것이어디까지나 왕 다음이며 결코 왕을 넘을 수 없다는 사실을 주지시켜야 했다. 한편 세자빈 집안은 자신의 집안을 위해서 세자가 왕이 되는 데 모든 것을 집중해야 했다. 때문에 반가들은 왕실과 사돈이 되는 자리에 선뜻나서지 않았다. 권력에 가까이 가는 좋은 방법이기는 하나 권력에 가까워지는 만큼 위험이 따르기 때문이다.

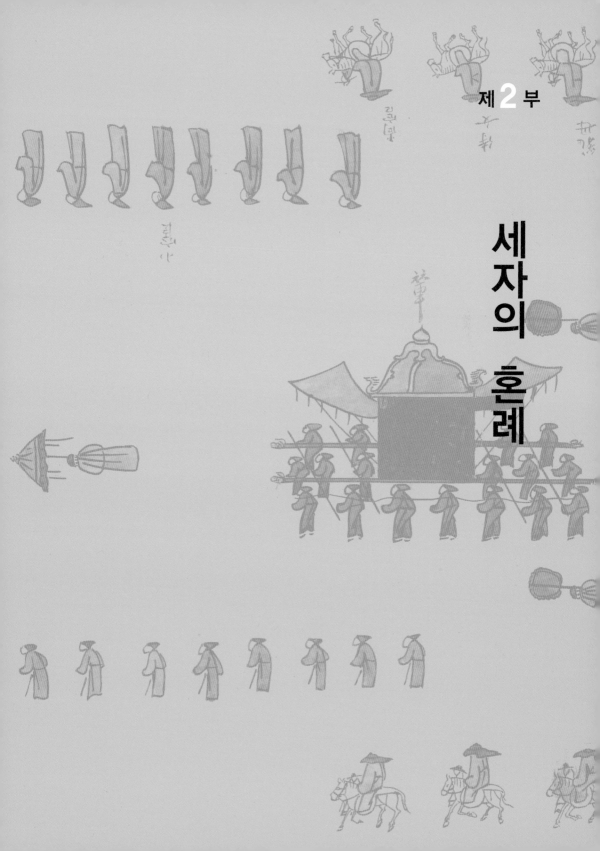

제 2 부

세자의 혼례

世子
日常

1 세자, 혼례를 치르다

혼례 이전의 절차, 관례　　조선에서 혼인을 한다는 것은 곧 성인이 되
　　　　　　　　　　는 것을 의미했다. 혼인은 새로운 가족을
만들어가는 과정이고, 그것은 미성년으로서는 감당하기 어려운 책
임감을 수반하는 것이기 때문이다. 혼인이라는 과정을 준비 없이
치르는 것은 혼인 이후를 감당하는 데 불안한 요소가 될 수 있다.
따라서 혼인 전에 어떠한 장치를 두어 당사자들에게 혼인에 따른
책임을 인식하게 할 필요가 있었을 것이다. 조선에서 관례는 원래
성인식의 의미였지만, 제대로 실행되지 않다가 혼인을 할 때 성인
인증을 위해 치러지는 면이 있다고 할 수 있다. 즉 혼인을 치르기
전의 과정으로서 관례가 필요했던 것이 아닐까 한다.

　　세자의 관례도 이런 의미에서 크게 벗어나지 않았던 것으로 보
인다. 유교식 성인식이라 할 수 있는 관례는 특히 일반 사대부가에
서의 혼례와 매우 밀접한 관련을 맺고 있었다.

　　1725년(영조 1) 1월 16일 권상일은 아들의 혼인을 앞두고 다음과
같이 말한다.

"맏아萬兒의 관례를 다음 달 초3일로 잡았다. 바야흐로 군복君服을 입

도1 『연잉군 관례등록』 표지와 본문
영조대, 1책, 필사본, 42.2×28cm,
한국학중앙연구원 장서각 소장.
1703년(숙종 29) 연잉군(훗날의
영조)의 관례 절차를 기록한 등록
이다. 『왕자가례등록』王子嘉禮謄
錄의 부록으로 실려 있다. 사진은
『왕자가례등록』의 겉표지와 그 부
록인 연잉군 관례등록 부분이다.

는 데에 미안한 바가 있기 때문이다. 옛사람들은 관례와 혼례를 양례兩
禮로 생각하여 조금도 경중의 차이를 두지 않았다. 이제 국령에 따라
길일을 잡아 혼례를 행하려 하는데, 이 관례 절차를 빠뜨리면 양반들의
비난을 면할 수 없을 것이니 여러 곳에 문의하여 시행해야 할 것이다."[1]

1_ 『청대일기』 1725년 1월 16일.

본래 관례는 혼례와 함께 양대 길례로서 빠뜨릴 수 없는 것인
데, 점점 혼례만 중시되어 관례는 흐지부지되었다는 뉘앙스를 풍기
고 있다. 그래서 권상일은 아들의 혼례 전에 관례를 행하여 예를
지켰다는 얘기를 듣고 싶어하는 것이다. 실제로 권상일은 2월 3일
에 아들의 관례를 치르는데, 그 절차는 모두 『주자가례』에 따랐다.
양반 집안에서 관례는 혼례 전에 치러야 한다는 의식을 잘 보여주
는 사례다.

왕실에서는 어떠했을까? 왕실에서도 왕자의 관례는 혼인 직전
에 이루어지는 경우가 많았다. 그러나 사대부가만큼 긴밀하게 연결
되어 있는 것으로 보이지는 않는다.

2_ 『성종실록』 권196, 성종 17년 10월 21일.

"왕세자는 내년에 입학하기로 정하였습니다마는, 세자가 이미 가관加冠 은 하였으나, 관례를 치르지 않았는데 입학하는 것은 예에 있어서 어떠하겠습니까?"[2]

성종 17년(1486) 10월 왕이 세자인 연산군의 입학 문제를 두고 신하들과 의논하는 장면이다. 세자가 입학을 앞두고 있는데, 아직 정식 관례를 치르지 않았으니 예에 어긋나는 것이 아니냐는 논의다.

이에 대해 성종은 "옛사람은 열다섯 살에 관례를 치르기도 하고 열두 살에 관례를 치르기도 하였는데, 세자는 금년에 열한 살이고 내년에는 열두 살이므로 관례를 치러야 하겠으나, 이미 날을 점쳐서 관을 쓰게 됐으니, 반드시 관례를 치르고 나서 입학할 필요는 없다"라며 관례는 입학한 후에 치러도 무방하다고 결론을 내렸다. 특히 이미 가관, 즉 관을 쓰게 됐으니 그렇다는 것이다. 아마도 약식으로 관례를 행한 것으로 보인다.

이 경우를 보면 세자의 관례는 일차적으로 입학과 관련이 깊다는 사실을 알 수 있다. 몇 달 후 이 논의는 다시 이어진다.

"세자가 입학하는 것은 큰일이다. 예종께서 관례를 행하자 은혜를 베푼 예가 있었는데, 입학과 관례가 무엇이 다르겠는가? 또한 은혜를 베풀고자 하니, 그것을 의논하여 아뢰라."[3]

3_ 『성종실록』 권200, 성종 18년 2월 29일.

성종 18년 2월 성종이 세자의 입학을 계기로 은혜를 베풀고자 하는 뜻을 보이고 있다. 대개 세자가 관례를 치르면 은혜를 베푸는 것이 일반적이므로, 세자가 관례를 치르지는 않았지만, 입학이 곧 관례와 같으니 백성들에게 은혜를 내리자고 하는 것이다.

이에 대해 신하들은 입학이 경사스러운 일이라는 것은 인정하지만, "세자의 입학은 예문의 정상적인 일이므로 은혜를 베푸는 것은 마땅하지 않습니다"라며 은전에 대해서는 부정적인 입장을 밝혔다.

입학이 중요한 일이기는 하나 일상적인 일이므로 은혜를 베풀 필요까지는 없다는 것이다.

이러한 논의를 보면 관례는 입학과 관련이 깊지만, 입학 전에 반드시 관례를 행해야 했던 것은 아님을 알 수 있다. 입학 자체가 관례로 대체될 수도 있는 상황이 이러한 점을 잘 나타내준다.

흔히 관례는 세자 책봉과 관련하여 이루어지는 것이 아닌가 하는 논의도 있다.

"세자 책봉 전에 관례하는 일은, 신이 이미 의정부 당상과 같이 의논해서 아뢰었습니다만, 지금 다시 생각한즉 관례란 예 중에서도 큰일이기 때문에 옛사람들이 중하게 여겼습니다. 그런데 지금 옛사람의 바른 예를 거행하려 하면서 어린 나이에 시행한다면 어떻게 성인을 책려하는 예라고 할 수 있겠습니까? 지난 역사를 고찰해보아도 태자를 책봉한 뒤에 관례한 자가 매우 많은데, 이는 책봉은 일찍 하지 않을 수 없으나 관례는 구차스럽게 행해서는 안 된다는 것이 아니겠습니까? 두씨의 『통전』 및 『대명회전』에 모두 책봉하고 즉위하는 예가 실려 있는데, 쌍동계라고만 일컬었고 그 제도는 말하지 않았기 때문에 지금 고증할 수는 없으나, 신의 뜻으로 헤아리건대 이는 반드시 동자童子의 의구儀具로서 오늘날의 편발編髮과 같은 것입니다. 또 전날의 사서史書에 두세 살에 책봉받은 자가 있는데, 이는 필시 책봉받을 때에 다른 사람이 안고서 면복을 앞에 진열해놓고 거행했음이 틀림없습니다. 더구나 『오례의』를 고찰한즉 왕세자관의에 '관례를 마치고 조알할 때에 돕는 사람이 인印을 지고 있다' 하였으니, 책봉받기 전에 관례를 거행하지 않았음이 또한 분명합니다. 이제 책봉받을 때에 면복으로 하는 것이 어렵다고 해서 급박하게 관례를 행한다면 곧 다시는 동자의 의식을 할 수 없을 것이니 선왕의 성례盛禮에 합당하지 않습니다. 임시 편의를 따라 면복으로 책봉을 하고 열 살이 되기를 기다려 뒷날 관례를 행하는 것이 어떠하겠습니까? 또 책봉은 중국에 주청해야 하는 일이니, 사신이 고

4_ 『중종실록』 권38, 중종 15년 3
월 8일.

사를 보고 듣고 올 것인즉 천천히 예문을 상고해서 반드시 정례正禮에
부합한 뒤에 행하는 것이 가합니다."[4]

세자의 관례가 책봉과 관련되는 이유는 면복 차림으로 하느냐
마느냐의 문제로 보인다. 책봉 때는 대개 면복을 입는 것으로 보이
는데, 만약 관례를 하지 않았으면 면복을 입을 수 없기 때문에 먼
저 관례를 하고 나서 면복을 입고 책봉례를 거행해야 옳다는 것이
다. 이렇게 본다면 '관례 후 책봉례'를 치르는 것은 복장과 관련된
비교적 단순한 문제인 셈이다. 대개 위의 논의에서 본 바와 같이
임시 편의로 일단 면복 차림으로 책봉을 받고 관례는 그 후에 행했
을 것으로 보인다. 따라서 관례와 책봉례의 관계는 그렇게까지 긴
밀하다고 볼 수는 없겠다.

중국으로부터의 책봉례 문제보다는 조선 왕실의 대를 잇는다는
개념으로서의 관례가 중요성을 가질 수는 있었을 것으로 보인다.
중종 때 한효원은 내칙의 "무릇 아들은 날을 가려 접견하되 국군國
君의 세자는 대뢰大牢로 하고 총자冢子가 아니면 모두 한 등을 내려
서 한다"는 말과 관의冠義의 "적자가 조계에서 관례함은 대代를 나
타냄이다"라는 말을 인용하면서 세자의 관례는 후계자의 의미를 확
고히 하는 것임을 강조했다. 관례는 곧 성인식을 의미하는데, 세자
가 성인이 됐다고 하는 것은 단순히 세자로 책봉되는 것과는 다른
의미를 가질 수 있다. 세자가 어느 정도 스스로 결정할 수 있는 나
이에 이르렀음을 뜻하기 때문이다. 따라서 조선에서는 어린 나이에
세자 책봉을 받는 것보다 관례를 행하는 것이 세자로서의 입지를
더 굳게 하는 것이었다.

그렇다면 관례를 행하지 않고 혼례를 치르는 것은 문제가 없을까?

"옛사람이 이르기를, '나라에는 저이儲貳가 오랫동안 없어서는 안 되기
때문에 천자와 제후는 열다섯 살에 관례하고 열다섯 살에 장가드는 것

이며, 『혼례』에 일컫기를, 문왕이 열다섯 살에 무왕을 낳았다고 하였으니 또한 반드시 열다섯 살에 장가든 것입니다."[5]

5_ 『성종실록』 권200, 성종18년 2월 29일.

이는 성종 때 정석견의 의견인데, 열다섯 살에 관례를 하고 장가도 드는 것이라고 하고 있다. 이 내용대로라면 관례는 혼례와 거의 동시에 이루어졌다는 것을 알 수 있다.

세자의 관례와 혼례 나이 통계를 보면 대개 관례한 나이가 혼례한 나이보다 어리다. 1~3살 정도 차이가 난다. 물론 같은 나이에 관례와 혼례를 치른 경우도 꽤 있다. 그러나 혼례를 치르고 관례를 행한 사례는 없다. 그렇다면 적어도 관례는 혼례 전에 치르는 의식이었다고 해석해도 무리가 없다. 결론적으로 성인식인 관례는 남녀가 결합하는 혼례를 치르기에 앞서 공식적으로 성인이 되었음을 표방하는 것이 바람직하다고 보아 행해졌던 것이라고 할 수 있다.

앞에서 언급한 권상일 집안의 경우와 마찬가지로 만일 관례와 혼례 절차가 가까운 시일에 이루어진다면 당연히 관례를 먼저 하고 그 뒤에 혼례를 하는 것이 조선 사회의 일반적인 현상이라고 할 수 있다. 관례는 생략하는 경우도 많지만, 만약 한다면 혼인 전에 하는 것이 순서였다. 즉 관례는 혼례와 밀접한 관련을 가질 수밖에 없다는 사실을 알 수 있다.

세자빈 간택　　　　대개 관례를 마치고 나면 혼인을 하게 되는데, 세자의 혼인은 구체적으로 어떤 절차를 거쳐 이루어졌을까? 혼인이 이루어지려면 먼저 상대를 정해야 한다. 세자의 상대는 세자빈이니 혼인의 최우선 절차는 세자빈을 정하는 일이다. 세자빈을 선정하는 데는 삼간택이 원칙이었다. 즉 세 번에 걸쳐서 간택을 한다는 것이다.

"세자가 내년이면 또한 열 살이 되므로, 자전의 뜻이 내년에 빨리 길례

도2 **간택단자** 한국학중앙연구원 장서각 소장.
고종 19년 왕세자(순종) 가례 때의 초간택 단자. 단자를 제출한 처녀들의 성씨와 사주, 주소, 본관, 사조의 직역과 이름 등을 한눈에 알아볼 수 있도록 정리한 단자다. '간택단자'揀擇單子라는 문서명과 그 아래 '파편'破片이라는 글자는 후대의 기록이다.

6_ 『중종실록』권49, 18년 12월 6일.

치르려 하시는데, 조혼早婚은 옛사람이 경계한 것이나 자전의 뜻이 이러하므로 조정 대신의 의논을 들으려 하니, 삼공을 불러 아울러 의논하게 하라."6

이에 삼공이 "옛사람이 조혼을 경계하기는 하였으나, 우리나라 종실의 가례는 흔히 열 살 또는 열한 살에서 열두 살 사이에 치렀는데, 더구나 주창主鬯(임금의 맏아들)의 중한 몸으로 그 배필을 일찍이 정한들 안 될 것이 있겠습니까?"라는 반응을 보이자 중종은 세자빈 간택을 진행한다. 대개 세자의 나이가 10~12세에 이르면 세자빈 간택이 이루어졌다.

세자빈 간택의 절차는 일정하다. 먼저 금혼령을 내리고 사대부 딸들을 적어 올리게 했다. "세자빈을 간택하려고 한다. 중외의 공경사대부들의 딸들을 7세에서 11세까지 해조로 하여금 빠짐없이 초계抄啓하게 하라." 명종 때의 사례인데, 7~11세의 딸을 둔 공경사대부들은 초계하지 않으면 안 되는 것을 볼 수 있다.

그다음은 초간택이다. 영조는 효장세자孝章世子(1719~1728)의 초간택 때 "참의 조문명, 통덕랑 윤경운, 생원 유숙기의 딸은 모두 혼

도3 **간택단자** 한국학중앙연구원 장서각 소장.
대비 등 왕실 여성에게 보이고자 한문으로 된 처녀단자를 한글로 바꾸어 정리한 것이다. 옆의 봉투는 '국문國文'이라 쓰여 있는 것으로 보아, 이 단자를 넣고자 제작한 것이다. 오른쪽 한글은 임오가례 간택단자의 부분이다.

인을 금하라"고 명했다. 즉 초간택에서 세 명의 세자빈 후보가 선정된 것이다. 재간택은 열흘 후에 이루어진다. 그런데 영조는 재간택 때 다음과 같은 하교를 내렸다.

"초간택 때에 혼인을 금한 여자 세 사람을 삼간택에 들어와 참여하게 하라."

재간택을 거쳤는데도 후보에 변함이 없는 것이다. 그렇다면 재간택은 거의 변화가 없이 형식적인 것이었는지도 모르겠다. 영조는 어쨌든 재간택 9일 후 삼간택을 하고 조문명의 딸을 세자빈으로 정한다. 일반적으로 세자빈 간택은 세 번에 걸쳐 이루어진다는 것을 확인할 수 있다. 그러나 삼간택을 한다고는 하지만, 실제로는 초간택에서 거의 결정되는 것으로 보인다. 정조의 경우는 세자빈 초간택 후 아예 다음과 같이 의사 표시를 하기도 한다.

첫 번째 간택을 마치고는 박종보를 시켜 본집까지 호송하도록 명하고 이어 간택이 결정되었다는 뜻으로 유시하기를, "두 번째 세 번째 간택을 한다지만, 그것은 겉으로 갖추는 형식일 뿐이다. 국가에서 하는 일은 형식도 고려하지 않을 수 없기에 두 번째 세 번째 간택도 앞으로 해야겠지만 오늘 이 첫 번째 간택이 옛날로 치면 바로 두 번째 간택인 것이다"라고 하였다.

초간택에서 이미 마음을 정했지만, 국가 형식을 무시할 수 없어서 형식적으로 재간택과 삼간택까지 진행하겠다는 것이다. 이미 후보가 결정되었다는 얘기다. 초간택에서 수위로 뽑힌 사람이 후에 다른 사람으로 교체되는 사례는 거의 없었다.

"세자를 세워서 종묘의 제사를 계승하게 하였으니, 마땅히 어진 배필을 얻어서 내조에 이바지하게 해야 하겠다. 아! 그대 한씨는 훌륭한 집안에서 태어나 온유하고 아름답고 정숙하여 종묘의 제사를 도울 만하므로, 이제 효령대군 이보와 우의정으로 치사한 이인손 등을 보내어, 그대에게 책보를 주어서 왕세자빈으로 삼는다. 그대는 지아비를 경계하고 서로 도와서 궁중의 법도를 어기지 말고 더욱 우리의 큰 왕업을 융성하게 하라. 아아! 만가지 교화의 시작과 만가지 복의 근원이 그대 한 몸에 매였으니, 공경하지 아니할 수가 있겠느냐?"[7]

7_ 『세조실록』 권20, 세조 6년 4월 11일.

1460년(세조 6) 세조가 한명회의 딸을 세자빈으로 책봉하면서 내린 교서의 일부분이다. 세자빈이 왜 중요한가를 간결하지만 핵심적으로 드러내는 대목이다. '내조', '종묘 제사', '교화의 근원', '복의 근원' 등이 그 키워드라고 할 수 있다. 이러한 생각은 다른 세자빈을 맞이할 때도 유사하게 나타난다.

"예부터 국가에서는 반드시 세자를 미리 세워서 나라의 근본을 튼튼하게 하였고, 또한 깨끗하고 현명한 사람을 널리 구하여 길상吉祥을 정하고 배필을 세워서 부인의 일을 잇게 하였다. 이는 인륜이 시작되는 바이고 임금 교화의 바탕이니, 참으로 어려운 일이다. 그러므로 내가 선왕의 큰 명을 이어받아 가르침을 받들어 따르고 아름다운 법을 살피고 삼가서 신명과 백성의 뜻에 맞기를 바랐다. 내 원사元嗣(세자)는 총명이 뛰어나서 일찍부터 종묘의 제사를 주관하는 중책을 받아 백성들이

이름을 우러러보고 있으니, 아름다운 짝을 가려 그 아름다움을 같이하
게 하고 그 법도를 보이게 해야겠다."[8]

8_ 『현종실록』 권19, 현종 12년 3월 22일.

1671년(현종 12) 현종이 세자빈 김씨(숙종 비 인경왕후)를 책봉할 때
내린 교명문의 일부다. '세자가 나라의 근본'으로 중요하지만, 그
완성은 배필을 얻는 것에 있다는 사실을 강조하고 있다. 이어서 세
자의 혼인은 인륜의 시작이고 교화의 바탕이 된다고 말했다. 이는
숙종이 세자빈을 들일 때도 거의 유사하게 나타난다.

"왕은 말하노라. 저사儲嗣는 한 나라의 근본으로 오래도록 민심이 매어
있고, 그 배필은 모든 복의 근원이니, 마땅히 혼례를 삼가서 해야 할
것이다. 길이 차례를 계승할 소중함을 생각하니, 더욱 집안을 바로잡는
방도가 시급하도다. 이미 좋은 짝을 얻었으므로, 드러나게 책립冊立을
반포한다."[9]

9_ 『숙종실록』 권62, 숙종 44년 9월 13일.

경종의 두 번째 부인이 되는 세자빈 어씨의 죽책문에 있는 내용
이다. 첫 번째 세자빈 심씨가 병으로 죽자 어씨를 새로 세자빈으로
삼았다. 숙종은 세자빈에게 죽책을 내리면서 역시 세자의 혼인이
삼가야 할 어떤 것이라고 강조하고 있다.

왕실에서 후계자 문제는 항상 신중하게 다뤄진다. 권력의 공백
또는 권력 투쟁이 늘 우려되기 때문이다. 따라서 세자의 위치는 언
제나 중요할 수밖에 없고 그 권위는 적절하게 보장되어야 한다.

그런데 세자의 위치를 확고히 하는 완결점에 세자빈이 있다. 왕
실이나 일반민의 경우나 집안의 주인은 여성이고, 그 주인 역할을
할 며느리의 존재는 중요하다. 세자는 세자빈이 집안에서 맡은 역
할을 잘해주어야 후계자 수업을 잘 받을 수 있고, 그 위치가 더 확
고해질 수 있다. 왕들은 스스로 "왕의 아름다운 덕화를 상고해보면
반드시 지어미의 유순함에 힘입어 이루어졌다"라고 말할 정도다.

이런 상황이고 보면 세자빈의 간택은 신중하지 않을 수 없다.

세자빈은 왕비보다는 며느리로서의 위치가 더 강조되는 존재라고 할 수 있다. 왕비는 대개 이미 세자빈 시절을 거쳐 왕비가 된 사람이므로 교육받아야 할 며느리의 이미지가 강하지 않다. 물론 왕비가 일찍 죽어 새 왕비를 들이는 경우가 있지만, 이 경우 왕비는 들어오자마자 왕실의 지존이 되므로 세자빈과는 출발점부터 다르다. 며느리로서의 위치 혹은 교육이 그렇게 필요한 대상이 아니다. 그러나 세자빈은 왕실에 적응해야 하므로 며느리 교육을 확실히 받아야 한다. 왕실에서 세자빈을 들인다는 것은 무엇보다도 며느리를 얻는다는 의미가 컸다.

조선에서 며느리는 어떤 존재인가? 며느리는 일차적으로 남의 집안 사람이다. 혼인이 집안과 집안의 결합이라고 할 때 며느리는 결합하는 상대 집안의 사람인 것이다. 당연히 잘 모르는 사람이라는 것이 전제가 된다. 그런데 잘 모르는 사람이지만, 며느리가 됨으로써 집안의 중심이 되기 때문에 며느리, 즉 세자빈을 맞이하는 일에 신중하지 않을 수 없다.

세자빈의 조건 　　　그렇다면 왕실은 어떤 여성을 세자빈으로 들이고 싶었을까?

"아, 너 장씨는 누대 명문의 딸이요 바로 나의 훌륭한 며느리로서, 좋은 계책과 아름다운 덕이 성대히 날로 드러나고, 착한 행실과 유순한 규범은 타고난 천성이었는데, 일찍이 세자가 잠저에 있을 때 주부로서 집안을 화목하게 하였다. 그리하여 아름다운 성화는 대궐 안에 전해지고 훌륭한 칭찬은 궁녀의 사필에 의해 기록되었다. 일찍이 부인의 정순함에 부합하여 길이 상서로움을 발하였고, 왕실의 존귀함에도 계합하여 곧 그 경사를 두터이 하였으니, 어찌 한갓 인륜의 처음을 올바르게 하는 것뿐이랴? 또한 종사의 복을 연장시켰다. 그래서 이에 좋은 때를

도4 **광해군묘** ⓒ박상준
경기도 남양주시 진건면 송릉리에
있는 조선 제15대 왕 광해군의 묘
소. 부인 문화文化 유씨柳氏의 묘
소는 우측에 있다. 사적 제363호.

가리어 현양하는 책문을 받도록 하노라."[10]

인조가 1645년(인조 23) 봉림대군을 세자로 삼고 이어서 그 부인
(인선왕후)을 세자빈으로 책봉하면서 내린 교명문의 일부다. 이로써
세자빈이 갖추어야 할 조건을 알 수 있다.

우선 세자빈은 좋은 집안의 딸이어야 한다. 인조는 세자빈 장씨
가 누대에 걸친 명문가의 딸이라는 사실을 가장 먼저 말하고 있다.
숙종의 첫째 왕비 인경왕후를 세자빈으로 삼을 때도 현종은 김씨가
문원공 김장생의 4대손이자 김만기의 딸이라는 사실을 중요하게
드러냈다. 세자빈을 간택할 때 가장 먼저 거론되는 것이 어느 집안
의 몇 대손이라는 사실이다.

광해군이 영의정 이덕형과 나눈 대화도 세자빈의 집안을 중요하
게 여겼음을 보여준다.

"세자빈을 설서 박자흥朴自興의 딸로 정하고 싶은데 가세家世가 어떤지
모르겠다. 의논해서 아뢰도록 하라."

11_ 『광해군일기』권43, 광해군 3
년 7월 27일.

"삼가 성상의 하교를 받들고 살펴보니, 박씨의 가세는 명벌名閥에 속합
니다. 종사宗祀의 제사를 주관하도록 맡기기에 정말로 잘 어울립니다."[11]

　광해군은 세자빈을 박자흥의 딸로 결정하면서 그 집안에 대해
확실히 보장을 받고 싶었던 것이다. 그렇다면 왜 이렇게 명문가를
고집하는 것일까?
　세자빈은 다른 집안에서 성장한 여성이다. 거듭 말하지만, 어떤
사람인지 잘 알 수 없다. 세자빈 역할은 막중한데, 그 역할을 제대
로 할 수 있을지 불안할 것이다. 따라서 어떤 방식으로든 검증이 필
요한데, 명문가 출신이라는 것은 검증 항목의 하나라고 할 수 있다.
　혜경궁 홍씨는 『한중록』에서 자신이 세자빈으로 간택되는 과정
을 설명하면서 자신의 가계를 상세히 밝히고 있다.

12_ 혜경궁 홍씨, 『한중록』권1.

> 나의 할아버지이신 정헌공께서는 내 5대조가 되는 영안위의 증손자이
> 시며, 고조할아버지이신 정간공의 손자이시고, 증조할아버지이신 첨정
> 공께서 사랑하신 둘째 아드님으로 안국동에 새집을 짓고 분가하셨다.
> 살림집은 비록 재상 집처럼 빛났으나 재산을 나눠주지 않아 할아버지
> 께서는 선비로 계실 때부터 심하게 가난하였다.[12]

　여기서 영안위는 정명공주의 남편, 즉 부마다. 혜경궁 홍씨의 집
안은 부마 집안으로서 이미 왕실과 혼인을 맺은 적이 있다는 것이다.
　명문가라는 것이 일종의 검증이라고 했는데, 여기에다 이미 왕
실과 인연을 맺은 적이 있다면 이는 더 확실한 검증이 될 수 있다.
조선 후기가 되면 일반 양반가에서도 연혼聯婚이 많아지는데, 이는
서로 잘 아는 집안이라는 것을 장점으로 여겼기 때문일 것이다. 고
종 때 민치록의 딸 민씨(명성황후)가 왕비가 될 수 있었던 것은 민씨
가 흥선대원군의 부인과 친척이라는 인연 때문이었다. 흥선대원군
의 부인 민씨는 자신의 집으로 양자 들어온 민승호의 동생을 며느

리로 맞은 것이다. 이미 알고 있는 집안이므로 안심할 수 있다고
본 결과다.

그런데 집안을 중시하면서도, 그 집안의 재산 정도는 크게 문제
삼지 않았던 것 같다. 혜경궁 홍씨가 집안이 '심하게 가난했다'고
말한 것이 그렇다. 사실 왕실의 입장에서는 며느리가 가난한 집안
출신이라는 것은 별문제가 되지 않았을 것이다. 일반 양반가에서는
정치적 활동이나 사회적 위치 때문에 여자 집안의 재력이 중요할
수 있지만, 왕실이라면 그리 절실하지 않다. 오히려 가난을 경험했
다는 것이 장점이 될 수도 있다. 왜냐하면 왕비가 사치하지 않는
것은 조선, 특히 왕실의 경제생활에서 미덕이 될 수 있기 때문이
다. 혜경궁 홍씨는 여러모로 세자빈으로서 좋은 조건을 갖추었다고
할 수 있다.

집안 다음으로 중요하게 거론된 것은 며느리감의 성품이다. 앞
에서 봉림대군의 세자빈 장씨가 '좋은 계책과 아름다운 덕이 성대
히 날로 드러나고, 착한 행실과 유순한 규범은 타고난 천성'을 지녔
다고 했는데, 이것은 세자빈으로서 꼭 갖추어야 할 성품이라 하겠
다. 좋은 계책이란 현명하다는 뜻으로 해석되고, 아름다운 덕이나
착한 행실, 유순한 규범은 부덕, 즉 부인으로서 덕성을 갖추었다는
것을 의미한다. 현명함과 선함을 갖춘 며느리를 맞아들임으로써 집
안, 즉 왕실이 화목해지는 것을 바랐던 것이다.

장씨의 경우 '세자가 잠저에 있을 때 주부로서 집안을 화목하
게' 하는 결과로 나타났다고 한다. 그리고 그 화목함이 궁궐에 전해
지고 궁녀들의 글에서 칭찬으로 나타날 정도였다는 것이다. 그렇다
고 장씨의 성격이 실제로도 그렇게 완전무결했는지를 확인할 필요
는 없다. 여기서는 장씨가 세자빈이 될 재목인지를 언급하면서 열
거되는 훌륭한 자질에 주목하면 된다.

"충효스러운 명벌名閥로서 평소부터 덕을 쌓아온 집안으로 일컬어졌고,

127

13_ 『광해군일기』 권44, 광해군 3
년 8월 2일.

유순하고 갸륵한 태도는 진실로 세자의 짝으로 어울린다. 칭찬이 이미 궁중 안에 퍼졌으니, 경사스러움은 실로 집안과 국가에 관계된다."[13]

광해군이 박자홍의 딸에 대해 평가할 때도 유사한 자질이 열거되었다. 유순하고 갸륵한 태도, 그리고 그 칭찬이 궁중에 퍼졌다는 것 등 유사한 패턴을 보인다. 신하들의 예의주시함도 만만치 않다.

"신들이 듣건대, 세자빈의 삼간택이 끝나 이미 복기ㅏ期가 되었다 합니다. 생각건대 전하께서는 말단인 자태나 용모를 취하지 않고 중한 부덕을 우선하며, 사치한 제도의 과도함을 힘쓰지 않고 검약한 예를 숭상함은 진실로 신하들의 말을 기다리지 않고도 행하시겠지만, 신들의 구구한 근심만은 스스로 그만둘 수 없습니다."[14]

14_ 『인조실록』 권9, 인조 3년 8월
23일.

인조가 강석기姜碩期의 딸을 소현세자의 빈으로 간택할 때 신하들이 경계한 말이다. 용모가 아니라 부덕을 우선시해야 한다고 강조하고 있다. 그리고 이미 간택이 끝났지만 세자빈의 태도를 문제 삼기도 한다.

"상께서 강석기로 하여금 세자빈에게 『소학』을 가르치게 했다는데, 석기가 들어가면 수놓은 요에 석기를 앉히므로 석기가 감히 앉지 못하고 치우도록 했다고 합니다. 그것이 사실이라면 안에서 검소함을 숭상하는 도리가 아닙니다."[15]

15_ 『인조실록』 권17, 인조 5년 11
월 23일.

친정아버지에게 수놓은 요를 내놓은 것은 왕실의 세자빈으로서 검약한 태도를 보이지 않은 것이라며 강빈의 문제점을 지적하고 있다. 이때 이미 강빈은 훗날 강빈옥(강빈 역모 사건)을 겪을 만큼 강한 성격을 드러내고 있었는지도 모른다. 그만큼 왕실에서는 세자빈의 강한 성격 또는 사치스러움이 신하들로부터 비판을 받을 만큼 결코 사유로 인식되었다.

세자빈의 성격이 어떠해야 하는지는 혜경궁 홍씨의 사례에서 좀
더 구체적으로 엿볼 수 있다.

> 나는 을묘년(1735년, 영조 11) 6월 18일 오시에 반송방 거평동에 있는 외
> 가에서 태어났다. 지난밤 아버지께서 꿈을 꾸셨는데, 흑룡이 어머니께
> 서 거처하시는 방 반자에 서린 것을 보시고 나를 낳았으니 여자였다.[16]

16_ 혜경궁 홍씨, 『한중록』 권1.

훗날에 미화된 면이 없지 않겠지만, 혜경궁 홍씨의 출생은 남달
랐던 것으로 묘사되고 있다. 세자빈, 나아가서는 왕비가 될 재목이
었다는 것이다. 친조부가 갓난아이를 보고 "이 아이가 비록 여자아
이지만 보통 아이와 다르구나"라고 말했다고 한다. 특별함이 다시
한 번 강조된 것이다. 물론 구체적으로 다른 점이 무엇인지는 나타
나 있지 않다. 혜경궁 홍씨의 성격을 짐작하게 하는 구절이 있다.

> 한때 나는 부모님 곁을 떠나는 것이 무섭게 생각되어 부모님 앞을 떠
> 나지 않았다. 또 지각이 있을 때부터 부모님의 사랑을 알아 크고 작은
> 일로 걱정을 끼치지 않았다. (중략) 나는 여자아이로 태어나 은혜를 갚
> 을 길이 없어 부모님에 대한 생각이 더욱 간절하였다. 부모님께서 나를
> 이상하게 편애하시던 일을 생각하면 불초한 내 몸이 궁중에 들어오려
> 하였기에 그리 하셨는지……[17]

17_ 혜경궁 홍씨, 『한중록』 권1.

혜경궁 홍씨는 부모님에게 걱정을 끼치지 않으려고 노력했다는
것을 알 수 있다. 이는 자립심이 강하다는 뜻으로 해석된다. 그리
고 부모 은혜 갚을 일을 생각했다는 것은 효심이 깊음을 말한다.
자립심은 일을 처리하는 데 필요한 자질이다. 스스로 판단할 능력
이 있어야 당면한 문제에 적극적으로 대처할 수 있기 때문이다. 현
명함과 연결될 수 있는 자질이다. 효심은 조선에서 가장 중요한 윤

리 덕목이었고, 그것을 갖추었다는 것은 기본이 되어 있다는 뜻이다.

혜경궁 홍씨는 여기에다 사치스럽지 않다는 것을 은연중에 덧붙인다.

> 어머니께서는 비록 재상집 맏며느리였지만 횃대에 비단옷 한 벌 걸어 놓으신 적이 없었고 패물함에 장신구도 없었다. 치장하고 나가실 때 입는 절의복도 단벌이었다. 그래서 옷에 때가 묻으면 매번 밤에 손수 빨아 입으시는 수고를 꺼리지 않았다.[18]

18_ 혜경궁 홍씨, 『한중록』 권1.

자신이 세자빈으로 간택된 이야기 서두에 이런 글을 씀으로써 혜경궁 홍씨는 좋은 환경에서 자라서 세자빈이 될 만했다는 것을 은연중에 드러내고 있다. 일종의 자격 확인 과정인데, 그 일환으로 어머니의 검약함을 서술한 것이다. 왕실이 요구하는 며느리의 사치에 대한 경계를 해소시키기에 더없이 좋은 배경 설명이라고 할 수 있다.

왕실이나 일반 사가나 며느리를 들이는 일은 신경이 많이 쓰이는 일이다. 거듭 말하지만, 어떤 사람인지 알 수 없기 때문이다. 그런데 세자빈은 왕실의 분위기를 해치지 않으면서 더 번성케 해야 하는 막중한 책임이 있다. 세자빈에게는 기존 분위기를 수용할 수 있는 유순함과 집안을 더 번성하게 할 수 있는 현명함이 동시에 요구되었다. 왕실은 그것을 보장받기 위해서 명문가의 딸이라는 것을 확인하고 또 그 사람의 성품을 예의주시하지 않을 수 없었던 것이다.

혼례식 풍경   세자빈을 간택하고 나면 혼인식을 해야 한다. 조선에서 양반가의 혼인식은 여자 집에서 행해졌다. 남귀여가혼男歸女家婚의 전통이 있었기 때문이다. 남귀여가혼이란 남자가 여자 집으로 가서 혼인식을 하고 여자 집에서 사는 것을 말한다. 즉 여자가 아닌 남자가 움직이는 형태다. 조선

초기에는 남자가 여자 집에 머무는 기간이 더 길었다. 김종직이 어머니 고향인 밀양에서 태어난 것, 율곡이 신사임당의 고향 강릉에서 태어난 것 등은 남귀여가혼의 전통을 잘 보여준다. 조선 후기가 되면 남자가 여자 집에 머무는 기간이 짧아져 1~2년 정도 머무는 여자의 해묵이 정도로 변화하게 된다. 그러나 이때에도 혼인식은 여자 집에서 했다.

그렇다면 왕실에서도 이러한 혼인 형태의 영향을 받았을까? 세자의 혼인식은 어디에서 이루어졌을까? 세자는 일반 양반가와 달리 친영親迎을 했다. 친영이란 혼인의 여러 절차 중의 하나로서 신랑이 신부 집에 가서 신부를 맞이해와 신랑 집에서 혼인식을 치르는 것을 말한다. 여자 집에 가서 신부를 직접 데려온다는 점에서 남귀여가혼과는 상반된다. 이러한 친영이 점차 남귀여가혼을 대체하여 혼인 형태로 자리 잡게 된다.

> 신상이 또 아뢰기를 "우리나라 혼례는 남자가 여자 집으로 가니 심히 편치 않습니다. 원하옵건대 고제를 따라 친영례를 행하옵소서"라고 하였다. 왕이 말씀하시기를 "친영례는 법 중에 지극히 아름다운 것이다. 그러나 '남귀여가'는 우리나라에서 행한 지 오래되어 쉽게 고칠 수 없다. 태종 때에 친영례를 행하고자 하였으나 신료들이 듣고 모두 꺼려하여 간혹 어린 이를 사위로 삼기도 하였다. 그 싫어하는 것이 이와 같으니 행하기 어려운 것이다. 오직 왕실에서 행하면 아래에서 뜻 있는 자들이 보고 동화되는 것이 이치의 필연일 것이다. 이제부터 왕자 왕녀는 친영례를 행하는 것이 어떠하겠는가? 마련하여 아뢰도록 하라."[19]

19_ 『세종실록』 권64, 세종 16년 4월 12일.

세종과 신상이 나눈 대화에서 친영이 남귀여가혼의 대체 개념이 되었음을 확인할 수 있다. 왕실에서는 남귀여가혼 대신 친영례가 강하게 권고되었다는 것도 알 수 있다. 일반 사대부가에 모범을 보이기 위해서도 왕실은 친영을 해야 한다는 것이다. 세종은 실제로

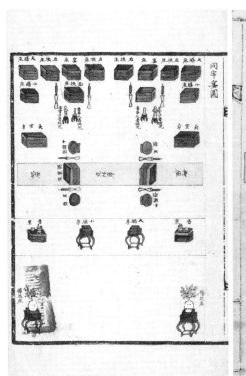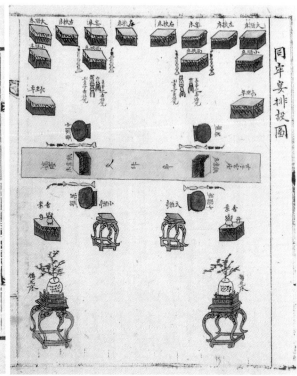

도5, 6 『순조순원왕후가례도감의궤』의 〈동뢰연도〉와 〈동뢰연배설도〉 서울대학교 규장각 한국학연구원 소장.

다음해(세종 17)에 파원군 윤평과 숙신옹주의 혼인을 친영으로 하여 본보기를 보였다. 이후 왕실에서는 친영을 행하는 것이 제도화되었다.

"신승선의 딸을 이미 세자빈으로 정하였으니, 그대로 민간에 있게 할 수는 없다. 지금 궐내에 맞아두었다가 나이 차기를 기다려 친영하게 하고자 하는데, 예에 어떻겠는가?"[20]

"왕세자의 가례 때 친영하는 예는 예문의 뜻으로 보면 마땅히 세자빈의 본가에서 행해야 합니다만, 조종조의 구례를 들어보니 반드시 태평관에서 예를 행하였다고 합니다. 일이 매우 중대하니, 실록에서 조사해내어 전거가 있도록 하소서."[21]

20_ 『성종실록』 권201, 성종 18년 3월 1일.

21_ 『광해군일기』 권37, 광해군 3년 1월 11일.

제2부 세자의 혼례

"성균관 전적 박자홍의 딸 박씨를 세자빈으로 삼아서, 이달 10월 24일에 이미 친영하는 예를 행하였다."[22]

22_ 『광해군일기』 권46, 광해군 3년 10월 25일.

"별궁에 이미 세자빈이 드실 처소를 마련하였으니 세자의 친영례를 별궁에서 행하는 것이 마땅하겠으나 태평관에서 친영한 때도 있었습니다."[23]

23_ 『인조실록』 권16, 인조 5년 7월 10일.

"지위는 이미 세자를 미리 세우는 데에 정하여졌으니, 방명邦命이 터잡은 것이요, 예는 친영보다 중한 것이 없으니 인륜이 비롯한 것이다. 이에 포고하는 뜻을 펴서 기뻐하는 마음을 보인다."[24]

24_ 『숙종실록』 권30, 숙종 22년 5월 20일.

"친영의 예는 『오례의』에 실려 있지 않았으나, 중종대왕께서 결단하여 거행하셨는데, 더구나 이 묘현은 그 예가 더욱 중대하여 명나라에서 이미 거행한 전례이므로 곧 시왕時王의 제도이니, 따라서 거행하는 것이 참으로 종주從周의 뜻에 맞습니다."[25]

25_ 『숙종실록』 권30, 숙종 22년 10월 9일.

성종, 광해군, 숙종 등 여러 왕대에 친영이 왕실 혼인의 핵심적인 요소였음을 잘 보여준다. 세자빈으로 간택되면 이른바 궁궐 안에 있는 별궁으로 들어가게 된다. 궁궐 옆의 사가에 들어가는 경우도 있으나 흔한 일은 아니다.

위의 기록들에 따르면 세자빈으로 간택되면 혼인 전까지 별궁에 들어가는 것은 친영과 밀접한 관련이 있어 보인다. 여자 집으로 가서 친히 맞아와야 하지만 실제로 그렇게 하는 것이 여의치 않기 때문에 별궁에 머물게 해서 친영례를 행했던 것으로 보인다. 이것은 친영의 본래 형식은 아니지만, 왕실에서 굳이 친영례를 실현하려고 했다는 사실을 잘 보여준다.

말하자면 왕실은 어떻게 해서라도 친영을 하고자 했다. 세종이 일찍이 친영을 하도록 한 것이 유효하기도 하겠지만, 일반 양반가와는 다른 상황도 중요하게 작용했을 것이다.

이처럼 왕실에서 모범을 보였음에도 일반 양반가에서는 오랫동안 남귀여가혼을 지켰다. 그것은 습관이 가장 큰 이유였겠지만, 그렇게 하는 것이 더 이로웠기 때문이 아닐까 한다. 당시 양반들에게 남귀여가혼의 이점은 무엇이었을까?

조선에서는 혼인에서 어느 한쪽 집안이 주도권을 쥐는 것을 원치 않았던 것으로 보인다. 그보다는 두 집안이 적절하게 공조하면서 자신들에게 유리한 상황을 만들어나가는 것이 바람직하다고 보았을 것이다. 두 집안의 공조가 잘 유지되기 위해서는 여자가 시집을 가버리는 것보다는 남자가 처가와 본가를 오가는 것이 유리했을 것이고, 그것이 남귀여가혼을 지속시켰던 것은 아닐까? 분명한 사실은 조선 중기까지도 중국처럼 부계 중심, 여자 집안의 종속성이 그렇게 심하지 않았다는 것이다.

남귀여가혼이 부계 중심적이지 않다는 점에서 왕실이 친영을 고집한 이유를 설명할 수 있다. 조선의 왕실은 부계 중심이어야 했다. 왜냐하면 왕실은 왕의 권위를 확고히 해야 하기 때문이다. 힘이 분산돼서는 권위가 나오기 어렵다. 왕실은 상대 집안이 왕실에 확실히 종속되는 것을 원했다. 왕이라는 존재는 명백히 부계로 계승되는 것이다. 왕실에서는 후궁이 낳은 자식도 왕이 될 수 있는데, 이는 양반가에서 첩이 낳은 자식이 가계 계승을 하기 어려웠던 것과 대조적이다. 왕실에서 부계가 확고함을 드러내는 것이다.

왕실의 입장에서는 남귀여가혼에 비해 부계성이 훨씬 강한 친영을 하는 것이 당연한 일이다. 조선 초기 조정은 우리의 혼인제도가 남자가 여자 집으로 가는 것이다 보니 남자 집이 중한 것을 모르는 폐단이 있다며 남귀여가혼을 없애야 한다고 말했다. 이러한 주장은 왕실의 입장과 일치한다. 왕실로서는 남자 집안, 즉 왕실의 중함을 모르면 안 되기 때문에 남귀여가혼을 친영으로 바꾸지 않을 수 없다.

또 하나, 남귀여가혼이 양쪽 집안의 공조를 가능하게 한다는 이

점도 왕실의 입장에서는 그다지 절실하지 않다. 왕실도 물론 사돈과 정치적 파트너가 되어 통치에 도움을 받을 수 있지만, 양반가처럼 필요하지는 않은 것이다. 결론적으로 왕실은 부계의 중요성에 중심을 두고 권력을 유지해가는 것이 더 유리했으므로 친영을 반드시 실천해야 하는 입장이었던 것이다. 따라서 위의 기록들에서 보는 바와 같이 왕실의 혼인에서는 친영을 지켰다. 세자의 혼인은 곧 친영이라고 해도 과언이 아닐 정도다.

그러나 물론 친영이 혼인절차의 전부였던 것은 아니다. 납채納采·납징納徵·고기告期·책빈册嬪·임헌초계臨軒醮戒·친영親迎·동뢰同牢·빈조현嬪朝見·전하회백관殿下會百官 등의 의식이 있다.

납채는 세자빈 집에 사람을 보내 그 집 딸을 채택한다는 뜻을 알리는 예이며, 납징은 세자빈 집에 폐백을 보내 성혼의 뜻을 밝히는 것이다. 고기는 빈을 맞아들이는 기일을 알리는 예, 책빈은 빈을 책봉하는 예, 임헌초계는 친영에 앞서 임금이 세자에게 배필을 맞아 와서 종사를 계승하고 궁인을 거느리게 하라는 계칙戒飭을 하는 예, 동뢰는 세자와 빈이 서로 절하고 음식을 나누는 예, 빈조현은 빈이 왕과 왕비를 뵙는 예, 전하회백관은 백관이 임금에게 세자의 성혼을 축하하고 임금의 수壽를 비는 예다. 세자와 세자빈의 혼인이 항상 이 절차대로 진행되는 것은 아니지만, 대체로 이 순서로 행해졌다.

효명세자의 혼인 절차가 이 순서대로 진행되었다. 순조 19년 5월 6일 세자빈 초간택이 장락전에서 행해졌다. 그리고 13일 후인 5월 19일 같은 장소에서 재간택이 이뤄졌다. 그런데 어찌된 일인지 삼간택은 재간택으로부터 몇 달 후인 8월 11일에야 행해진다. 이때에 왕은 조만영趙萬永의 딸로 정해졌다고 발표한다.

그로부터 한 달 이상이 지나 9월 20일에 납채례가 행해졌다. 9월 29일에는 납징례를 하고, 10월 2일에는 고기례를 했다. 10월 11일에는 책빈례를 하고, 14일에는 대전과 중궁전에 조현례를 했다. 아마

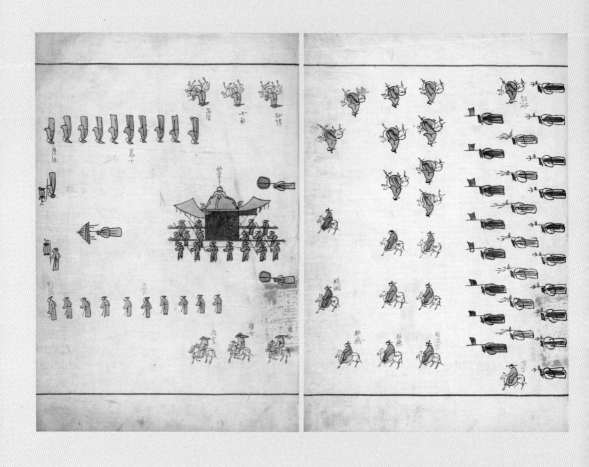

도7 「소현세자가례도감의궤」 반차도 중 선두 행렬과 왕비의 가마 서울대학교 규장각한국학연구원 소장.

도 책빈례와 친영이 동시에 이루어졌을 텐데 기록에는 친영, 즉 혼례는 명확히 드러나 있지 않다. 그러나 책빈의 교명문이 이미 혼례가 이루어졌음을 잘 보여준다. 효명세자빈의 책빈 교명문 전문은 다음과 같다.

임금은 말한다. 정체를 계승하여 대본으로 삼았으니 나라에서 세자보다 높은 경우가 없고, 세자를 짝지을 적엔 반드시 나라의 아리따운 아가씨를 기다리니 예는 육빙六聘보다 도타운 것이 없다. 하늘이 지은 배필이요, 땅의 도리는 끝맺음이 있다. 생각건대, 세자의 현명함은 온 백성의 소망이 매여 있다. 나이를 따져 차례로 삼는 것을 배워 삼가례三加禮를 다하니 만방의 정숙으로 밝게 들리고, 세자를 가군家君으로 하여 그 법을 살피니 좋은 배필로 백 채의 수레로 맞이함이 마땅하다. 곤위坤位로서의 상象이 없었으면, 어찌 세자의 짝이 되겠는가? 아! 조씨는 대대로 벼슬한 집안이요, 해맑은 좋은 자질이다. 길한 경사와 상선이 선대에 쌓여 그 몸에 모였으며, 정정과 화유는 천성으로 타고나서 얼굴에 드러났다. 얌전하고 아름다움을 점쳐 협화하였으니, 경사들에게 상의하여 어김이 없었노라. 만복의 근원을 열었고, 이성二姓이 화호를 돈독히 하였다. 이에 사신 의정부 영의정 서용보와 지중추부사 김이교를 보내어 예절을 갖추어 너를 왕세자빈으로 책봉하니, 너는 총명을 받들어 더욱 아름다운 언행에 힘쓰라. 가인의 빙납聘納에 점을 쳐보니 여자는 안을 바르게 하고 남자는 밖을 바르게 하는 것이요, 근검하고 절용함은 후비의 덕으로서 부유해도 능히 검소하고 귀해도 능히 부지런히 하라. 나태하고 교만한 습성을 길러서는 아니되며, 공신恭慎하고 자혜慈惠하면 교화가 저절로 시행될 것이다. 여염 백성들의 은미함을 살펴서 서로 사랑함이 마땅하다. 더구나 종묘의 신령을 이음에 감히 받듦을 소홀히 하겠는가? 아! 남편에 대한 공경은 효경에 근본하여 게을리 하지 말아야 하며, 명성과 복록을 얻어 창성하기에 한정이 없을 것이다. 그러므로 이에 교시하니, 마땅히 상세히 알아야 할 것이다.[26]

26_『순조실록』권22, 순조 19년 10월 11일.

중요한 육례를 모두 마쳤으니 세자빈이 맡은 역할을 잘하라는 것이다. 세자빈이 되었음을 공표하는 과정이라고 할 수 있다. 명실 공히 세자의 혼례가 끝나고 세자빈이 탄생하는 순간이다. 왕실은 며느리 들이는 일을 마친 것이다.

2 세자와 세자빈, 잊지 말아야 할 한 가지

세자 교육의 핵심

세자는 현왕을 이어 왕이 될 사람으로서 정치적 역량을 키워야 하는 동시에 왕 자리를 절대 넘보아서는 안 되는 위치에 있다. 세자 교육은 이 점을 늘 인식하게 하는 양면성을 띠었다.

"세자는 지위와 권세가 한없이 높아 방종하기 쉬우니, 미리 바르게 교양하는 방도를 더욱 시급하게 서둘러야 합니다."[27]

27_ 『중종실록』 권27, 중종 12년 1월 19일.

1517년(중종 12) 홍문관 부제학 한효원이 원자를 교양해야 한다고 올린 글의 일부분이다. 세자의 교육이 왜 필요한지가 이 한 구절에 잘 표현되어 있다. 세자는 어떤 경우든 '지위와 권세'를 높여주어야 할 존재였다. 그것이 곧 국가와 왕실을 높이는 것이기 때문이다.

"한 원제 때에 정도왕을 태자보다도 더 총애하므로, 승상 광형이 상소하기를 '성왕은 반드시 후비와의 사이를 삼가고 적장의 위치를 구별하였습니다. 예에, 내정에 있어서 낮은 이가 높은 이를 넘어서지 못하게 하고, 새 사람이 전 사람을 앞서지 못하도록 한 것은 인정이 통솔되고 음기가 다스려지게 한 것입니다. 적자를 높이고 서자를 낮춤에 있어서 적자는 조계에서 관례하고, 예에 단술을 쓰되 중자들은 대등하지 못하게 하였음은 정체正體를 귀히 여기고 혐의를 밝혀놓은 것입니다……"[28]

28_ 『중종실록』 권27, 중종 12년 1월 19일.

계속 이어지는 한효원의 글이다. 세자는 다른 왕자나 서자와 구분하여 정체를 귀하게 유지해야 한다는 것이다. 즉 세자의 권위를 다른 사람이 함부로 넘어설 수 없게 해야 한다고 강조하고 있다. 중국만이 아니라 조선에서도 세자는 존중되어야 했다. 여기에 딜레마가 있다. 세자는 그 높은 위치를 인정받아야 하는데, 그런 만큼 방종해질 가능성도 높기 때문이다. 왕의 권위와 갈등을 빚을 수도 있는 것이다. 따라서 세자에게 권위를 부여하되 그것에 대해서는 통제가 없을 수 없게 된다. 이것이 세자 교육의 핵심이라고 할 수 있다.

"가의賈誼의 보부편保傅篇에 '옛적에 왕자의 태자가 출생하면 으레 예대로 거행하여 사士를 시켜 업도록 하고 유사有司가 재숙하고 단면 차림으로 남교에 나가 현신하게 하였으니, 효도하는 도리이다. 그러므로 어릴 때부터 실로 이미 교육이 시행된 것이니, 이러기 때문에 태자가 출생하자마자 바른 일만 보고 바른 말만 듣고 바른 도리만 행하게 되며, 전후좌우가 모두 바른 사람이었다' 하였다."[29]

29_ 『중종실록』 권27, 중종 12년 1월 19일.

한효원은 세자는 태어나자마자 바른 사람들을 주변에 두어 교육을 시작해야 한다고 보았다. 알아듣지 못하더라도 계속 훈도하여 귀에 익고 속에 차도록 해서 마치 본래부터 그런 것처럼 하는 것이 목표다. 몸에 배도록 한다는 것이다. 그렇디면 그 내용과 구체적인 방법은 무엇인가?

"교유하는 방법으로 말하면, 반드시 효·인·의·예로써 근본을 삼되, 조목이 상세하여 용모와 사기, 의복과 기용의 세미한 것에 이르기까지 세쇄하고 곡진하게 모두 법도가 있으며, 반드시 변화가 마음과 더불어 이루어져 도에 맞고 천성대로 되도록 하되 오히려 감히 태만해질까 걱정하였습니다."[30]

30_ 『중종실록』 권27, 중종 12년 1월 19일.

교육 내용은 역시 효, 인, 의, 예임을 알 수 있다. 세자 교육도 인성을 기르는 데 초점을 맞춘 것이다. 이 기본적인 교육을 시키기 위해서는 좋은 스승을 두는 것 또한 중요하게 여겨졌다.

"가의의 보부편에 '옛적에 성왕이 강보 속에 어린애로 있을 때에 소공은 태보太保가 되고 주공은 태부太傅가 되고 태공망은 태사太師가 되었다. 태보는 태자의 신체를 보호하고 태부는 덕의를 가르치고 태사는 교훈으로 선도하는 것이니, 이는 삼공의 직책이다. 그러므로 어린것이 철이 들면 삼공과 삼소三少가 진실로 효·예·의를 밝혀 도습시키는 것이다' 하였는데, 주자가 '가의의 말은 실로 만세토록 바꿀 수 없는 정론이다' 하였습니다."[31]

31_ 『중종실록』 권27, 중종 12년 1월 19일.

태보, 태부, 태사 등 여러 스승을 두어 태자를 선도한다는 취지인데, 조선에서는 이 제도를 그대로 시행하지는 않았다. 그러나 좋은 스승을 두어 세자의 주변이 도덕성으로 가득 차도록 한 것은 그대로 실현된 것으로 보인다.

세자와 세자빈의 교육은 어떻게 무엇으로 시작했을까? 왕실에서는 왕 다음으로 지존인 만큼 이들에 대한 교육이 제대로 이루어지지 않으면 쉽게 방종할 수 있다는 것을 우려했다.

모든 것은
왕실의 번영을 위해

"봉씨는 성질이 시기하고 질투함이 심하여서, 처음에는 사랑을 독차지 못한 일로 오랫동안 원망과 앙심을 품고 있다가, 권승휘權承徽가 임신을 하게 되자, 봉씨가 더욱 분개하고 원망하여 항상 궁인에게 말하기를, '권승휘가 아들을 두게 되면 우리들은 쫓겨나야 할 거야' 하였고, 때로는 소리내어 울기도 하니, 그 소리가 궁중에까지 들리었다. (중략) 또 항상 궁궐 여종에게 남자를 사모하는 노래를 부르게 했었다. 또 일찍이 환자들의 호슬護膝·주머니·자루 등의 물건을 손수 만들었는데, 이로 인하여 세자의 생신에 으레 바쳐야 할 물건들을 미리 만들 여가가 없어서, 지난해 생신에는 이미 전에 바쳤던 오래된 물건들을 새로 마련한 것처럼 속이고 바쳤었다 (중략) 봉씨가 궁궐의 여종과 동숙한 일은 매우 추잡하므로 교지에 기재할 수는 없으니, 우선 성질이 질투하며 아들이 없고, 또 노래를 부른 네댓 가지 일을 범죄 행위로 헤아려서, 세 대신과 더불어 함께 의논하여 속히 교지를 지어 바치게 하라."[32]

32_ 『세종실록』 권75, 세종 18년 10월 26일.

세종이 두 번째 세자빈 봉씨를 폐할 때의 기록이다. 여기에서 폐위의 변이 흥미롭다. 세자빈이 폐위된 가장 큰 이유는 봉씨가 궁궐의 여종과 동숙한 것이었다. 그러나 그것은 추잡하여 공개조차 할 수 없으니, 질투하며 아들이 없고 또 노래 부른 것을 폐위의 이유로 삼고 있다. 이들 이유는 일반적으로 세자빈, 즉 왕실의 며느리가 해서는 안 되는 일이다.

그렇다면 여기에서 세자빈에게 바라는 바람직한 태도와 그것의 교육 내용을 생각해볼 수 있다. 질투를 하지 말라는 것은 왕실의 번성함을 위해 노력해야 한다는 것이다. 후궁의 존재를 인정해야 하는 이유다. 아들을 낳지 못한 것도 같은 맥락이다. 후손을 낳아야 하는 것은 왕실 며느리로서 가장 중요한 역할이라고 할 수 있다. 그러므로 이 부분에 대한 요구는 강력할 수밖에 없고, 그것은 질투를 해서는 안 되는 이유로 나타날 수 있다. 거기에다 봉씨는 남자를 사모하는 노래를 즐겼다고 하니 음탕함도 문제가 되었다. 이 모든 것이 왕실 며느리에게는 결격사유다.

세자빈에게는 무엇보다도 며느리로서의 자세가 요구된다. 즉 다른 집안 사람이 들어와서 왕실의 분위기를 잘 유지하는 것 말이다. 그 덕목에는 후궁에 대한 관대함, 즉 왕실의 번영을 위한 노력이 큰 비중을 차지한다는 것을 알 수 있다.

> "강빈이 심양에 있을 때 은밀히 왕위를 바꾸려고 도모하면서 미리 홍금적의紅錦翟衣를 만들어놓고 내전의 칭호를 외람되이 사용하였으며 지난해 가을에 매우 가까운 곳에 와서 분한 마음으로 인해 시끄럽게 성내는가 하면 사람을 보내 문안하는 예까지도 폐한 지가 이미 여러 날이 되었다. 이런 짓도 하는데 어떤 짓인들 못하겠는가. 이것으로 미루어 헤아려본다면 흉한 물건을 파묻고 독을 넣은 것은 모두 다른 사람이 한 것이 아니다. 예부터 난신적자가 어느 시대나 없었겠는가마는 그 흉악함이 이 역적처럼 극심한 자는 없었다. 군부를 해치고자 하는 자는 천지의 사이에서 하루도 목숨을 부지하게 할 수 없으니, 해당 부서로 하여금 율문을 상고해 품의하여 처리하게 하라."[33]

33_『인조실록』 권47, 인조 24년 2월 3일.

1646년 인조가 소현세자빈 강씨(이하 강빈)가 자신의 음식에 독을 넣었다며 강빈을 처벌하고자 신하들에게 하는 말이다. 인조가 강빈의 어떤 점을 못마땅하게 여겼는지 잘 드러나 있다. 이 기록을 통해서 세자와 세자빈에게 요구된 것이 무엇인지도 알 수 있다.

일상에서 세자와 세자빈은 우선 문안을 드려야 했다. 문안을 폐한 지 여러 날이 되었다는 것은 중대한 잘못으로 지적되고 있다. "이런 짓을 하는데 어떤 짓인들 못하겠는가"라는 표현이 문안하지 않는 것이 얼마나 심각한 일인지를 알게 해준다. 즉 문안은 세자와 세자빈이 일상적으로 해야 하는 가장 기본적인 행위였다. 『소학』에서 말하는 혼정신성昏定晨省이 세자에게도 그대로 적용되는 것이다.

戒日幣不男臣更事王不
以月不相女二二蠋得
告以交非之日其
兒告不名義夫君烈言
神君親非有右忠則
為齊故受禮女臣去
       行明君不不
          曰
          媒

도8 『소학』 작자 미상, 1책(135장),
필사, 42×27.5cm, 한국학중앙연
구원 장서각 소장.
『소학』을 정자체로 필사한 것으로
편찬 연대와 저자는 알려져 있지
않다.

세자도 아버지를 둔 자식으로서 일상 교육을
받는 것이 당연하고, 그중에서도 가장 기본
적인 것이 문안이었다. 따라서 인조의 말대
로 강빈이 문안을 폐했다면 이것은 사소한
문제가 아니다. 왕이 문안을 들지 말라고 할
수는 있으나 세자빈 쪽에서 문안을 하지 않
는다는 것은 있을 수 없는 일이기 때문이다.

강빈이 문안을 하지 않았다면 그것은 강
빈이 처했던 특수한 상황에서 비롯되었을 것
이다. 강빈은 8년간 심양에 가서 살았다. 세자빈이지만 왕의 그늘
에서 벗어나 있었던 것이다. 심양에서는 청의 규제하에 있었다고
하지만, 가족으로서 지켜야 할 도리 같은 것은 없었다. 강빈은 왕
실의 맏며느리였으나 심양에서 비교적 자유롭게 생활했던 것이다.
당연히 시부모에게 문안을 드릴 일도 없었다. 문안은 윗사람이 아
랫사람을 통제하는 방법의 하나다. 아랫사람을 늘 긴장하게 하기
때문이다.

가령 왕은 세자를 국가의 근본으로 매우 중시하지만, 그것은 어
디까지나 왕의 권위를 넘보지 않을 경우에 한해서다. 인조가 소현
세자나 강빈에게 불만을 갖게 된 근본적인 이유는 이들이 청나라에
오래 머물면서 어느 시점부터 왕의 위치를 위협한다고 보았기 때문
이다.

앞에서 인용했듯이 "강빈이 심양에 있을 때 은밀히 왕위를 바꾸
려고 도모하면서 미리 홍금적의를 만들어놓고 내전의 칭호를 외람
되이 사용하였으며"라는 말이 돌 만큼 왕의 권위에 도전하고 있는
것이 인조는 매우 못마땅했다. 강빈이 진짜 적의를 만들었는지는
확인할 수 없지만, 멀리 떨어져 있음으로 해서 왕의 존재감은 크게
느끼지 않았을 것이다. 반면 자신보다 높은 권력자가 없는 만큼 자
신의 위치는 더 높게 느꼈을지 모른다. 물론 강빈이 한양의 궁궐에

서만 생활했다면 있을 수 없는 일이다. 그랬다면 매일 문안을 올리며 왕의 존재를 피부로 느꼈을 것이기 때문이다. 이처럼 문안은 왕과 세자의 위치를 항상 상기시키는 일상적인 통제 수단이었다. 그런데 강빈은 오랜 공백을 통해 이런 통제에서 벗어나 있었으며, 그결과 왕의 권위에 도전하는 모습을 보이게 된 것이다.

문안뿐만이 아니라 시선視膳이나 시탕侍湯도 왕과 세자의 위치를 구분해주는 중요한 기제였다. 세자는 왕의 수라상을 살피고 약을 먼저 맛보았는데, 이 역할을 세자가 했다는 것은 어떤 위험으로부터 가장 먼저 보호받아야 할 대상이 왕이며, 세자는 그다음이라는 사실을 확인하게 한다.

결론적으로 세자와 세자빈에 대한 일상생활 속의 교육은 세자의 위치와 역할의 중요성을 인식시키되 그것은 어디까지나 왕 다음이며 결코 왕을 넘을 수 없다는 사실을 주지시키는 것이었다고 하겠다.

世
子
日
常

3 세자빈의 집안

왕실의 사돈이
되기 위한 조건

세자빈의 집안은 세자에게 처가가 된다. 세자의 혼인에서 왕실의 사돈은 양반가 사돈만큼 공조 관계에 있지는 않을지 모른다. 그러나 양반가만큼은 아니라고 하더라도 세자의 장인 집안으로서 일정한 역할을 하지 않을 수 없다. 정치적 파트너십이 없을 수 없다는 것이다. 그렇다면 왕실은 어떤 집안을 세자빈 집안으로 선택하려고 했을까?

34_ 『순원왕후의 한글편지』 59쪽.

"사돈 재목이 어려운 것이 문학이나 있고 심지가 충후하고 상감을 잘 도와드릴 재목이어야 할 텐데 아무래도 그 속을 알 수 없으니⋯⋯."[34]

막 왕위에 오른 철종의 비를 간택하는 문제를 두고 양어머니격인 순원왕후가 어떤 집안을 사돈으로 선택해야 할지 고민하는 내용이다. 재종동생 김흥근에게 보낸 편지에 실려 있다. 이때는 세자빈이 아니라 왕비 간택이지만 철종이 갑작스럽게 왕이 되었기 때문에 왕비라고 하더라도 세자빈과 다르지 않은 위치이고 간택도 그렇게 이루어지고 있다고 할 수 있다. 힘 있는 왕이 새 왕비를 뽑을 때와는 사정이 다를 수밖에 없다. 지존의 의미보다는 왕실의 며느리를 얻는다는 느낌이다.

순원왕후는 가장 먼저 학문이 있는 집안인지를 따지고 있다. "문학이나 있고"라는 대목이 그것이다. 기본적인 학문이 있다는 것은 어느 정도 위치가 있는 집안을 뜻한다. 학문으로 이름이 있는 집안이라면 아무래도 윗대의 명성도 있을 것이기 때문이다. 앞에서 혜경궁 홍씨가 『한중록』에서 자신의 집안 내력을 소상히 밝힌 것도 그것을 강조하기 위해서였다.

순원왕후는 또 "심지가 충후하고 상감을 잘 도울 수 있어야" 한다고 말하고 있다. 충성을 하고 돕는 역할은 바로 왕실이 며느리 집안에 요구하는 핵심적인 역할이다. 결과적으로 학문이 있고 충성을 하며 왕을 돕는 것이 왕실에서 세자빈의 집안에 바라는 점이다.

그런데 "아무래도 그 속을 알 수 없다"는 마지막 구절이 의미심장하다. 왕실 며느리 집안으로서 자격을 잘 갖추어도 그 속을 알 수 없는 집안은 안 된다는 말이다. 왕실의 사돈이 된 후에 권력을 쥐고 흔들지 모르기 때문이다. 앞에서 여러 차례 언급한 바와 같이 혼인은 모르는 집안 간의 관계 맺음이다. 그래서 검증이 필요하고 연혼을 하게 되는 것이다. 세자빈은 내력을 알 만한 집안, 즉 속을 짐작할 수 있는 집안에서 데려오기를 바랄 수밖에 없다.

따라서 세자빈의 집안은 무엇보다도 믿을 만한 집안이어야 했다. 이 점을 고심한 순원왕후는 과연 누구를 철종의 비로 선택했을까?

"내 뜻이 우리 김씨와는 (사돈을) 아니하고자 하는데, 두 명의 왕후와 두 명의 부마가 분수에 과한 것이 두려워 싫은 일이로세. 판서에게도 이 말 여러 번 하였네. (중략) 내 생각은 이번은 노론, 소론 가리지 말고 하고자 하니 어떠한가? 이 문제에 대해 대답하게. 밤이 조용하기에 편지를 쓰다가 이 말까지 한데 썼네. 노론이라고 다 훌륭하며 소론이라고 사람마다 노론만 못할까?"[35]

35_ 『순원왕후의 한글편지』 59쪽.

이어지는 편지의 내용이다. 여기서 '우리 김씨'는 안동 김씨를 이른다. 순원왕후(순조비)와 헌종비(효현왕후)는 모두 안동 김씨 집안 사람이다. 부마는 순원왕후의 딸들인 명온공주明溫公主(1810~1832)의 남편 동녕위 김현근金賢根, 복온공주福溫公主(1818~1832)의 남편 창녕위 김병주金炳疇 등을 말한다. 그러니까 순원왕후는 자신과 같은 안동 김씨 집안에서 손자와 딸들의 배우자를 취한 것이다. 네 번의 왕실혼이 안동 김씨 집안과 연이어 이루어진 셈이다. 왕실 사람들이 보기에 안동 김씨 집안은 속을 알 수 있는 대표적인 집안이었을 것이다. 그것이 순원왕후가 세자빈을 들이고 부마를 택한 기준이었다. 그런데 이제 순원왕후는 경계를 하고 있다. '과하다'는 것이다. 아무리 속내를 알고 여타의 조건이 충족되는 집안이라 하더라도 이는 과하며 따라서 두려운 일이라고 했다. 그러면서 이번에는 노론, 소론 가리지 말자는 것이다. 순원왕후의 의견은 받아들여졌을까? 철종의 비는 결국 김문근의 집안, 즉 이번에도 안동 김씨 집안에서 나왔다. '속을 알 수 있는 집안'이어야 한다는 조건이 더 연장된 것이다. 그러나 이는 '속을 아는 집안'의 차원을 넘어 권력을 계속 유지하려는 이른바 세도정치 집안의 의견이 더 강하게 반영된 결과였다. 순원왕후가 경계를 한 것은 이처럼 외척이 왕실의 권력에 깊이 영향을 미치게 되는 것을 우려했기 때문이다.

순원왕후의 철종비 간택 사례를 통해 세자빈 집안의 조건과 어떤 역할이 요구되는지를 가늠해볼 수 있다. 세자빈 집안은 학문 등으로 품격이 있어야 하고 충성으로 왕실을 돕는 정치적 파트너여야 하며, 무엇보다 이런 역할을 변함없이 수행하는 속을 알 수 있는 집안이어야 했다. 그러나 익숙한 집안이라는 이유로 관계 맺음이 계속되다 보면 문제가 생길 수 있다. 왕실을 돕는 역할에 만족하지 않고 왕실 권력에 깊이 개입하는 현상이 생기기 때문이다. 순원왕후는 안동 김씨 집안 사람임이 중요했지만, 또한 왕실의 대비였기 때문에 이를 우려하여 더 이상 김씨 집안에서 왕비를 맞으려고 하지 않았다. 하지만 안동 김씨 집안은 이미 왕실 권력에 깊숙이 개입해 있는 상황이었다.

세자가 왕이 되는 데 모든 것을 집중하다

왕실이 바라는 세자빈의 집안은 충성과 공조의 역할을 해주는 것이었다. 그렇다면 세자빈 집안은 왕실에 대해 어떤 생각을 갖고 있었을까? 즉 세자의 처가로서 일차적으로 가장 바라는 것은 무엇일까?

> 상이 인정전에 나아가 왕세자의 정친례定親禮를 거행하였다. 세자빈은 전 참봉 황대임의 딸이다. 황대임은 안함의 매부이고 함의 양자 안덕대는 곧 윤원형의 사위이다. 윤원형이 임금의 은총이 점점 쇠해지고 문정왕후가 하루아침에 승하하면 다시 더 의지할 세력이 없다고 여겨, 황대임 및 그와 친한 국복國卜 맹인 김영창과 함께 몰래 모의, 대임의 딸의 생년월일을 길한 사주로 고치고, 또 반드시 대임의 딸을 세자빈으로 맞이하라는 뜻을 은밀히 문정왕후에게 고해서 결정지었다. 상과 중전은 자기들의 뜻에 맞지 않았지만 자전의 분부에 눌려 할 수 없이 그대로 하였다. 세자는 국본이고 세자빈을 정하는 것은 대례이다. 그런데 윤원형이 사사로이 자기를 위하는 모의를 하여 군부를 위협하여 기어이 제 욕심을 이루었으니, 예부터 신하로서 이 같은 큰 죄를 짓고도 천벌을 받지 않은 자가 있었던가?[36]

36_『명종실록』권27, 명종 16년 1월 15일.

명종 때 순회세자의 빈을 정할 때의 일이다. 윤원형이 자신의 세력을 계속 유지하고자 사돈 집안에서 세자빈을 정하고자 했다고 사관은 기록하고 있다. 세자빈의 집안이 권력의 향배에 크게 영향을 미쳤다는 것을 보여준다. 그런데 여기서 사주를 고쳤다는 말이 사실인지 세자빈 황씨는 계속 몸이 좋지 않아 반년을 기다려도 혼례를 올릴 수 없어 결국 윤옥의 딸을 맞아들이게 되었다.

사신은 논한다. 윤옥은 공론에 용납되지 못하여 오랫동안 침체되어 있었는데, 아침에 그 딸을 세자빈으로 정한다는 명이 내려지자 저녁에 후설喉舌에 의망되었으니, 원계검이 상의 뜻에 영합하는 것이 어떻다고 하겠는가? 죄를 이루 다 말할 수 없다. 아아! 공도가 소멸하고 여얼이 성행하여 정사할 때에 벼슬을 받는 자가 모두 척완이니 당시의 일을 알 수 있겠다.[37]

37_『명종실록』 권27, 명종 16년 7월 21일.

윤옥의 집안은 윤원형과 더 가까워 마찬가지로 세력을 계속 유지하려는 윤원형의 의도가 반영되었으며, 윤옥 자신도 세자빈의 아버지로서 관직이 급격히 높아진 것을 볼 수 있다. 세자빈 집안이 된다는 것은 권력에 좀 더 가까이 가는 것임에 틀림없다. 물론 그 혜택도 누리게 된다. 따라서 세자빈 집안이 된다고 할 때는 아무래도 권력과 그에 따르는 혜택을 생각하지 않을 수 없었을 것이다.

세자빈 집안은 세자빈 집안의 입장이 있다. 다른 일반 양반가와 마찬가지로 집안의 번영을 바라는 것이 당연한 일이다. 그렇다면 집안이 번영할 수 있는 첫 번째 조건은 무엇일까? 그것은 세자가 무사히 왕이 되는 것이다. 이미 세자와 세자빈으로 책봉됐다고 하더라도 왕위에 오르는 데는 여러 가지 변수가 생길 수 있다. 세자가 사망할 수도 있고 폐위될 수도 있기 때문이다. 양녕대군, 의경세자, 소현세자, 사도세자, 효장세자, 효명세자 등이 폐위되거나 사망했다. 따라서 세자빈 집안에서 가장 바라는 것은 세자가 왕이 되어 자신의 딸이 왕비가 되는 것이다. 왕의 외척으로서 얻을 수 있는 이익은 분명 세자의 처가로서 얻는 이익과는 비교할 수 없을 만큼 크기 때문이다.

그러나 바로 그날 경모궁景慕宮(사도세자)께서 홍역을 앓고 내인들도 다 홍역을 하여 경모궁을 돌볼 사람이 없었다. 선희궁宣禧宮(영빈 이씨)께서 직접 와 돌보시고 밖에서는 아버지께서 숙직하며 경모궁을 보호하

였다. 경모궁의 증세가 심하지는 않았지만, 열이 심해서 아버지께서 옆
에서 간호하셨다. 그때 아버지의 지극한 정성을 어찌 다 기록하겠는가.[38]

38_ 혜경궁 홍씨, 『한중록』 권1.

혜경궁 홍씨가 『한중록』에서 사도세자가 홍역을 앓을 때 아버지
홍봉한이 얼마나 지극정성으로 간호했는가를 써놓은 대목이다. 이
때(1752년) 혜경궁은 정조를 막 낳고 산후조리가 채 끝나지 않아 남
편을 간호할 수 없는 상황이었다. 그러나 남편 사도세자는 이미 열

여덟 살이었고, 아들도 둘이나 낳았으니 성인이라고 할 수 있었다. 그런데도 장인 홍봉한은 어린아이를 돌보듯 정성을 다한 것이다.

이뿐만이 아니다. 사도세자가 천연두를 앓았을 때도 홍봉한의 태도는 마찬가지였다.

> 그해(1756년) 11월에 경모궁께 천연두 증세가 있자, 아버지께서는 매일 힘이 적은 것을 걱정하셨다. 천리 밖 외지에서 경모궁의 소식을 듣고 아침저녁으로 추운 방에서 거처하시며 마음을 애태우신 나머지 아버지의 수염이 허옇게 희었다고 한다.[39]

39_ 혜경궁 홍씨, 『한중록』 권1.

사도세자가 천연두를 앓기 몇 달 전 홍봉한은 평양감사를 제수받아 외부에 나가 있었다. 그런데 사도세자가 천연두에 걸렸다는 말을 듣고 비록 궁궐로 오지는 못하되 임지에서 하도 걱정을 해서 수염이 하얗게 세었다는 것이다. 사위의 병에 대해 이렇게까지 노심초사하는 것은 일반 양반가에서는 드문 일이다. 장차 왕위에 오를 세자였기 때문에 이처럼 걱정하는 것이다. 홍봉한은 사도세자를 옹호하다가 영조의 노여움을 사서 삭직되고 사대문 밖으로 쫓겨난 적도 있다.

이렇게 사도세자를 위해 애쓰던 홍봉한은 사도세자가 영조의 눈밖에 나고 정치적으로 회생이 불가능한 상태가 되자 세손인 정조에게로 정성을 옮긴다. 사도세자가 왕위에 오를 가망이 없자 그 희망을 세손에게 걸게 된 것이다.

> 만일 세손을 칭찬하시던 상교를 소조께서 그대로 다 보셨다면 세손께서 놀라실 일이 어느 지경에 이르렀을 줄 알겠는가.[40]

40_ 혜경궁 홍씨, 『한중록』 권1.

영조가 세손인 정조를 칭찬하고 나라의 중책을 세손에게 맡기겠다는 상교를 거듭 내리자 혜경궁 홍씨는 내관을 시켜 사관이 써온

연사를 고쳐서 소조에게 보였다는 것이다. 이때 이 일을 홍봉한이 함께 했다고 한다. 즉 혜경궁 홍씨와 홍봉한은 사도세자를 위한다고 하면서 사실상 정조를 보호하고 있었던 것이다. 세자의 처가 역할에서 왕세손의 외가로 무게중심이 옮겨가는 모습이다.

왕실에서 금혼령을 내리고 왕비나 세자빈을 구하고자 할 때 양반가들은 선뜻 나서지 않았다고 한다. 권력에 가까이 갈 수 있는 길임에도 불구하고 꺼렸던 것은 권력에 가까워지는 만큼 위험이 따르기 때문이다. 세자가 죽거나 폐위될 경우 세자빈도 폐위되거나 빈의 위치에 멈춰버릴 가능성을 무시할 수 없다. 따라서 폐위 등의 불상사가 생기지 않도록 세자빈 집안은 여러모로 정치력을 발휘해 세자가 무사히 왕이 되도록 최선의 노력을 해야 했다. 여기에 세자빈 집안의 어려움이 있다. 세자빈 집안은 어디까지나 권력의 제2인자 집안이었기 때문에 그 위치를 잘 지키고 적절한 시기에 그것을 확장시키는 것이 중요했다. 세자빈 집안은 세자가 왕이 되는 데 모든 것을 집중하는 것이 가장 큰 임무였다.

대리청정 때의 세자는 실제로 국정을 담당하며 결정권을 행사하는 정치적 권력자다. 세자가 정치 현안들을 자기 주도적으로 이끌기 위해서는 무엇보다도 거기에 걸맞은 권위가 필요하다. 그런데 왕의 권위가 천명天命을 받은 존재라는 추상성이나 왕개의 종통을 이어받았다는 정통성을 통해 담보된 것이라면, 세자의 권위는 어디까지나 현재 살아 있는 왕으로부터 일방적으로 부여된 것이다. 따라서 왕이 대리청정을 세자의 정치 교육 및 실습의 일종으로 파악하느냐 아니면 왕정에 버금가는 정치 형태로 인식하느냐에 따라 세자가 부여받는 권위도 달라질 수밖에 없었다. 이러한 권위에 따라 대리청정의 성공과 실패가 좌우된다 해도 지나친 말이 아니다.

세자의 대리청정

世
子
日
常

1 세자의 국정 참여, 대리청정

대리청정의
의미

1443년(세종 25) 4월 17일 세종은 교지를 내려 "근래에 내가 병이 심하여 정사에 부지런하지 못하니 세자에게 뭇 성무를 맡기겠다"고 명하였다. 명을 받든 신하들은 얼굴색이 변하며 적극 반대했는데, 이때 집현전 부제학 최만리崔萬理 등은 다음과 같은 논리를 내세웠다.

집현전 부제학 최만리 등이 상소하기를, "무릇 정권政權을 둘로 나누는 것은 옛사람이 경계한 바로 신 등도 전에 이미 진달하였습니다. 태자의 청정聽政은 말세의 일로 모두 부득이한 데에서 나온 것이고, 국가의 아름다운 법이 아닙니다. 하물며 우리 조종 이래로 이런 일이 없는데, 어찌 하루아침의 작은 병으로 이정二政의 단서를 열어 누일累日의 폐단이 되게 하십니까. (중략) 지존은 둘일 수 없고, 정권도 나눌 수 없습니다. 세자가 이미 백료와 더불어 신臣이라 일컬으면서 하례를 드렸습니다. 또 남면南面(남쪽을 향하여 앉음)하여 백료들을 신하로 삼아 정사를 처결한다면, 정사에 통일된 실마리가 없고 조정이 두 개 있는 것과 같습니다. 오직 임금과 아비가 있을 뿐이라는 의리에 어긋날 뿐 아니라 국가의 사체에 매우 타당하지 못합니다. 전하께서는 반드시 (정사를) 부탁

할 사람을 얻었으니 다른 염려는 없다고 하시나, 신 등의 생각에는 오늘 비록 걱정할 것이 없더라도 만세 후에는 반드시 오늘을 구실 삼아 그 폐단이 말로 다하지 못할 것이니, 이것을 더욱 염려하지 않을 수 없습니다'라고 하였다.[1]

1_ 『세종실록』 권100, 세종 25년 4월 19일.

최만리 등은 세자가 정사를 담당하는 것을 단순히 병든 아버지를 도와주는 차원이 아니라 정권이 둘로 나뉘고 조정이 두 개가 되는 현상으로 파악하였다. 하늘에는 두 개의 태양이 있을 수 없고 백성에게는 두 임금이 있을 수 없기 때문에 절대로 불가하다고 반대한 것이다. 그들은 세자의 임무는 부왕에게 아침저녁 문안 및 식사를 받드는(이것을 시선視膳이라 한다) 것에 불과하고 장래 제왕으로서 자질을 키우기 위해 열심히 공부만 해야 한다는 유학적 논리에 정면으로 배치된다고 지적하였다.

앞에서 지적했듯이 대리청정은 '왕을 대신하여 특정인, 특히 세자가 정무를 관장하는 것'이라고 정의를 내릴 수 있다. 전근대의 왕은 신성불가침의 절대 권력자였지만, 때에 따라 타인이 왕을 대신하여 권력을 행사한 경우가 종종 있었다. 이를 흔히 '섭정'攝政이라고 표현하는데, 세자의 대리청정은 이 섭정의 한 유형이라 할 수 있다.

조선시대에 왕이 아닌 특정 개인 혹은 집단이 권력을 장악한 경우는 다양하다. 단종 때 황보인皇甫仁, 김종서金宗瑞 등의 의정부대신이 권력을 남용했던 '황표정치'黃標政治[2]의 형태나 순조대 이후 안동 김씨 가문 등 특정 가문에 의해 이루어진 '세도정치' 등이 대표적인 사례다. 그렇지만 이런 방식은 특정 개인이나 집단이 권력을 남용해서 시행한 불법적인 정치 형태에 불과하였다.

법적으로 인정된 섭정으로는 대비의 '수렴청정'과 세자의 '대리청정'이 대표적인데, 양자 간에는 상당한 차이가 있다. 수렴청정은 어린 왕을 보호한다는 명분을 내세워 대비인 할머니 혹은 어머니가

2_ 관리 임용을 위해 이조와 병조에서 후보를 세 명씩 올리면 황보인, 김종서가 이중 한 명에게 누런 표식을 붙이고, 단종이 표시된 사람을 붓으로 낙점하여 임명하는 형태를 말한다.

도1 **황표정사** 『단종실록』 권2, 단종 즉위년 7월 2일 기사, 국사편찬위원회 소장.

문종이 죽은 뒤 유명을 받은 황보인과 김종서는 단종이 어리다는 점을 이용하여 관직을 제수할 때 누런 표식을 붙여 왕으로 하여금 임명하게 만들었다. 황표정사로 대표되는 강한 신권에 대해 왕실은 반발하였고, 결국 왕의 숙부인 수양대군이 계유정난을 일으켜 황보인과 김종서 등을 제거하게 된다.

왕이 성년이 될 때까지 한시적으로 정치를 대신하는 형태다. 이 경우 국정은 왕과 대비가 같이 다스린다는 공치共治의 명분 속에서 운영되었고 모든 국사를 망라했다. 반면에 세자의 대리청정은 정도의 차이는 있지만 어디까지나 연로한 왕의 통치를 보조한다는 입장에서 시행되었기 때문에 국가의 중대사는 청정의 대상에서 제외되는 경우가 일반적이다. 대리청정은 특별한 사유가 없으면 세자가 다음 대 왕으로 즉위할 때까지 계속되었다.

조선시대 세자의 대리청정은 1400년(정종 2) 왕이 세제世弟인 정안공 이방원을 세자로 삼아 군국軍國의 중사重事를 맡긴 것에서 그 기원을 찾을 수 있다. 이때 세자의 정무기관인 인수부仁壽府가 설치되어[3] 이곳을 통하여 세자가 국정을 담당하였다. 그렇지만 정종대의 사례를 대리청정의 일반적인 현상으로 파악하는 것은 무리가 있다. 주지하다시피 정종의 즉위는 1398년(태조 7)에 발생한 1차 왕자의 난 이후 이방원의 집권 시나리오의 일부로서 이루어졌고, 정종대 이방원은 무늬만 세자였을 뿐 실제로 국왕으로서의 권한을 행사하였기 때문이다.

3_ 『정종실록』 권3, 정종 2년 2월 4일.

청정의 주체	생몰(년)	세자(손) 책봉	청정 개시(년)	청정 시 연령(세)	청정 기간	즉위년
문종	1414~1452	1421	1442(세종 24)	28.4	7년 10개월	1450
예종	1450~1469	1457	1466(세조 12)	16.9	1년 11개월	1468
광해군	1575~1641	1592	1592(선조 25)	17(?)	6년 10개월	1608
경종	1688~1724	1690	1717(숙종 43)	29.8	2년 10개월	1720
사도세자	1735~1762	1736	1749(영조 25)	13.3	13년 5개월	×
정조	1752~1800	1759	1775(영조 51)	23.3	3개월	1776
효명세자	1809~1830	1812	1827(순조 27)	17.6	3년 3개월	×

〈표1〉 조선시대 세자의 대리청정

세자가 왕을 보좌한다는 대리청정의 본래 뜻에 부합하는 첫 번째 사례는 1442년(세종 24) 훗날 문종이 되는 세자의 대리청정이었다. 세종대 이후 세자의 대리청정 전체의 상황을 정리하면 〈표1〉과 같다.

표에 따르면 조선시대 세자가 대리청정을 시행한 사례는 총 7회에 이른다. 이것은 대비의 수렴청정이 총 7회(성종, 명종, 선조, 순조, 헌종, 철종, 고종대)에 걸쳐 시행된 것과 동일하다. 세자의 청정 사례가 많지 않았던 것은 조선시대 적장자로 대통을 이은 왕이 많지 않은 데다가 장성한 세자가 있고 현왕이 노년기에 접어든 상황이라는 대리청정의 기본 조건에 부합하는 경우가 그다지 많지 않았기 때문이다.

물론 이러한 조건이 되었음에도 대리청정이 시행되지 않은 경우도 종종 있었다. 중종은 재위 33년(1538)에 세자에게 전위를 하겠다고 소동을 벌였지만 실패했고,[4] 죽기 한 달 전에는 세자에게 대리청정을 시키겠다는 뜻을 내비쳤다가 대사헌 정순붕을 비롯한 신하들의 반대에 부딪혀 포기하였다.[5] 효종은 스물일곱 살이라는 장성한 나이에 세자로 책봉된 뒤 4년간 그 지위에 있었는데, 부왕인 인조는 그에게 대리청정을 시킬 생각조차 하지 않았다. 큰아들 소현세자를 의심해 죽인 그의 성격에 비추어볼 때 효종에게 대리청정을 시키지 않은 것은 당연한 일일지도 모르겠다. 이상에서 보듯이 세

4_ 『중종실록』 권88, 중종 33년 10월 1일.

5_ 『중종실록』 권105, 중종 39년 10월 6일; 중종 39년 10월 10일.

자가 장성할 경우 대리청정은 당연하다고 파악하기에는 어려움이 있다.

세자가 대리청정을 시작한 나이는 평균 20.8세인데, 적게는 열세 살부터 많게는 서른 살에 이르렀다. 20대에 청정한 문종과 경종, 정조를 제외하면 대략 10대 후반에 청정을 시작하였다. 청정의 기간 역시 1년부터 13년까지 다양한데, 평균 5.2년 정도다. 이것은 대략 5년 남짓 진행되었던 대비의 수렴청정 기간과 비슷하여 주목된다.

그러면 왕이 세자에게 대리청정을 명했던 이유는 무엇일까? 우선 왕이 나이가 많거나 질병 등으로 국정 운영 능력이 떨어질 경우 세자에게 국사의 일부를 맡기는 경우가 있었다. 여기에는 장성한 세자로 하여금 국정 운영의 능력을 높이려는 교육적 차원에서 배려한 경우도 포함되어 있다. 이는 대리청정 시행의 보편적인 목적에 따른 것으로, 문종, 예종 등 조선 초기의 세자들이 여기에 해당한다.

두 번째, 현재의 복잡한 정국을 전환시키려는 정치적 목적으로 세자를 내세워 대리청정을 시행한 경우다. 사도세자, 효명세자 등이 이 범주에 속한다. 그런데 이 경우 세자는 크나큰 정치적 부담을 짊어지고 대리청정을 시작하였고, 시행 과정에서 집권 세력과 끊임없이 마찰을 빚었다. 만약 왕이 이 상황을 제대로 제어하지 못할 경우 세자는 비극적인 결과를 맞이하였다.

세 번째, 전란이라는 특수한 상황에서 왕의 의도와 달리 갑작스럽게 시행되는 경우인데, 선조의 세자 광해군이 그 사례로 꼽힌다. 광해군은 임진왜란의 피난 과정에서 갑자기 세자로 책봉되었고, 분조分朝라는 형태로 국정에 관여하였다.

마지막으로, 불안한 세자(손)의 정치적 지위를 안정시키려는 의도로 왕이 대리청정을 명하는 경우다. 폐사廢死된 희빈 장씨가 낳은 경종 및 살해된 사도세자의 아들 정조는 집권 노론의 반대로 왕위 계승이 불안했는데, 이를 염려한 숙종 및 영조의 배려에 의해 대리청정이 시행되었다. 이상과 같이 세자의 대리청정이 시행된 원인은 다양한데, 실제로는 위의 몇 가지 요소들이 상호 결합하여 시행된 경우가 일반적이다.

수렴청정과 대리청정의 과정을 통해 왕과 세자는 자신의 국정수행 능력을 점차 키워나갈 수 있다는 공통점을 가진다. 그렇지만 수렴청정에서는 명목상이나마 왕권이 인정된 반면 대리청정 과정에서 세자의 정치적 지위는 불안정하였고, 실제로 정국의 흐름 속에서 자칫하면 정치적 희생을 강요당하기도 했다는 점이 양자 사이에 가장 중요한 차이였다.

왕에 따라 달랐던 대리청정   대리청정은 왕 측의 조건, 즉 왕의 신체적 여건 및 세자에 대한 신뢰도, 청정을 수행할 세자의 나이와 능력, 그리고 당시의 정국 방향 및 정치세력의 강약 등 세 가지 조건에 따라 그 유형이 달리 나타난다.

문종은 20여 년이나 세자로 있다가 스물여덟 살의 장성한 나이로 청정을 시작했다. 당시 부왕인 세종은 갈수록 병이 악화되고 있어 양위를 염두에 두고 대리청정을 진행시켰다. 따라서 세자 자신의 건강을 제외하면 청정 과정에서 정치적 어려움은 겪지 않았다.

예종은 불과 열여섯 살의 나이에 청정을 시작하였지만 아버지 세조가 오랫동안 질병으로 고생하는 상황이었다. 그는 세조에게 유일하게 남은 적자인 데다 세조 역시 전위를 염두에 두고 대리청정을 진행시켰다. 15세기에 이루어진 두 차례의 대리청정은 현왕이 세자를 깊이 신뢰하는 가운데 전위를 전제로 진행되었기 때문에 세자는 비교적 강력한 권한을 행사할 수 있었다.

이와 비슷한 상황은 순조대 효명세자의 사례에서 찾아볼 수 있다. 비록 순조가 효명세자에게 전위를 표명한 적은 없지만 당시 왕은 노론에 밀려 정국을 제대로 주도하지 못하는 상황에서 아들을 믿고 내세운 만큼 적극적으로 대리청정을 진행시켰다.

반면에 단지 세자의 국정 처리 능력을 키우거나 혹은 후계 구도를 안정시키려는 정치적 안배로서 청정을 시행한 경우도 있다. 열네 살에 대리청정을 시작한 사도세자의 경우 유능한 군주였던 영조가 몇 년 후 양위를 전제로 대리청정을 시켰다고 보기는 어렵다. 후계자 교육이 일차적인 목적이었을 것으로 보인다.

경종은 스물아홉 살의 장성한 나이에 대리청정을 시작하였다. 그렇지만 그의 친모는 폐사된 상태였고, 정국의 주도권은 그와 대척인 노론이 장악했다. 이런 상황에서 그의 대리청정은 양위를 전

도4 경종 의릉

열세 살에 어머니 희빈 장씨의 죽
음을 목격한 경종은 노론의 수많
은 방해를 받으면서 서른세 살의
나이에 가까스로 왕이 되었다. 그
러나 노론과 소론의 정권 다툼 속
에서 별다른 업적을 남기지 못한
채 재위 4년여 만에 갑자기 사망
하였다. 며칠 전 올린 게장과 생감
이 발병의 원인이었는데, 소론 측
이 여기에 세제가 연관되었다고
주장함으로써 영조는 형을 독살했
다는 소문에 평생을 시달려야 했
다. 서울시 성북구 석관동, 사적
제204호.

제로 하기보다는 다음 대의 왕위 계승을 확고히 하려는 숙종의 의
중에서 나온 것으로 보인다.

정조의 대리청정도 같은 맥락으로 이해할 수 있다. 영조가 죽기
3개월 전 굳이 노론의 반대를 무릅쓰고 세손의 대리청정을 강행한
것 역시 아버지 사도세자의 죽음에 따른 왕위 계승의 불확실성을
해소하려는 영조의 정치적 배려에 따른 것이다.

광해군의 사례는 위의 두 가지 유형과는 또 다른 양상을 띠었
다. 1592년 4월 14일 임진왜란이 일어나자 선조는 피난 중이던 4월
29일에 당시 열일곱 살인 광해군을 서둘러 세자로 책봉하였다. 난
이 발생한 지 20일이 채 되지 않아 서울은 무너지고 6월에 평양이
함락되었다. 상황이 긴박하게 돌아가자 왕은 의주로 피난을 떠났
다. 그리고 세자를 함경도로 보내면서 이른바 분조分朝를 단행하였
다.[6] 분조는 조정의 관원 및 기능의 일부를 나누어 세자가 국정을
담당하도록 한 조처인데, 당시 긴박했던 전란 과정에서 만약의 사
태에 대비한 것이었다. 이때부터 세자는 분조를 근거로 전쟁 중에
군사적 활동을 중심으로 각종 국가의 정무를 담당하였다.

6_ 『선조수정실록』 권26, 선조 25
년 6월 1일.

임진왜란 중 광해군의 국정 담당은 일반적인 대리청정과 달랐다. 과거의 대리청정이 왕의 세자에 대한 배려에서 이루어졌다면 광해군의 청정은 전시라는 위급한 상황에서 불가피하게 시행하였다. 또한 과거에는 비록 청정을 시행할지라도 세자에게 군국軍國의 중대사 결정 및 인사권 등을 부여하지 않았지만 당시 광해군의 가장 중요한 임무는 바로 일본에 대한 전쟁 수행이었고, 이 과정에서 인사권은 자연스럽게 행사되었다. 사실 『선조실록』 및 『선조수정실록』에는 세자가 대리청정을 시행했다는 표현을 찾아보기 어렵다. 청정할 때의 규정이라 할 수 있는 「대리청정절목」 역시 나타나지 않는다. 그렇지만 당시 광해군은 선조의 묵인 아래 광범위하게 국정 전반을 담당했고, 따라서 그 활동은 대리청정의 한 방식으로 파악할 수 있을 것이다.

임진왜란이 끝나자 광해군의 군사 활동은 자연스럽게 종결되었다. 이후 세자는 명나라 사신들이 왕래할 때의 접대 및 각종 국가 제사의 대행 등을 제외하면 왕에게 문안을 드리고 서연에 참석하는 등의 일상적인 역할만을 수행하였다. 물론 사신 접대 및 국가제사의 주관 역시 왕의 중요한 업무였지만 대리청정이 아닌 시기에도 세자가 시행한 경우가 적지 않다. 따라서 임진왜란 중의 활약과 달리 전쟁이 끝난 이후 광해군의 일상적인 활동을 대리청정으로 취급하기는 어렵다.

대리청정이
시작되다

1717년(숙종 43) 7월 19일 숙종은 행판중추부사 이유李濡, 영의정 김창집金昌集, 좌의정 이이명李頤命 등을 불러 지금 자신의 왼쪽 안질이 대단히 심해져서 물체가 전혀 보이지 않는다고 고통을 호소하였다. 오른쪽 눈도 제대로 보이지 않아 소장疏章의 잔글씨는 아예 볼 수 없고, 비망기의 큰 글자나 겨우 볼 수 있는 지경이라 정무를 처리할 상황이 못 된다며, 세자에게 청정을 시키겠다는 의사를 내비쳤다. 이때 이이명

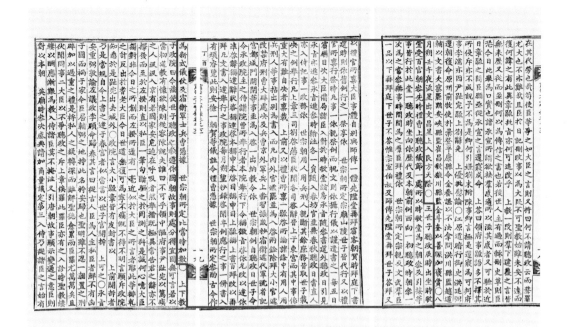

도5 왕세자 대리청정 절목 『숙종실록』 권60, 숙종 43년 8월 1일 기사, 국사편찬위원회 소장.

은 "큰일은 전하가 때때로 재결하시면 될 것이고, 세자가 청정을 통해 국사를 익힐 수 있으니 문제가 있겠습니까"라며 찬성하였고, 나머지 대신들도 별다른 반대를 하지 않았다. 12년 전인 1705년(숙종 31)에 한차례 양위 소동을 겪었던 대신들은 현재 숙종의 안질이 심각하다는 것을 알기 때문에 양위도 아닌 세자의 대리청정을 반대하기가 어려웠다. 대신들이 찬성하자 왕은 그날 교서를 내려 세자의 대리청정을 정식으로 포고하였다.

청정이 결정되자 숙종은 바로 다음 날 선왕 때의 사례 및 당나라의 고사, 그리고 기타의 전례를 조사하여 의절을 만들도록 명하였다. 왕명을 받은 춘추관의 관리들이 강화도에 가서 실록의 내용 중 청정의 일을 뽑아 베껴 나흘 후에 돌아왔고, 이를 홍문관에서 조사한 당나라의 사례와 종합하여 의정부와 예조의 관원이 함께 상의하였다.[7] 다음 날 왕은 이이명과 예조판서 민진후閔鎭厚를 불러 청정의 절목들을 하나하나 따져가며 검토한 후 세부 사항을 정하였

7_ 『숙종실록』 권60, 숙종 43년 7월 24일.

8_ 『숙종실록』 권60, 숙종 43년 7
월 25일.

다.[8] 결정된 내용은 다음 날 별단자別單子에 써서 들였는데, 이 별단자의 내용 중 일부를 다시 수정하여 최종적으로 결정하였다. 이에 예조는 8월 1일을 세자가 청정하는 길일로 정하여 왕에게 보고하였다.[6]

왕과 신료들에 의해 대리청정의 세부 항목이 정해지는 가운데 이 사실이 세자의 귀에 들어갔다. 세자는 26일에 자신의 재질이 부족하여 일을 감당할 수 없다며 청정을 사양하는 상소문을 올렸다. 이 상소가 받아들여지지 않자 다음 날 다시 청정의 명을 거두어달라는 상소문을 재차 올렸는데, 이 역시 기각되었다.

청정의 절목이 정해지자 전국에 알리는 작업이 이어졌다. 이미 24일에 의정부를 통해 세자가 대리청정을 시행한다는 사실을 팔도에 알리는 조처를 취하였는데, 28일에는 청정절목의 구체적인 내용을 전국에 반포함으로써 세자의 청정을 기정사실화했다.[9] 이러한 과정을 거쳐 8월 1일 진시(오전 7~9시)에 세자가 시민당時敏堂에 나가 백관의 조참朝參(신하들과 만나는 의례의 하나)을 받으면서 대리청정이 시작되었다.[10]

9_ 『숙종실록』 권60, 숙종 43년 7
월 28일.

10_ 『숙종실록』 권60, 숙종 43년 8
월 1일.

이상의 내용은 1717년에 이루어진 대리청정의 과정을 시간별로 정리한 것이다. 이를 보면 숙종대 세자의 대리청정은 왕이 청정을 시행하겠다는 의사를 표시한 지 11일 만에 이루어졌다. 청정이 결정되면 먼저 구체적인 절목을 정하기 위해 며칠 동안 검토가 이루어졌고, 청정을 시작하는 길일을 점쳤다. 이 과정을 마치면 전국에 그 사실을 포고하고, 길일에 청정이 정식으로 시작되었다.

1749년(영조 25)의 대리청정은 숙종대보다 좀 더 극적으로 진행되었다. 1월 22일 한밤중에 영조는 갑자기 승정원에 밀봉된 글을 내려 전위의 뜻을 피력하였다. 놀란 세자와 승지들이 허둥대었고, 다음 날 아침 소식을 전해들은 대신들과 승지, 삼사의 관원 등이 환경전歡慶殿에 들어와 영조에게 양위를 철회하도록 간청하였다. 아울러 쏟아지는 빗속을 뚫고 온 세자 역시 울면서 양위의 철회를 네

다섯 차례 간청하였다. 영조는 간청에 못 이기는 척 양위를 철회하면서 대신 세자의 청정을 대안으로 제시하였다. 일부 신하는 이에 대해서도 반대했지만 왕이 성을 내자 그나마 양위 철회를 다행으로 여긴 신하들이 이를 수용하였다.

　그날 밤 왕은 승지를 불러 청정의 절목을 쓰게 함으로써 세자의 대리청정을 확정지었다. 나흘 후에 세자의 대리청정을 태묘(종묘)에 고하고 팔도에 전교를 반포하였다. 동시에 그날 세자가 시민당에 나가 종친과 문무백관의 조참을 받음으로써 대리청정은 시작되었다.[11]

　이상에서 보듯이 영조대의 대리청정은 숙종대와 달리 양위 소동이 벌어지는 가운데 결정되는 극적인 모습으로 나타났고, 그 시행은 4일 만에 전격적으로 이루어졌다. 이 과정에서 숙종 때와는 달리 청정의 사실을 중외뿐만 아니라 종묘에까지 고하였다.

　1775년(영조 51) 왕세손의 대리청정은 좀 더 빠르게 진행되었다. 12월 7일 세손에게 최초로 대리청정의 명령이 내려졌는데, 다음 날 청정절목이 정해지고, 다시 이틀 후에 경현당景賢堂에서 세손의 주관 아래 청정의 조참이 시행되었다.[12] 이것은 아마도 1749년 세자의 대리청정이 시행된 사례가 있고, 영조의 나이가 이미 83세의 고령이라는 이유를 들어 전격적으로 시행되었기 때문이다.

　1827년(순조 27) 효명세자의 대리청정도 마찬가지였다. 2월 9일 왕이 세자의 청정을 결정했을 때 신하들은 기꺼이 청정을 받아들였다. 그날 청정하는 길일이 정해지고, 청정절목의 별단이 마련되는 등 일사천리로 일이 진행되었다. 이때에는 종묘뿐만 아니라 사직과 경모궁景慕宮에 고유제告由祭까지 시행함으로써 청정의 의미를 좀 더 강화했다. 이후 11일부터 세자가 세 차례에 걸쳐 청정을 철회해달라는 상소를 올리는 소동이 있었지만 결국 18일에 세자의 주관 아래 중희당에서 조참이 시행되면서 대리청정은 시작되었다.[13]

11_ 『영조실록』 권69, 영조 25년 1월 27일.

12_ 『영조실록』 권126, 영조 51년 12월 10일.

13_ 『순조실록』 권28, 순조 27년 2월 18일.

世子日常

2 대리청정시 세자의 권위와 역할

대리청정을 담당한
기구와 규정

세자는 대리청정을 통하여 왕권의 일부를 위임받았다. 따라서 세자가 그 권한을 올바르게 행사하기 위해서는 평소와 다른 정치적 위상을 보여주는 규정 및 실무 기관 등이 필요하였다. 대리청정의 형식과 내용을 규정한 것이 「대리청정절목」이라면 실무 기관으로 모색된 것은 첨사원詹事院이었다.

1443년(세종 25) 대리청정이 결정되었을 때 세종은 세자의 업무를 두 가지로 규정하였다. 첫 번째는 관리 임명, 형벌, 군사 등의 군국중사軍國重事를 제외한 국사의 처리였고, 두 번째는 동궁에서 5일마다 조참을 시행하는 것이었다. 전자가 구체적인 정치 행위라면 후자는 의례를 통한 상징적인 정치 행위였다.

세종은 첫 번째의 국정 수행을 위해 첨사원이라는 세자부를 별도로 설치하였고, 후자의 의례를 위해서 계조당繼照堂에서 조참이 시행될 때 세자는 남면하여 조하를 받고, 신료들은 신하를 칭하도록 지시하였다. 아울러 왕과 세자를 구분하기 위해 왕에게 올리는 문서에 쓰는 명칭인 '계본'啓本, '계목'啓目 대신에 세자에게는 '신본'申本, '신목'申木이라 칭하고, 삼가 명령서를 받는다는 표현 역시

왕에게 쓰는 '경봉교지'敬奉敎旨와 구분하여 세자에게는 '지봉휘지'祇奉徽旨라고 쓰도록 정하였다.[14]

첨사원은 당나라 때 황태자의 서무 처결 기관이었던 첨사부를 모방하여 만든 것인데, 고려시대에도 문종대 이후 시행된 적이 있는 제도였다.[15] 조선시대에 들어와서는 1400년(정종 2)에 이방원이 세자로 책봉되었을 때 이와 유사하게 세자부인 인수부가 설치, 운영된 적이 있었다.[16] 1442년(세종 24) 첨사원이 설치되자 여기에 좌첨사(종3품, 1인), 우첨사(종3품, 1인), 동첨사(종3품, 1인), 주사(8품, 2인) 등 다섯 명의 관원이 배치되었다. 기존에 세자의 교육을 담당하던 서연관이 있었지만 이들은 그대로 교육에만 전념하도록 하고 세자의 국정 업무는 첨사원에서 처리하도록 구분한 것이 세종의 의도였다.

그런데 첨사원의 운영은 처음의 계획대로 이루어지지 못하였다. 세자의 대리청정은 그다지 활발하지 못하였고, 그에 따라 첨사원을 통한 서무 처결은 지지부진하였다. 그러다가 1445년(세종 27)에 이르러 세자의 대리청정이 강화되었을 때 세종은 첨사원을 활용하기보다는 왕의 비서실에 해당하는 승정원에서 세자에게 직접 국사를 보고하는 방식을 취하였다. 이때부터 세자는 승정원을 통해 국정을 담당했는데, 1447년(세종 29)에 죄수의 사형 집행까지 담당하면서 세자의 권한은 확대되었지만 여전히 승정원을 통한 업무 수행이 이루어졌다.

이 상황은 예종이 열여섯 살의 나이로 대리청정을 시행할 때 상당히 달라졌다. 『세조실록』에는 1466년(세조 12) 10월 5일 세자가 여섯 승지의 업무 보고를 결재할 때부터 세조가 사망할 때까지 세자가 국정에 참여했던 기사가 자주 나온다. 그렇지만 세조는 첨사원과 같은 세자의 서무 기구를 별도로 설치하지 않았을 뿐만 아니라 항시적으로 세자에게 업무를 맡기지 않았다. 즉 자신의 병이 심해졌을 때 세자로 하여금 임시로 국사를 처리하도록 하거나 자신이 정무를 볼 때 업무의 일부를 세자에게 맡기는 방식을 취했다. 당시

14_ 『세종실록』 권100, 세종 25년 5월 16일.

15_ 『고려사』 권77, 지31 백관2 동궁관.

16_ 『정종실록』 권3, 정종 2년 2월 4일.

항목	세부 항목	내용	특기 사항
장소		시민당	조참 및 인접引接 등 시행
업무	청정 범위	용인用人, 형인刑人, 용병用兵 외의 서무庶務	서무 중 일이 중대하고 결단하기 어려운 것은 왕에게 알려서 결재를 받음
	일차日次	5일마다 시행	대신, 비변사의 제신諸臣, 승지 참여
	문서 처리	상장上章, 차계箚啓, 장문狀聞, 계사啓辭 등	결단하기 어려운 중대사만 왕이 결정
	교령출납	승정원(승지)이 담당	관련 문건을 휘지徽旨, 신본申本, 신목申目 등으로 표현
	제향업무	종묘, 산릉 등 제향을 세자가 섭행	왕의 친제親祭와 동일한 예로 시행
의례	좌향坐向	세자 서향西向	청정, 조참 시
	배례 여부	종친·문무관 재배再拜, 세자 답배答拜 없음/백숙伯叔·사부 재배, 세자 답배	조참, 상참 시
	조하절목	세자궁에서의 조하의朝賀儀 설정	정조, 동지 등에 시행
	의장·숙위군사	평시보다 수호를 더함	세종조 제도에 근거
기록		한림翰林·주서注書 각 1인, 춘방관春坊官 당직인	승지가 진참進參 때 입시하여 기록

〈표2〉 숙종 43년에 마련한 세자 청정외절의 내용

세자는 충순당忠順堂에서 업무를 보았는데, 이곳은 동궁이 아닌 후원에 있던 전각이었다. 세조는 후원의 충순당에서 병을 치료하면서 이곳으로 세자를 불러 정사를 보게 했던 것이다.

대리청정이 좀 더 체계화된 것은 숙종대에 이르러서였다. 1717년(숙종 43) 7월 19일 세자의 대리청정이 결정되자 이와 관련된 여러 사항들이 검토되어 10여 일 후에 「왕세자청정절목」이라는 규정이 마련되었다.[17] 이날 확정된 대리청정절목의 내용을 정리하면 〈표2〉와 같다.

청정이 시행되면서 관련 사항들을 하나하나 정리해나간 세종대의 방식에서 벗어나 숙종대에는 미리 구체적인 절목을 마련한 뒤 청정을 시행하였다. 절목의 내용은 청정 장소부터 세자가 처리할 업무의 범위, 관련 의례, 의장 및 숙위, 기록에 이르기까지 치밀하게 제시되었다. 이 내용은 대체로 세종대에 정해진 것과 비슷하다. 다만 세종대 세자의 위치가 남향인 반면 숙종대에는 서향으로 바뀌

17_ 『숙종실록』 권60, 숙종 43년 8월 1일.

었고, 세종대에 별도의 서무 기관인 첨사원이 설치된 것과 달리 숙종대에는 승정원에서 모든 업무를 관장하도록 조처한 차이가 있다.

1749년(영조 25) 사도세자가 대리청정을 시행할 때도 4일 전에 미리 청정의 절목을 마련하였다.[18] 이때의 절목에서는 숙종대의 고사를 바탕으로 일부의 사항이 수정되었다. 바뀐 내용은 다음과 같다. 첫째, 세자의 위치를 숙종 때의 서향에서 동향으로 바꿀 것. 둘째, 숙종 때 왕의 질병으로 음악이 연주되지 못했으니 조참 및 하례를 받을 때 음악을 연주할 것. 셋째, 5일마다 비변사에서 업무를 보는 것 외에 매달 15일과 30일에 신하들이 왕에게 업무의 재가를 받고 구대求對(왕에게 면담을 요청함)할 일이 있으면 시기에 관계없이 소견을 펴게 할 것. 넷째 영패令牌는 청패靑牌를 사용할 것 등. 이중에서 둘째와 넷째는 숙종대 빠졌던 내용을 추가한 것이고, 첫째는 좌향에 대해 다른 해석이 나온 것이며, 셋째는 비록 대리청정의 상황일지라도 왕의 역할을 충분히 확보하려는 의도였다.

1775년(영조 51) 12월 10일 세손이 대리청정을 할 때도 이틀 전에 청정절목을 마련했다.[19] 그런데 이때의 절목은 1749년의 내용보다는 숙종 때의 것으로 회귀하는 모습을 보였다. 세자의 위치를 다시 서향으로 바꾸고, 음악을 연주하지 않는다는 등의 수정이 그러하다. 또한 이때에는 세자가 청정할 장소를 경현당으로 하되, 평상시의 인접은 존현각尊賢閣에서 시행하도록 구분함으로써 기존과는 다른 모습을 보였다.

마지막으로 시행된 효명세자의 「대리청정절목」은 1775년의 내용을 바탕으로 마련되었다.[20] 이때의 청정 장소는 중희당과 별당인 수강재壽康齋 두 곳이었는데, 나머지 사항은 숙종 및 영조대의 내용과 유사하다. 다만 변경邊境 및 용병用兵과 관련된 사항은 일체 왕에게 아뢰도록 강조하였고, 제사를 비롯한 의례와 관련된 용어들도 좀 더 상세하게 규정하였다.

18_ 『영조실록』 권69, 영조 25년 1월 23일.

19_ 『영조실록』 권126, 영조 51년 12월 8일.

20_ 『순조실록』 권28, 순조 27년 2월 9일.

왕에 버금가는 세자의 지위 대리청정 때의 세자는 장래 왕위에 오를 후보자로서 제왕 교육에 전념하는 존재가 아니라 실제로 국정을 담당하며 결정권을 행사하는 정치적 권력자다. 왕과 부왕副王의 관계로 설명될 수 있는 것이 대리청정기 세자의 입지라 할 수 있다. 세자가 뭇 신하들과 회의를 통하여 정치 현안을 주도적으로 이끌게 하기 위해서는 무엇보다도 거기에 걸맞은 권위가 필요하다. 그런데 왕의 권위가 천명天命을 받은 존재라는 추상성이나 왕계의 종통을 이어받았다는 정통성을 통해 담보된 것이라면 세자의 권위는 어디까지나 현재 살아 있는 왕으로부터 일방적으로 부여된 것이다. 따라서 왕이 대리청정을 세자의 정치 교육 및 실습의 일종으로 파악하느냐 아니면 왕정에 버금가는 정치 형태로 인식하느냐에 따라 세자가 부여받는 권위도 달라질 수밖에 없었다.

1442년(세종 24) 대리청정이 시행될 때 세종은 세자가 조회를 받을 때 '남면'하고 신하들은 '칭신'해야 한다고 주장하였다. 이러한 주장은 신하들에게 큰 반향을 일으켰다.

조선시대의 왕은 신하를 만날 때 북쪽의 한가운데에서 남쪽을 향하는 자리에 위치하였다. 이것을 남면이라고 한다. 궁궐의 정전, 즉 경복궁의 근정전이나 창덕궁의 인정전에 왕의 어좌御座가 북쪽 정중앙에 있는 것은 이러한 왕의 자리를 상징하는 것이다. 이러한 왕의 위치에 세자가 앉는다는 것은 그를 왕으로 간주하라는 말이나 다름없었다. 앞에서 인용했듯이 집현전 부제학 최만리 등이 하늘에 해가 둘일 수 없고 백성에게 임금이 둘일 수 없다고 반대한 것은[21] 남면의 이러한 상징성 때문이다.

세자에게 '신臣 아무개가'라고 칭하는 것〔稱臣〕 역시 같은 맥락이다. 왕과 세자는 사적으로는 부자父子 관계이지만 공적인 자리에서는 군신君臣 사이다. 세자는 공적인 자리에서 왕을 '부왕'이 아닌 '전하'로 부르며 자신을 '신'으로 칭하였다. 조선에서 '신'이라는 자칭自稱을 받을 대상은 오직 왕밖에 없다. 이 상황에서 세자에게

21_ 『세종실록』 권100, 세종 25년 4월 19일.

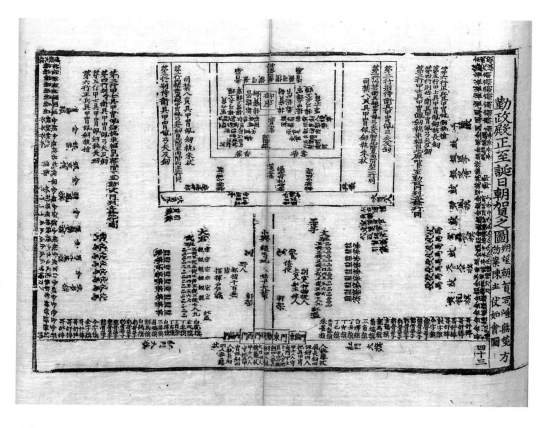

‘신'을 칭하라는 말은 그를 왕으로 대접하라는 말과 같았다.

　남면, 칭신과 결합된 의례가 배례, 즉 사배四拜의 문제였다. 당시 사람들은 네 번의 절은 부자간에도 시행될 수 없는 것으로 왕에게 만 시행되는 의례로 파악하였다. 세종이 세자에게 사배를 하도록 강요하자 신하들은 이럴 경우 사제 간의 의례가 폐지된다는 핑계를 대었다. 당시 세자를 교육시키는 서연이 시행될 때 세자와 사부는 동서로 마주 보고 서로 두 번씩 절을 했는데, 세자가 남면할 경우 사부는 뜰아래에서 세자에게 절을 하게 되어 사부를 존중하는 모습 이 전혀 보이지 않게 된다며 반대했던 것이다.

　신하들의 격렬한 반대에 세종은 '남면'과 '칭신'을 포기하고, 조 회 때 세자가 동쪽에 앉아 의식을 진행하도록 하였다. 다만 종친 및 문·무관이 세자에게 두 번 절할 때 세자는 답배를 하지 않고,

종친 중에 아저씨뻘과 사부에게는 두 번의 절을 받되 한 번 답배를
하도록 함으로써 세자의 권위를 약간 높여주는 데 만족하였다.

세종은 1445년과 1449년에 세 차례에 걸쳐 세자에게 양위할 뜻
을 표명하였다.[22] 물론 세종의 의도는 신하들의 반대에 부딪혀 성공
하지 못하였지만 대신 세자의 지위를 높이는 기회가 되었다. 1447년
(세종 29)에 이르러 왕은 "지금 세자가 모든 정무를 처결하고 있으니
명나라의 제도에 따라 모든 신하들은 세자에게 신하를 칭하라"고
강력하게 명하였다. 세자의 남면과 신료의 칭신을 제기한 지 5년
만에 이를 관철시킨 것이다. 더 나아가 2년 후에는 세자에게 사배
를 시행하도록 엄명을 내렸고, 그 조처는 실제로 시행되었다. 이상
의 왕명에 대해 신료들은 당연히 반발하였다. 그렇지만 세종은 당
시 명나라에서 시행된 사례를 내세우며 강력하게 추진하였고, 그
결과 세종 말년에 이르면 세자의 의례상의 지위는 왕에 비견할 정
도가 되었다.[23]

문종이 즉위한 후 상황은 달라졌다. 아직 세자의 나이가 어린
데다가 문종은 과거 세자 시절 자신에게 행했던 '칭신'과 '사배'는
불가피한 상황에서 시행된 것이라며, 향후 세자에게 '칭신'하지 말
고 '사배'는 '이배'로 바꾸어 시행하도록 조처했던 것이다.[24]

문종대의 이 조처는 이후 그대로 준수되었다. 대리청정에서 세
자의 위치는 동쪽에서 서향하였고, 신하들은 세자에게 '신'을 칭하
지 않았으며, 세자에게 네 번이 아닌 두 번의 절을 시행하였다. 세
종이 대리청정을 통하여 세자의 지위를 왕에 버금가게 높였다면 이
후의 왕들은 세자의 위치를 군신群臣 중 최상위자에 놓았던 것이다.

대리청정의
효용성

세자의 대리청정은 현 국왕이 질병, 연로 등
의 원인으로 복잡다난한 국사를 감당하기 어
려울 때 왕위 계승자인 세자가 이를 돕고 그 과정에서 국정 수행
능력을 기른다는 명분으로 시행되었다. 일찍이 정치를 경험하지 못

22_ 『세종실록』 권107, 세종 27년
1월 18일; 『세종실록』 권108, 세종
27년 5월 1일; 『세종실록』 권125,
세종 31년 7월 1일.

23_ 한형주, 「조선초기 왕세자의
국가의례 참여와 그 성격」, 『역사
민속학』 30, 2009, 94~95쪽.

24_ 『문종실록』 권2, 문종 즉위년
6월 25일.

한 채 왕위에 오른 군주보다 대리청정의 과정을 통해 정치 실무를 익힌 왕의 즉위 초반 국정 운영 능력이 뛰어날 것이라는 기대는 타당하다. 그렇다면 과연 대리청정을 경험한 군주들은 그러한 기대를 충족시켰을까.

조선시대에 대리청정을 경험한 세자는 광해군의 특수한 사례를 포함하여 모두 일곱 명에 달한다. 이중 사도세자와 효명세자는 왕으로 즉위조차 하지 못하였다. 사도세자는 13년 넘게 대리청정을 수행했으나 결국 부왕인 영조에 의해 죽임을 당하였고, 신민臣民의 기대 속에 이루어진 효명세자의 대리청정은 3년여 만에 그의 죽음으로 종결되었다. 이 둘의 사망은 청정기의 정국 변동 및 정치세력들과의 갈등 속에서 발생했을 가능성이 높다.

왕으로 즉위한 다섯 명 가운데 문종의 재위 기간은 2년 3개월이고, 예종이 1년 2개월, 경종은 4년 2개월이다. 광해군은 비록 13년간 왕 노릇을 했지만 결국 인조반정으로 폐위되었다. 그나마 정조만이 대리청정을 경험했지만 장기간 왕 노릇을 한 유일한 사례다. 그렇지만 대리청정의 기간은 3개월 정도에 불과하여 그의 통치가 대리청정의 효과에 힘입었다고 말하기는 다소 어렵다.

이상의 결과는 세자의 대리청정 경험이 장래 국왕으로서의 직무 수행에 긍정적 역할을 수행했을 것이라는 당초의 예상과 어긋나 당혹감을 준다. 그러면 이러한 결과는 왜 발생했을까. 아마도 청정기의 정치적 상황 및 왕의 세자에 대한 태도 등과 밀접한 관련을 갖는 것으로 추측된다.

대리청정은 선조대의 특수한 사례를 제외하면, 세종, 세조, 숙종, 영조, 순조 등의 시대에 시행되었다. 이중 순조를 제외한 나머지는 흔히 조선조의 걸출한 군주들로 평가된다. 사실 세자의 대리청정이 일반적이지 않은 상황에서 이들 뛰어난 왕들이 안정적으로 후계 구도를 갖추려는 정치적 고민 속에서 대리청정은 이루어졌다.

최초로 대리청정이 시행되었던 세종대 중·후반기에는 왕권을 위협할 만한 정치세력이 존재하지 않았다. 세종은 자기 시대의 안정을 바탕으로 20여 년간 제왕 교육을 받은 세자에게 믿음을 갖고 적극적으로 그를 지원하였다. 세조 역시 비록 공신들의 권력이 강했지만 왕권을 위협받지 않는 상황에서 세자를 적극적으로 지원하였다. 여기에 문종과 예종은 적장자로 정통성에 하자가 없었기 때문에 착실히 정치 실무를 익혀나갔던 것이다. 대리청정의 시행에 어떠한 장애물도 없었던 이들이 왕이 된 지 겨우 2년 안팎에 사망한 것은 역사의 아이러니라 하겠다.

반면에 18~19세기 대리청정기의 정치적 상황은 15세기의 그것과 크게 달라 세자의 국정 운영에서 긍정적이기보다는 부정적인 결과를 낳았다. 정국이 노론 중심으로 이루어지는 상황에서 청정을 경험한 세자들은 대부분 남인, 소론 등과 일정한 연결고리를 찾으면서 노론 중심의 정국을 타파하려는 의지를 보였다. 그런데 부왕인 영조 및 순조는 엉클어진 정국의 전환을 꾀하려는 의도에서 세자를 전면으로 내세웠음에도 불구하고, 그들에 대한 신뢰와 적극적인 지원이 부족했고 철저한 보호를 하지 못하였다. 이런 상황에서 아직 정치적으로 미숙한 세자는 강력한 노론의 정치적 공세를 막아내지 못하면서 결국 치명적인 상처를 입을 수밖에 없었다.

3 시기별로 다른 세자의 대리청정

문종, 부왕 세종의
적극적 지지를 받다

1445년 1월 18일 세종은 진양대군 이유 李瑈(훗날의 세조)를 통하여 다음과 같이 양위의 의사를 내비쳤다.

상이 진양대군 이유로 하여금 신개, 하연, 권제, 김종서에게 교지를 전하기를, "내선內禪의 일은 요·순 이후 천 년간 10여 명의 군주에 불과하다. (중략) 근년에 수재와 한재가 잇따르고, 또 내 오래된 병이 떠나지 않으며, 두 아들을 연이어 여의니, 하늘이 도와주지 않음이 분명하다. 병으로 조회도 받지 못하고, 또 이웃나라 사신들도 만나보지 못하며, 제향의 향축香祝도 몸소 전하지 못하고 있다. 구중궁궐 안에 깊이 있어서 무릇 일을 다 환자宦者를 시켜서 명을 전하니 착오된 것이 많다. 인군人君의 직책이 과연 이래서 되겠는가. 세자로 하여금 왕위에 나가 정사를 다스리게 하고 나는 물러나되, 군국의 중대한 일은 내가 장차 친히 결정하려고 한다. 이것은 역대의 내선과 비교할 것이 못 되니, 경들은 그리 알라" 하였다.[25]

25_『세종실록』권107, 세종 27년 1월 18일.

세종은 자신이 현재 질병으로 국가의 정무를 제대로 처리하지 못하고 있으니 세자에게 양위를 하겠다고 선언하였다. 다만 군국의 중요한 일은 직접 처리하여 세자가 정치적으로 미숙한 것을 돕겠다는 뜻을 보였다. 세종의 이러한 방식은 태종이 그에게 양위했을 때의 상황과 유사하다.

세종의 양위 표명은 당연히 뭇 신하들의 반대에 직면하였다. 세종은 이를 강행하려고 했지만 밤새워 철회를 주장하는 신하들의 반대에 못 이겨 결국 양위 의사를 철회하였다. 양위 소동은 3개월 뒤에 또다시 제기되었는데, 이 역시 실패하였다.[26]

세종의 두 차례 양위 소동이 과연 얼마나 진정성이 있었을까는 판단하기 어렵다. 이때 세종의 나이가 막 오십줄에 접어들었고, 그동안 보여준 군주로서의 탁월한 능력을 감안할 때 웬만한 의지로는 양위의 실현이 가능하지 않았을 것으로 보인다. 그럼에도 불구하고 양위 소동을 일으켰던 것은 세자의 정치력을 강화하려는 의도가 아닐까라는 생각이 든다. 1443년 세자의 대리청정이 결정되었지만 실제로 그의 정치 참여는 지지부진한 상태였다. 이 상황에서 세종의 양위 선언은 비록 그 목적을 달성하지는 못하였지만 대신 세자의 대리청정을 가속화하는 데 결정적인 역할을 했다. 그해 5월 17일에 '세자가 처음으로 서무를 처결했다'〔世子始決庶務〕는 『세종실록』의 기록은 명실상부한 세자의 대리청정을 의미하는 것이었다.

양위 소동 이후 세종의 눈에 띄는 행동은 자신의 거처를 경복궁 밖으로 옮긴 조처였다. 세종은 양위 선언을 하기 전달에 연희궁衍禧宮을 수리하도록 조처하였고, 수리가 끝난 1445년 1월 2일 그곳으로 거처를 옮겼다. 이때부터 시작된 세종의 떠돌이 생활은 사망할 때까지 이어졌고, 특히 1447년(세종 29)까지 2년 남짓한 기간에는 더욱 심하였다.

세종은 1445년 1월 2일 경복궁에서 연희궁으로 갔다가 3월 13일 희우정喜雨亭으로 옮겼고, 4월 12일 다시 연희궁으로 옮겨 10월 7일까지 그곳에서 기거하였다. 그리고 10월 8일 수양대군의 집에 가서

26_『세종실록』 권108, 세종 27년 4월 28일.

제3부 세자의 대리청정

도7 **희우정(망원정)** ⓒ박상준

세종의 형인 효령대군이 1624년
세운 별서別墅의 정자다. 1625년
세종이 이곳에서 잔치를 베풀고
있는데, 마침 큰비가 내려 들녘을
적시니, 이를 기뻐한 왕이 정자의
이름을 희우정이라 지었다 한다.
1484년(성종 15) 성종의 형 월산
대군이 이름을 망원정望遠亭으로
고쳤다. 지금의 망원정은 1988년
원래 위치에서 약간 벗어난 곳에
복원한 것이다. 서울시 마포구 합
정동 457-1번지 소재.

다음 해 1월 26일까지 거처했다가 다시 연희궁으로 행차하였다. 이
같이 임시 거처인 시어소時御所로 옮겨 다니는 방식은 1446년 12월
14일까지 계속되었다. 당시 경복궁 밖 왕이 머물던 시어소로는 연
희궁, 희우정, 수양대군가, 효령대군가, 양녕대군가 등이 사용되었
는데, 23개월이 조금 넘는 기간 동안 세종의 시어소 생활은 무려
690일이나 되었다.[27]

　왕이 정궁을 비우는 일은 정치적 상징성이 크다. 정궁은 왕의
사생활 공간인 동시에 통치권자가 공식 업무를 보는 장소다. 부득
이한 상황이 아니면 군주가 정궁을 비우지 않는 것은 일종의 관례
였다. 세종의 시어소 생활은 악화된 건강을 되찾기 위한 피병避病
목적도 있었다. 그러나 더 중요한 이유는 세자가 정궁을 장악하고
대부분의 국사를 담당하게 함으로써 대리청정을 통한 세자의 정치
장악력을 확실히 구축하고 궁극적으로 양위를 하겠다는 정치적 복

27_ 김순남, 「조선 세종대 말엽의
정치적 추이」, 『사총』 61, 2005, 79
~83쪽.

선이 깔려 있었다.

1448년(세종 30) 7월 세종이 경복궁 안에 내불당을 설치하려고 했을 때 유신들이 거세게 반발하였다. 군신 간의 대치가 지속되는 가운데 세종이 시어소로 거처를 옮기겠다는 의사를 내비치자 의정부와 육조의 관원들은 화들짝 놀라며 왕의 이어를 중단하도록 간청하였다. 당시 사관은 이 사건을 세종이 동궁에게 선위禪位하는 것으로 판단하여 두려워한 까닭이었다고 설명하였다.[28]

세종이 시어소 생활을 하는 동안 세자는 이틀에 한 번씩 문안 인사를 드렸다. 그러다가 1년여쯤 지난 후부터는 세종의 명으로 5일에 한 번씩으로 바꾸었다. 세자의 문안은 단순한 예절의 시행이 아니라 시어소에서 국사를 처리하는 과정이었다. 대부분의 국가 서무를 세자가 대리하였지만 중대한 일이나 논란이 일어 쉽게 결정할 수 없는 일은 세자와 신하들이 시어소에 나가 세종의 재가를 받았다. 이러한 방식은 세종 즉위 초 매일 태종에게 문안을 드리며 상왕에게 국사를 보고하고 재가를 받았던 방식과 상당히 유사하다. 세종은 비록 세자에게 양위를 하지는 못했지만 자신의 즉위 초 왕(태종)-부왕副王(세종) 체제와 유사한 형태의 정치 방식을 세자의 대리청정 과정에서 구현했던 것이다.

세종은 대리청정을 수행하는 세자에게 힘을 실어주기 위해 떠돌이 생활을 감수했을 뿐만 아니라 왕에 버금가는 정치적 권위를 세자에게 주기 위해 노력하였다. 1447년(세종 29) 9월 2일 백관이 세자에게 신하를 칭〔稱臣〕하도록 명을 내린 이래 시사視事(업무를 봄)와 서연에서 세자가 남면하고, 계조당에서 조참을 시행할 때는 백관에게 사배를 하도록 강요하는 등 세자의 권위를 높이는 여러 조처를 취하였다. 칭신과 남면, 사배 등은 왕에게 시행하는 의례라며 신하들이 반대의 목소리를 높였지만, 세종은 이를 무시하고 자신의 의지를 관철시켰다.[29]

1445년(세종 27)부터 1550년(세종 32)까지는 실로 세종의 지원 아

28_ 『세종실록』 권121, 세종 30년 7월 26일.

29_ 『세종실록』 권107, 세종 27년 1월 18일; 『세종실록』 권108, 세종 27년 5월 1일; 『세종실록』 권125, 세종 31년 7월 1일.

래 세자 문종이 통치한 기간이라 해도 틀림이 없을 것이다. 20여 년간 후계자 교육을 받았고, 부왕의 적극적인 지지 아래 이제 30대의 젊은 세자가 시행한 대리청정은 후대에 모범으로 간주될 수 있을 것이다. 그렇지만 세종의 사후 뒤를 이은 문종은 2년여의 짧은 재위 기간을 거쳐 사망함으로써 군주로서의 역량을 제대로 펼치지 못했고, 더욱이 계유정난으로 대표되는 반정으로 독자인 단종이 죽임을 당함으로써 직계손이 끊어지는 비극을 맞게 되었다.

사도세자, 대리청정의 실패 사례

혜경궁 홍씨는 『한중록』에서 남편인 사도세자의 대리청정을 다음과 같이 대단히 부정적으로 평가하였다.

> 기사년(영조 25년, 1749) 대리로 말미암아 만사가 다 탈이 났으므로, 내 마음은 대리를 원수같이 알아서 '대리' 두 글자를 들으면 심담이 떨렸다.

사도세자의 죽음을 언급한 혜경궁 홍씨의 『한중록』 4편은 손자

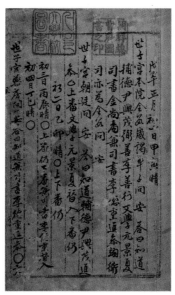

도8 『장헌세자 동궁일기』 표지와 본문 1738~1762년, 30책, 33.8×23.4cm, 서울대학교 규장각한국학연구원 소장.
1738년에 세자로 책봉된 이후 1762년 생을 마감할 때까지의 사도세자의 일상사를 기록한 책이다. 총 30책으로 구성되어 있는데, 세자의 교육을 담당했던 세자시강원에서 편찬하였다.

인 순조가 즉위한 후 쓰였는데, 친정아버지 홍봉한이 이 사건에 관
련되지 않았다고 변명하는 논조가 강하다. 때문에 사도세자의 대리
청정에 대한 위의 평가가 반드시 올바르다고 생각하기는 어렵지만
사도세자의 죽음이 청정과 밀접하게 관련된 것은 분명하다.

1728년(영조 4) 11월 16일 영조의 독자인 효장세자가 사망하였
다. 세자의 죽음은 영조에게 아들을 잃은 슬픔을 주었을 뿐만 아니
라 이후 새로운 세자를 빨리 세우라는 노론 측의 끊임없는 정치공
세에 시달려야 했다. 그러다가 영조의 나이 마흔두 살에 아들이 태
어났으니, 그가 바로 사도세자였다. 기쁨에 겨운 영조는 다음 해
두 살이 된 원자를 세자로 책봉하였다.

세자가 겨우 다섯 살 때부터 서연을 시작한 것은 늦은 나이에
세자를 얻은 영조의 기대가 그만큼 컸기 때문이다. 영조는 세자에
게 엄격하게 강학을 시행하도록 했으며, 경연을 시행할 때도 세자
를 참석시킴으로써 세자 교육에 열성을 보였다.

세자가 열다섯 살이 되던 해인 1749년(영조 25) 1월 22일 한밤중
에 영조는 승정원에 봉서封書를 내려 내선(양위)의 의사를 비치었다.
이때 영조는 자신이 정치에 염증을 느끼고 있고, 나이가 들어 병이

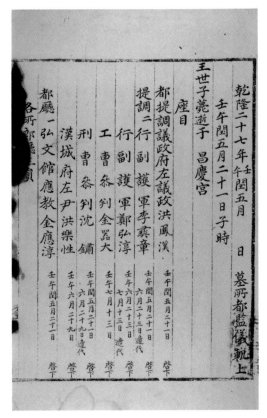

심하며, 세자의 정치적 역량을 생전에 직접 확인해보려고 한다는 등의 이유를 내세웠다. 내선의 표명에 뭇 신하들의 반대가 거세자 이에 맞서던 영조는 마지못한 듯 세자의 대리청정으로 왕명을 바꾸었다. 세자의 대리청정 역시 노론과 소론의 대신들이 모두 반대하였지만 영조는 강경하게 청정을 추진하였다.

대리청정이 시작될 때 영조의 나이는 쉰여섯 살이었지만 세자는 겨우 열다섯 살에 불과하였다. 영조는 처음부터 전위를 할 생각이 없었고, 다만 대리청정을 위해 양위 소동을 일으켰을 뿐이다. 그는 대리청정을 통해 자신의 보호 아래에서 세자에게 정치 실습을 시킨다는 입장이었다. 이것은 세자를 믿고 세자에게 왕에 버금가는 권한을 주려고 했던 세종대와는 기본적으로 다른 성격이다.

도10 『영우원 묘소도감의궤』 1762년, 2책, 44.8×33cm, 서울대학교 규장각한국학연구원 소장.
1762년(영조 38) 사도세자의 무덤인 영우원永祐園의 조성 과정을 기록한 책이다. 2책으로 구성되어 있는데, 원을 조성하는 과정에서 시행한 의식과 과정, 사용 물품 등이 기록되어 있다. 영우원은 원래 양주군의 중랑포 배봉산에 위치했는데, 정조가 즉위한 후 수원의 화산으로 이장을 한 뒤 현륭원顯隆園으로 이름을 바꾸었다.

과연 어린 세자가 붕당朋黨 간의, 특히 노론과 소론 간의 치열한 정치 투쟁을 견디면서 자신의 정치적 입지를 강화할 수 있을지, 아니면 이 과정에서 많은 상처를 입을지는 의문이었다. 당시 세자를 보호하는 입장을 취하였던 소론 측은 후자의 결과가 나올 가능성이 크다고 판단하여 노론보다 더 적극적으로 청정을 반대하였다.

일단 청정이 결정되자 나흘 후 종묘에 고하고 팔도에 왕의 교서를 반포하면서 정식으로 대리청정이 시작되었다. 청정이 시작되면서 세자는 정치일선에 직접 나서게 되었다. 그런데 영조는 세자를 정치일선에 앞세웠지만 뒤에서 소론을 중용하여 노론을 견제하는 정책을 폈다. 당연히 대리의 과정에서 노론이 소론 측에 대한 정치적 공세를 강화하는 모습이 자주 드러나게 되었다. 이 때문에 세자는 어찌할 줄을 몰라 했고, 영조는 세자의 처분이 엄하지 못하다고 심하게 책망하였다. 결국 부자의 갈등이 점차 커질 수밖에 없었다.

1752년(영조 28) 11월 29일 소론의 이종성李宗城이 영의정이 되자 노론계인 사간원 정언 홍준해洪準海가 상소를 올려 그를 극단적으로 탄핵하였다. 당시 세자는 상소문을 홍준해에게 돌려주며 타이르는 조처만을 취했는데, 이 사실을 전해들은 영조는 격노하여 홍준해를 제주도로 귀양 보내는 동시에 세자를 크게 책망하였다. 이때 세자는 궁중을 휩쓴 홍역을 앓고 난 직후임에도 엄동설한에 눈 위에서 대죄待罪를 하였고 그 때문에 몸이 많이 상하였다.

다음 달에는 소의昭儀 문씨 문제로 영조의 선위 파동이 일어났는데, 그 불똥이 세자에게 튀었다. 소의 문씨는 원래 효장세자빈인 현빈궁賢嬪宮 소속의 나인이었는데, 영조가 무척 총애하였다. 이달 소의 문씨가 세자의 생모인 선희궁에게 불손한 태도를 보이자 대비인 인원왕후(숙종의 계비)가 소의 문씨를 불러다 꾸짖고 종아리를 때렸다. 그러자 화가 난 영조가 대비에게 항의하는 뜻으로 선위를 하겠다고 말했는데, 인원왕후가 '그리하라'고 맞받아치면서 사단이 발생하였다. 이때 세자는 또다시 대죄를 하다가 머리가 돌에 부딪

도11 **장조추존옥보** 1899년, 옥, 10.3×10.2×9.9cm, 1.2kg, 국립고궁박물관 소장.
아버지에 의해 비극적으로 사망한 사도세자는 1899년(고종 36) 장종의 묘호로 종묘에 봉안되었고, 그 후 장조로 추존되었다. 사진은 당시 만든 옥보의 모습이다.

혀 망건이 부서지고 피가 나오는 지경에 이르렀다.

1755년(영조 31) 을해옥사乙亥獄事(소론 일파가 노론을 제거할 목적으로 일으킨 역모 사건)가 일어나 소론 측이 대대적인 타격을 받고, 반면에 노론 측이 확실한 기반을 잡게 되었다. 다음 해 영조는 직접 친정 체제를 강화하였고, 이로 인해 세자의 입지가 급격히 약화되었다. 게다가 1757년(영조 33) 2월과 3월에 그나마 세자를 후원하던 영조비 정성왕후 서씨와 대비인 인원왕후 김씨가 잇달아 사망함으로써 세자는 더욱 고립무원의 처지가 되어 조만간 세자가 폐위될 것이라는 소문이 나돌 정도였다. 이해 6월부터는 세자의 문안조차 왕의 주변 사람들에 의해 방해를 받는 지경에 이르렀고, 왕과 세자의 갈등이 심해지자 약원藥院 도제조 김상로金尙魯는 세자를 폐하자고 왕에게 건의할 정도였다.

당시 김상로는 세자를 진찰한 후 세자의 몸 상태를 대단히 부정적으로 보고하였고, 다음 해 8월 명릉으로 능행길에 나섰던 세자가 비를 맞아 몸이 좋지 않자 돌아오는 길에 잠시 경기감영에 들렀는데, 김상로는 이것을 세자가 반기를 들고 군대를 일으킨 것으로 참소하였다. 이에 영조는 세자의 폐위 전교를 승정원에 내렸다가 다음 날 채제공을 비롯한 남인계가 반대하자 이를 철회하였다.

이 무렵부터 세자의 울화증은 크게 악화되었고, 왕과 세자는 화합할 수 없는 단계에 들어섰다. 1760년(영조 36) 7월 왕이 거처를 경희궁으로 옮겨가면서 두 사람의 소통은 더욱 어렵게 되었다. 며칠 후에 습종濕腫 치료를 위해 세자가 온양 온궁으로 행차했는데, 이것이 거병擧兵(군사를 일으킴, 즉 쿠데타를 말함)으로 의심을 받았고, 다음 해 4월 세자가 관서 지역으로 미행을 떠나자 노론은 이 사건을 정치 공세로 밀어붙였다.

1762년(영조 38) 5월 22일 액정별감 나상언의 형 나경언羅景彦이 세자가 불궤를 모의한다는 고변을 하였다. 왕이 친히 국문에 나서자 나경언은 왕손의 어미를 죽이고, 여승을 궁으로 들이고, 평안도에 행차하여 백성들을 동원하고 북한산성으로 유람하는 등 10여 개 조에 이르는 세자의 비행을 적은 글을 올렸다. 결국 ㄱ는 동궁을 무고한 죄로 그날 참형에 처해졌지만 사건의 여파는 바로 세자에게 직격탄을 날렸다. 사건이 발생한 지 20일이 지난 윤5월 13일에 영조는 휘령전徽寧殿 뜰에 세자를 불러 자진自盡을 강요하였고, 마침내 세자를 폐하여 서인으로 삼은 뒤 뒤주에 가두었다. 결국 세자는 뒤주 안에서 굶어 죽었다.

영조대 세자의 대리청정이 실패한 가장 큰 원인은 무엇보다 왕과 세자 사이에 신뢰가 없었다는 점이다. 영조는 약관도 안 된 세자에게 정치를 맡기면서 노회한 정치가 이상의 능력을 요구하였다. 세자가 이에 부응하지 못하자 그를 불신하였고, 이런 부왕의 태도에 세자는 더욱 위축되었으며 점점 마음의 병을 키워갔다. 왕과 세자의 갈등은 당시 붕당 간의 갈등과 연결되어 결국 아버지가 아들을 죽이는 불행한 사건으로 이어졌다. 부왕의 신뢰가 전제되지 않은 대리청정은 세자에게 교육이 아니라 오히려 독으로 작용할 수 있다는 것을 보여주는 전형적인 사례다.

**효명세자, 너무 일찍
세상을 뜨다**

1827년(순조 27) 2월 9일 순조는 시·원
임 대신 및 2품 이상의 관원들에게 비
망기備忘記(왕의 명이나 의견을 적어 승정원에 내린 문서의 일종)를 내려 갑자
기 세자의 대리청정을 명하였다. 순조는 "건강이 정무를 제대로 처
리할 수 없을 정도로 악화되었고, 한편으로 세자에게 치도治道를
익숙하게 하기 위한 것"이라는 명분을 내세웠다. 당시 순조의 나이
가 서른여덟 살에 불과하였고, 3년 후 세자가 죽자 다시 정무를 처
리한 사실에 비추어볼 때 이러한 이유는 납득하기 어렵다.

그런데 대리청정을 하라는 왕명에 대한 신하들의 반응이 흥미롭
다. 이때 영중추부사 김재찬金載瓚은 명백하게 환영의 뜻을 나타냈다.

시·원임 대신과 각신閣臣을 희정당熙政堂에서 불러모았다. 영중추부사
김재찬이 말하기를, "신 등이 모두 합문閤門 밖에 모였는데, 내려진 비
망기를 보고는 기뻐서 발을 구르고 춤추면서 앙달仰達할 바를 형용할
수 없었습니다. 지금 이후로 전하께서 근심이 없는 문왕文王의 기쁨이
있게 되었고, 종국宗國이 만년이나 태산 반석의 편안함을 누리게 되었
으니, 우리 동방의 막대한 경사가 어찌 이보다 더하겠습니까? 이제 전
석前席에 올라 더욱 기쁜 축하의 정성을 금할 수 없습니다"라고 하였
다.[30]

30_ 『순조실록』 권28, 순조 27년 2
월 9일.

김재찬만 이러한 반응을 보인 것이 아니었다. 판중추부사 한용
귀, 남공철, 이상황, 우의정 심상규 등 역시 "기뻐서 춤출 뿐이며",
"찬양하고 경축할 뿐이며", "신 등이 한없이 경축하고, 팔도가 한결
같은 심정으로 한없이 원하던 바"라는 등의 표현을 써가며 적극 환
영하였다. 과거의 사례에서 보았던 청정을 철회하라는 극심한 반대
는커녕 오히려 쌍수를 들어 환영하는 신하들의 태도에 순조는 아마
어이가 없었을 것이고 동시에 비참함을 느꼈으리라.

효명세자의 대리청정이 하루아침에 이루어진 것은 아니었다.

1821년(순조 21) 순조는 열세 살의 세자에게 효희전孝禧殿에서 시행된 초하루의 제사를 주관하게 한 이후 1823년 5월부터 궁중의 공식 행사 및 신하들을 접견하는 자리에 효명세자를 참석시켜 정치 분위기를 익히도록 하였다. 그해 겨울부터는 종묘사직을 비롯한 국가제사의 거의 대부분을 세자에게 주관하게 함으로써 세자의 정치 참여를 공식화하는 작업을 추진해왔다. 이러한 사실에 비추어볼 때 효명세자의 대리청정은 안동 김씨의 외척 벌열의 울타리를 벗어나지 못했던 순조가 세자의 대리청정이라는 비상 조처를 통하여 정국의 변화를 모색하는 가운데 안동 김씨를 견제하고 왕권을 강화하려는 목적에서 단행했을 가능성이 크다.

청정이 결정되자 당일에 1775년(영조 51)에 훗날 정조가 된 세손의 대리청정의 내용을 본뜬 청정의 절목을 의정부에서 올렸다. 이때부터 세 차례에 걸쳐 세자가 반대의 상소문을 올렸지만 결국 18일에 세자청정의 교서가 내려졌고, 중희당에서 세자가 조참을 주관하면서 공식적인 업무가 시작되었다.

공식 업무 둘째 날에 세자는 사간원 대사간직에 홍명주洪命周를 정원용鄭元容으로 바꾸어 임명하였다.[31] 이러한 인사권 행사는 과거 청정 시에 세자에게 부여되었던 권한 밖의 일이었다. 일반적으로 군국의 중대사, 구체적으로 말하면 용인用人, 용형用刑, 용병用兵의 3대 중사, 즉 인사권, 형벌권, 군사권은 왕의 고유 권한으로 세자에게 넘겨주지 않는 것이 대리청정의 일반적인 관례였다. 그런데 『순조실록』의 기록에 따르면 대리청정 기간 동안 특별한 경우를 제외하면 대부분 세자가 대리로 낙점落點(후보자 중 한 명의 이름 위에 붓으로 찍어 임명하는 일)하여 인사권을 행사하였다. 대리 낙점의 횟수는 1827년 85회, 1828년 67회, 1829년 61회, 1830년 20회에 이르렀다.[32]

효명세자는 이러한 인사권을 활용하여 당시 정국을 주도했던 안동 김씨의 세력을 약화시키려고 노력하였다. 대리청정 4개월이 지난 6월까지 심상규, 김교근 등 안동 김씨계 핵심 인물들을 축출하

31_ 『순조실록』 권28, 순조 27년 2월 19일.

32_ 이민아, 「효명세자·헌종대 궁궐 영건의 정치사적 의의」, 『한국사론』 54, 2008, 198쪽.

고, 대신 임존상, 조경진 등 그동안 정치적으로 소외되었던 소론, 남인, 북인 세력을 사헌부, 사간원의 양사 언관직에 배치하여 안동 김씨계의 부정과 비리를 공격하게 만들었다.

한편으로 효명세자는 자신의 주도하에 새로운 신진관료를 육성하였다. 그는 "수재를 뽑아 경술經術을 권장한다"라는 명분 아래 응제應製, 강학, 제술製述 등 다양한 형태의 과거를 통하여 젊은 인재를 뽑아 새로 등용하였다. 그 수는 1827년과 1828년 각각 17회에 이르렀고, 1829년에 12회, 1830년에 7회 등 대리청정 3년 3개월 동안 무려 53회에 이르렀다. 이것은 대리청정 전후 3년간, 즉 1824 ~1827년과 1830~1832년의 6년여 동안 순조가 단 한 차례 과거를 시행한 것과는 극명한 차이를 보인다.[33] 아울러 군사권 강화를 위해 12회에 이를 정도로 빈번한 시사試射를 열어 우수한 인재를 뽑았고, 도총부를 비롯한 군사기구에 자신의 측근을 앉히려고 노력하였다.

효명세자는 자신의 정치적 모델을 할아버지 정조에게서 찾았다. 그는 학문을 숭상하고 백성들을 위한 정치를 표방했던 정조대의 정치 방식을 계승하려고 하였다. 규장각을 중심으로 새로운 인재를 양성하고 서얼을 관료로 등용하는 서얼허통庶孼許通을 강력하게 추진했던 것은 그 실례다. 아울러 정조대에 시행되었던 능행 정치 역시 그에게 큰 영향을 미쳤다. 효명세자는 대리청정 3년여 동안 일곱 번에 걸쳐 선왕들의 능陵과 원園을 참배하였는데, 이 과정에서 백성들의 실생활과 민심을 파악하여 정치의 기반으로 삼았다. 당시 세도가의 억압 속에 고통받던 백성들은 능행길에 상언上言을 하거나 징을 쳐[擊錚] 자신들의 억울함을 호소함으로써 효명세자에 대한 기대감을 표출하였다.

효명세자는 정치 운영뿐만 아니라 일상생활에서도 정조를 흠모하여 그를 닮고자 노력하였다. 정조가 매일의 일과를 업무와 공부, 활쏘기로 나누어 일기에 기록하고 반성한 것을 본받아 이미 대리

33_ 한국역사연구회, 『조선정치사 (1800-1863)(상)』, 청년사, 1990, 96쪽.

34_ 김명숙, 「익종대청정목록의 편찬과 정치사적 의의」, 『동학연구』 19, 2005, 11쪽.

이전부터 자신의 행실을 반성하고, 독서와 저술에 힘쓰고 직무에 충실했는가를 매일 반성하고 점검하였다고 한다.[34]

이상과 같은 효명세자의 노력은 대리청정 시작 2년 뒤인 1829년(순조 29)부터 어느 정도 결실을 맺게 되었다. 김유근, 김교근 등 안동 김씨의 유력자들이 부정비리에 연루되어 정계에서 축출되고, 김조순金祖淳 역시 정계의 핵심에서 물러난 것이다. 이에 반하여 세자의 측근 세력은 비변사를 일정 정도 장악하는 단계에까지 이르게 되었다. 1829년을 전후하여 안동 김문계의 현직 의정들이 세자와 순조의 정치를 강력하게 비판하면서 모두 사직하겠다고 으름장을 놓았던 것은 이러한 상황이 반영된 것이다. 특히 그해 10월 즈음에는 현임 의정들을 배제시키고 세자가 직접 국무를 처리할 만큼 독자적 정치 기반을 마련한 것으로 평가된다. 이러한 기반을 바탕으로 효명세자는 죽기 한 달 전까지 백성들의 폐단을 시정하기 위해 적극적으로 노력하였다.

1830년(순조 30) 윤4월 22일 세자가 피를 토하는 증세를 보이자 약원藥院에서 진찰을 하고 약을 올렸다. 이후 약을 계속 제조하여 올렸는데, 발병한 지 12일 만인 5월 6일에 세자는 창덕궁 희정당에서 죽었다. 그의 나이 스물두 살이었고, 대리청정을 시행한 지 3년 3개월 만의 일이었다. 당시 세자의 죽음에 대해서 많은 사람들이 의문을 제기하였다. 젊은 나이에 건강했던 세자가 발병한 지 열흘 만에 사망한 것은 조제 과정에서 약방제조 홍기섭이 부당하게 약을 추가했기 때문이라는 주장이 나왔던 것이다. 그렇지만 많은 사람들의 강력한 처벌 요구에도 불구하고 홍기섭은 삭직되고 담당 의원이었던 이명운은 절도絶島에 안치하는 정도에 그쳤는데, 이 때문에 의혹이 더욱 커졌다.

스무 살 전후의 똑똑하고 패기 있던 효명세자는 비록 무능했지만 지지를 보내준 아버지 순조의 후원 아래 할아버지 정조를 자신의 모델로 삼아 안동 김씨가와 힘겨운 싸움을 시작했다. 그러나 이미 너무나 강력해져버린 안동 김씨가가 휘두르는 정국 아래에서 그의 힘은 부쳤고, 더욱이 청정한 지 3년 만에 갑자기 사망함으로써 대리청정은 실패로 돌아갔다.

조선의 세자들은 모두 무사히 왕위에 올랐을까. 그렇지 않다. 세자에서 퇴위되거나 불명예
스러운 이름을 안고 죽음을 맞이하는 경우도 많았다. 왕실의 정쟁에서 헤어나지 못하고 역
사의 소용돌이 속으로 사라졌다. 역사가 승자들의 기록이라는 말처럼 보위에 오르지 못한 세자
들은 대부분 문제적 인물로 역사에 기술되어 있다. 심지어 정적들로부터 제왕의 자질에서 개인의 일상
사에 이르기까지 인간적인 부분마저 공박을 받았다. 과연 보위에 오르지 못한 세자들은 자신에 대한 역사적 평가를
어떻게 생각할 것인가?

제 **4** 부

왕이 되지 못한 세자

世子日常

1 정쟁으로 사라진 세자들

죽거나 또는 폐위되거나

조선시대 세자는 왕실의 대를 잇고 왕조의 영속을 위해 보위를 이어가는 존재로 비창 丕鬯(종묘에서 제사 지낼 때 쓰는 그릇의 명칭으로, 대를 이어 종사를 받든다는 뜻)이라고도 불렸다. 1830년 9월 순조가 헌종을 세자로 삼을 때 내린 교명문에는 조선시대 세자에 대한 인식이 잘 나타나 있다. 순조는 보위에 오를 왕자를 정하는 것이 국가의 근본을 튼튼히 하는 것이면서 인심人心을 안정시킨다고 하였다. 또한 세자는 제왕帝王의 마음인 정일精一과 집중執中[1]을 전수받아야 하며, 공손하게 검소한 생활로 다스리는 것이 좋은 정치를 이룩하는 방법이라고 하였다.

순조가 생각한 세자의 지위와 의미만 본다면, 조선 왕조 역대 세자들은 출생부터 죽음에 이르기까지 누구보다 고귀한 신분으로 대접받고 삶을 영위했으리라고 예상하게 된다. 그러나 조선시대 현실 정치에서는 권력의 향방에 따라 왕족의 지위고하에 관계없이 육친까지도 죽음으로 내모는 일이 종종 일어나곤 했다. 세자도 예외가 아니어서 보위를 잃는 것은 물론 비참한 죽음에 이르는 경우까지 있었다.

일반적으로 왕실에서는 정비 소생의 왕자 중에서 장남이 세자가

1_ 정일집중精一執中은 『서경』 서문에 나오는 말로 마음을 한군데로 집중한다는 뜻이다. 영조는 보위에 오르기 전 거처에 현판으로 달아놓기도 하였다. 영조는 정일집중이 "요순堯舜의 심법心法이요 아조我朝(조선 왕조)의 가법家法"이라며, 효장세자의 궁에 걸어놓게 했다.

되고, 다른 왕자는 대군의 호칭을 받았으며, 후궁이 낳은 왕자는 군으로 불렸다. 대군과 군 가운데서도 특출하거나 정치적 결정에 따라 세자의 과정을 밟아 왕의 보위에 오르는 경우가 있었다. 그런데 왕과 세자는 부자 사이로 보위를 주고받는 것 이상의 관계였다. 정치적으로는 정쟁의 상대이면서, 혈연적으로는 후대에 가문을 이어줄 적과 동지의 관계로 얽혀 있었다.

조선은 유교 이념을 국시로 삼아 국초부터 세자 교육에 효제충신孝悌忠信을 중요시한 것이 사실이지만, 정치적인 입장의 차이에 따라 혈연 관계가 적대적 관계로 돌변하는 비극적 상황이 발생하곤 하였다. 태조와 태종, 인조와 소현세자, 영조와 사도세자의 관계가 대표적이다. 혈연도 중요하지만, 왕권을 위협하거나 정치적 갈등 관계로 얽히게 되면 아버지와 아들 사이도 정적이 될 수 있음을 보여주는 사례다.

이와 같은 배경으로 세자가 선왕에게 권력을 공식적으로 이양받는 사왕嗣王(왕위를 잇는 왕이라는 의미로, 새롭게 보위에 오르는 세자를 지칭)이 되기 위해서는 선왕이 임종할 때까지 매사에 신중하게 처신해야 했다. 그렇지 못하거나 선왕이 정해놓은 정치적 구도에서 조금이라도 일탈하는 모습을 보일 경우 세자는 보위에 오르지 못할뿐더러 목숨을 잃는 지경에 이르렀다.

왕 외에도 왕비와 대왕대비, 친인척, 고위 관료 등 왕실을 둘러싼 대부분의 인물들이 세자의 정적이 될 수 있었다. 생모조차도 세자의 목숨을 빼앗는 것을 사도세자의 경우에서 볼 수 있다. 조선 전 시기에 걸쳐 정식으로 세자에 책봉된 인물이 문종과 단종 등 일곱 명에 지나지 않는 것을 보면 정상적인 방법으로 보위에 오르는 것이 얼마나 힘겨운 과정이었는지를 알 수 있다. 이 점은 유교적 의례 절차에 따라 장자인 세자가 왕위를 상속하는 당연한 수순이 왕실에서는 지켜지지 않았음을 반증한다.

오히려 세자로서 생전에 보위에 오르지 못하고 사후에 왕으로 추숭되는 사례는 있었다. 왕에 즉위하지 못하고 후손에 의해 왕위 계승의 정통성을 확보하는 차원에서 신주가 종묘에 안치되고, 묘소가 왕릉으로 조성되는 경우다. 정조의 생부인 사도세자가 장조로 추숭되고, 헌종의 선왕인 효명세자가 익종으로 추존된 것이 대표적인 사례다.

따라서 조선시대 세자 중에는 정상적인 왕실 훈육과 보위 과정을 통해 제위에 오른 왕들도 있었지만, 세자에서 퇴위되거나 불명예스러운 이름을 안고 죽음을 맞이하는 일도 많았다. 이들은 왕실의 정쟁政爭에서 헤어나지 못하고 역사의 소용돌이 속으로 사라진 인물들이다. 보위에 오르지 못한 불운한 세자들은 역사에서 제대로 조명받지 못했다.

역사는 승자의 기록이라는 말이 있듯이 조선 왕조에서 보위에 오르지 못한 세자는 도덕적으로 문제가 있다거나 패륜 행위를 한 정신병자처럼 역사에 기술되어 있다. 심지어 정적들로부터 제왕의 자질에서 개인의 일상사에 이르기까지 인간적인 부분마저 공박을 받았다. 예컨대 사도세자는 많은 역사서나 논문에서 정신병을 앓던 사람으로 애초에 보위에 오르지 못할 재목으로 평가되기도 한다.

죽은 자는 자신의 행적에 대답할 수 없다. 과연 조선 왕조에서 보위에 오르지 못한 세자들은 자신에 대한 역사적 평가를 어떻게 생각할 것인가? 보위에 오르지 못한 세자 중에서 이복형에게 살해당한 이방석李芳碩, 세자 지위를 박탈당하고 동생에게 보위를 물려준 양녕대군 이제, 의문의 죽음을 당한 소현세자 이조李淐, 할아버지 인조에게 버림받은 소현세자의 아들 석철石鐵, 아버지에게 죽임을 당한 사도세자, 보위에 오르지 못한 채 이국 땅에서 떠돌던 영친왕에 이르기까지 그들의 사연과 질곡은 다양하다.

이복형에게
살해당한 방석

1406년(태종 6) 8월, 태종은 1차 왕자의 난에서 살해한 이복동생인 세자 이방석을 추시追諡(죽은 뒤에 시호를 내림)하여 소도군昭悼君으로 삼고, 무안군 이방번李芳蕃을 공순군恭順君으로 삼았다.[2] 그리고 1408년, 정업원淨業院[3]의 주지였던 공민왕의 후궁인 혜화궁주惠和宮主 이씨가 죽자 방석의 처인 심씨로 대신 주지를 삼았다.[4]

태종이 권력을 차지하기 위해 제거한 이복동생들을 예우하기 시작한 것은 왕실 가족의 결속을 위한 목적도 있겠지만, 무엇보다 태종이 지향한 정치적 목표와 관계된 일이었기 때문이다. 태종은 태조의 정비인 신의왕후 한씨의 다섯 번째 아들이었다. 태조는 신의왕후와의 사이에 진안군 이방우, 영안군永安君 이방과, 익안군 이방의, 회안군 이방간, 정안군 이방원, 이방연 등 여섯 명의 아들을 두었다. 그리고 태조는 계비인 신덕왕후 강씨와의 사이에 이방번, 이방석을 낳았다.[5]

태종의 남자 형제는 여덟 명이었다. 그런데 태종이 유교를 숭상하고 불교를 억압하는 정책(억불숭유)을 국시로 삼는 상황에서, 부친인 태조의 의사를 거스르며 육친을 살해하고 권좌에 오른 일은 시

2_ 『태종실록』 권12, 태종 6년 8월 3일.

3_ 정업원은 조선 전기 왕실의 미망인들이 승려가 되어 여생을 보내던 곳으로, 왕실의 안녕과 축원을 기리던 곳이다. 많은 토지와 노비를 소유하여 재정적으로 부유했고, 관원들이 손댈 수 없는 권력을 가지고 있었다.

4_ 『태종실록』 권15, 태종 8년 2월 3일.

5_ 『태조실록』 권4, 태조 2년 9월 18일.

도3 **의안대군 방석의 묘** ⓒ이왕무
경기도 광주군 남한산성 인근의
은고개에 위치한 의안대군 부부의
묘. 전후의 쌍분이며 후면이 의안
대군의 묘이다.

도4 **신덕왕후 강씨의 징릉** ⓒ이왕무
신덕왕후 강씨는 태조의 계비로
무안대군 이방번과 의안대군 이방
석을 낳았다. 서울 성북구 정릉에
있다.

급히 수습하지 않으면 안 될 도덕적이면서 정치적인 문제였다. 조선 왕조는 왕을 시작으로 노비에 이르는 신분제 사회로, 유교의 충효 이념을 일상생활에서 구현하려는 유교 국가였다. 그러므로 국가의 가장 큰 어른인 왕이 가부장적 군주인 구도에서 효의 기본인 차서적次序的 가족애를 다질 필요가 있었다. 국가를 가족과 같은 구도로 밀착시키는 형태인 가족공동체로 만들려고 한 것이다. 공자가 말한 '군군신신'君君臣臣 '부부자자'父父子子의 구도처럼, 조선 사회의 유교적 지향은 왕조의 장기적인 존속을 가능하게 한 사회구조의 씨알이라고 볼 수 있다.

이 점은 조선 후기 왕들이 왕실의 추숭을 통해 왕권의 안정을 꾀하려던 것에서도 찾을 수 있다. 1680년(숙종 6) 숙종이 왕권의 안정을 다지던 시기에 방번과 방석을 신덕왕후에게 부묘祔廟한 뒤 부묘한 인물의 지위에 맞게 대군大君으로 추증한 것을 예로 들 수 있다. 숙종은 방번을 무안대군撫安大君으로, 방석을 의안대군宜安大君으로 추증하고, 제문祭文을 갖추어 제사 지내게 했다.[6] 이때 숙종은 2차 왕자의 난을 주도한 이방간의 자손도 왕실 족보인 『선원록』에 기록하도록 하여 왕실 가족에 포함시켰다.[7]

조선 왕조가 유교의 이념을 국시로 삼았다는 것은 장자 상속을

6_ 『숙종실록』 권9, 숙종 6년 7월 27일.

7_ 『숙종실록』 권10, 숙종 6년 11월 3일.

왕위 계승의 원칙으로 삼는다는 것을 의미한다. 그럼에도 불구하고 태조가 장자가 아닌 후처 소생의 아들을 세자로 삼은 것이 불행의 시작이었는지도 모른다. 태조를 비롯한 조선의 건국 세력이 고려와 달리 유교를 국시로 하는 성리학적 사회구조를 지향했음에도 불구하고 사적인 감정에 치우쳐서 후계 구도를 이어나가려 했던 것이다. 태조가 개국을 위해 헌신한 신의왕후 한씨의 아들보다 신덕왕후의 소생인 방석을 편애하여 세자로 세운 것이 결국 방석을 죽음으로 몰았으며, 조선 왕조가 개국 초부터 장자 상속제라는 국시를 왜곡함과 동시에 왕위 계승을 무력으로 진행시키는 혼란을 초래했다고 볼 수 있다.

더욱이 조선 왕조 최초의 세자였던 방석은 장자는커녕 후처의 나이 어린 서자庶子였다. 원래 태조는 배극렴, 조준, 정도전이 세자를 세울 것을 청했을 때 신덕왕후의 장자인 방번을 세자로 삼고자 했다. 그런데 개국공신들이 방번은 광망狂妄하고 경솔하여 볼품이 없다고 해서 방석을 세자로 세웠다.[8] 더욱이 방번의 처가가 공양왕의 삼촌인 귀의군 왕우王瑀였으므로, 조선 왕실로서도 방번을 세자로 삼는 것은 꺼릴 수밖에 없었다.[9] 실제로 왕우는 개국 초기 왕씨들의 모반 사건에 언급되어 왕실의 사돈이 되기에는 적절하지 못한 인물이었다.[10]

태종의 입장에서도 방번에게는 사감이 있었다. 개국 초 태조는 태종이 건국에 가담한 공로가 여러 왕자들과 비교해도 견줄 만한 이가 없으므로 특별히 집안 대대로 전해온 동북면 가별치加別赤 500여 호를 내려주고, 그 후에 여러 왕자들과 공신으로써 각 도의 절제사로 삼아 시위하는 병마兵馬를 나누어 맡게 하려고 했다. 이때 태종은 전라도를 맡고, 방번은 동북면을 맡게 되었다. 이에 태종이 가별치를 방번에게 양보했는데, 방번은 사양하지 않고 받았으며, 태조도 그것을 알면서도 돌려주기를 요구하지 않았다. 따라서 태종은 방번이 자신을 능멸한다고 볼 수 있었고, 지방으로 보내지는 것도

8_『태조실록』 권1, 태조 1년 8월 20일.

9_『태조실록』 권11, 태조 6년 2월 24일.

10_『태조실록』 권5, 태조 3년 3월 13일.

11_ 『태조실록』 권14, 태조 7년 8월
26일.

권력에서 방출되는 것으로 생각할 수 있었다.[11]

　그런데 태조 이성계가 조선을 건국한 것은 고려 말 시대 변화를 주시하고 역성혁명을 주도한 그의 개인적 역량이 컸지만, 정도전을 비롯한 공신들과 함께 태종 이방원을 중심으로 한 가족들의 지원이 있었기에 가능한 일이었다. 특히 태종은 정몽주를 비롯한 정적들을 제거하는 데 앞장섰던 무장들의 대표 인물로 태조와는 부자관계이면서 동지 같은 사이였다. 따라서 조선 왕실의 첫 세자가 방석이라는 사실은 태종을 위시한 개국 무장 세력에게는 절대로 용납될 수 없는 것이었다. 더욱이 정도전을 비롯한 방석의 추종 세력이 군사력을 장악하려는 시도는 좌시할 수 없는 일이었다.[12]

12_ 『태조실록』 권11, 태조 6년 6월
14일.

　결국 1398년 8월 태종이 일으킨 1차 왕자의 난은 정도전을 비롯한 개국공신은 물론 왕실의 계승자였던 세자 방석을 죽음으로 몰아넣었다. 사실 방석이 세자 자리에 오르면서 왕자의 난은 이미 예고되었던 일이다. 왕자의 난이 일어나게 된 전후의 상황을 보면 태종이 거사를 하게 된 명분과 함께 조선 왕조 최초의 세자였던 방석이 궁궐에서 공개적으로 죽임을 당할 수밖에 없었던 이유를 알 수 있다. 태종을 옹위하던 세력은 태조를 직접 공박할 수 없었기 때문에 "정도전과 남은 등이 권세를 마음대로 부리고자 하여 어린 서자를 꼭 세자로 세우려고 했다"라고 주장하였다. 당시 정도전 세력은 전주의 세족世族이며 병장기를 잘 만들었던 심효생을 포섭하여 그의 딸을 방석의 빈으로 삼고, 방번과 동서인 흥안군 이제李濟가 사당私黨을 모으면서, 왕자들이 소유했던 군사력을 빼앗고자 했다.[13]

13_ 『태조실록』 권14, 태조 7년 8월
26일.

　이에 따라 태조의 왕자들은 자신들의 수족을 빼앗기고 장차 정치적으로도 제거될 것을 두려워하여 태종을 중심으로 뭉쳤던 것이다. 태종은 경복궁으로 군사를 이끌고 가서 남은 등을 참수하고 "정도전과 남은 등이 어린 서자를 세자로 세우려고 나의 동모형제同母兄弟들을 제거하려 해서 내가 약자弱者로서 선수를 쓴 것이다"라고 태조에게 알리게 했다. 그리고 태종은 도당都堂에서 백관들을 거느리고 다음과 같은 상소를 올렸다.

"적자를 세자로 세우면서 장자로 하는 것은 만세萬世의 상도常道인데, 전하께서 장자를 버리고 유자幼子를 세웠으며, 정도전 등이 세자를 감싸고서 여러 왕자들을 해치고자 하여 화禍가 불측한 처지에 있었으나, 다행히 천지와 종사宗社의 신령에 힘입게 되어 난신亂臣이 형벌에 복종하고 참형을 당하였으니, 원컨대 전하께서는 적장자인 영안군을 세자로 삼게 하소서." [14]

14_ 『태조실록』 권14, 태조 7년 8월 26일.

태종이 쿠데타의 가장 큰 명분으로 삼은 왕위 계승에 대한 불만이 적나라하게 나타나고 있다. 당시 태조 옆에는 세자인 방석도 있었다. 태조는 태종이 올린 상소를 보고는 방석에게 "너에게는 편리하게 되었다"라고 하고는 즉시 허락한다는 윤허를 내렸다. 그런데 태조가 시녀의 부축으로 일어나서 압서押署를 마치고 돌아와 누웠는데, 병이 심하여 토하고자 하였으나 토하지 못하면서 "어떤 물건이 목구멍 사이에 있는 듯하면서 내려가지 않는다"라고 하여 태종의 겁박에 마지못해 하는 일임을 심정적으로 드러냈다.

태조가 세자를 교체하라는 교지를 내린 상황에서, 태종은 태조의 마음은 안중에도 없는 듯 갑사 신용봉을 통해 "홍안군과 무안군은 각기 사제私第로 돌아갔는데, 의안군 이하의 왕자는 어찌 나오지 않는가?"라면서 방석을 내보내라고 강요하였다. 태조는 "이미 세자를 바꾸라고 한 것을 윤허했으니, 나가더라도 무엇이 해롭겠는가?"라고 하니 방석이 울면서 하직하였다. 이때 세자빈 현빈賢嬪이 옷자락을 당기면서 통곡하므로, 방석이 옷을 떨치고서 나왔다. 『조선왕조실록』의 기사는 후대에 윤색된 것이지만, 방석의 죽음을 예고하는 듯해 비장감이 감돈다. [15]

15_ 『태조실록』 권14, 태조 7년 8월 26일.

그런데 실록에 따르면, 태종은 처음에 방석을 먼 지방에 안치하기로 의논했는데, 방석이 궁성의 서문을 나가자 이거이, 이백경, 조박 등이 도당에서 의논하여 사람을 시켜 도중에서 죽이게 하였다고 했다. 그런데 과연 이거이 등이 폐세자라고 할지라도 태조의 아들이며 태종의 형제인 방석을 함부로 척살할 수 있겠는가? 태종의 암묵적인 지시 없이는 가능하지 않을 것이다. 그러므로 오늘의 시각에서도 세자 방석은 태종의 지시로 그 일파가 죽였다고 생각할 수밖에 없다.

태종은 방석뿐만 아니라 그의 형인 방번도 죽게 했다. 실록에는 태조가 방석의 죽음을 전해듣고는 방번에게 "세자는 끝났지마는 너는 먼 지방에 안치하는 데 불과할 뿐이다"라며 궁궐을 나가게 했다고 한다. 방번이 태조의 말을 듣고 궁성의 남문을 나가려는데, 태종이 말에서 내려 문안으로 들어와 손을 이끌면서 말하기를, "남은 등이 이미 우리 무리를 제거하게 된다면 너도 마침내 면할 수가 없는 까닭으로 내가 너를 부른 것인데, 너는 어찌 따르지 않았는가? 지금 비록 외방에 나가더라도 얼마 안 되어 반드시 돌아올 것이니, 잘 가거라. 잘 가거라"라고 하였다. 이에 방번이 통진에 안치되어 양화도를 건너 도승관渡丞館에서 유숙하고 있는데, 방간이 이백경 등과 의논하여 방번을 죽이게 하였다고 실록은 기록하고 있다. 과연 태종이 신덕왕후가 낳은 이복동생들을 구할 마음이 있었는지의 여부를 떠나서 조선 왕조 개국의 시조인 태조도 두 아들이 죽음에 이르지는 않을 것이라고 믿은 것이 모두 잘못된 일이었다.[16]

16_ 『태조실록』 권14, 태조 7년 8월 26일.

태조가 방석을 세자로 정한 것에서 시작된 일이 왕실 집안의 형제 살육으로까지 번져서 유교를 국시로 삼았던 이씨 왕조는 치명적인 도덕적 결함을 안게 되었다. 조선 초 세자 방석의 죽음 이후 조선 말기까지 장자 혹은 선왕이 지목한 자가 세자가 되어 정상적으로 보위에 오르는 일이 드물었고, 왕위 계승 문제는 왕실 내 긴장을 조성하는 주요한 요인이 되었다. 대종이 세자를 양녕에서 충녕으로 바꾼 일이나, 세조가 조카 단종을 폐위시키고 왕위에 오르는 일련의 사건들은 이미 예견된 일이라고 할 수 있다.

결국 태조는 방석과 방번이 죽은 뒤 영안군(정종)을 책명策命하여 세자로 삼고 다음과 같이 교지를 내렸다.

"적자를 세우되 장자로 하는 것은 만세의 상도常道이며, 종자宗子는 성城과 같으니 과인의 기대이다. 다만 그대의 아버지인 내가 일찍이 나라를 세우고 난 후에 장자를 버리고 유자幼子를 세워 이에 방석으로써 세자로 삼았으니, 이 일은 다만 내가 사랑에 빠져 의리에 밝지 못한 허물일 뿐만 아니라 정도전, 남은 등도 그 책임을 사피辭避할 수가 없을 것이다. 그때에 만약 초楚나라에서 작은아들을 사랑했던 경계로써 상도에 의거하여 조정에서 간했더라면, 내가 감히 따르지 않을 수 있었겠는가? 정도전 같은 무리는 다만 간하지 않았을 뿐만 아니라, 오히려 세자로 세우지 못할까 두려워하였다. 요전에 정도전, 남은, 심효생, 장지화 등이 몰래 반역을 도모하여 국가의 근본을 흔들었는데, 다행히 천지와 종사의 도움에 힘입어 죄인이 형벌에 복종하여 참형을 당하고 왕실이 다시 편안하게 되었다. 방석은 화의 근본이니 국도國都에 남겨둘 수가 없으므로 동쪽 변방으로 내쫓게 하였다. 내가 이미 전일의 과실을 뉘우치고, 또 백관들의 요청으로 인하여 이에 너를 세워 세자로 삼으니, 그 덕을 밝혀서 너를 낳은 분에게 욕되게 함이 없도록 하고, 그 마음을 다하여 우리의 사직을 진무鎭撫하라."[17]

17_『태조실록』권14, 태조 7년 8월 26일.

태조는 새로운 세자 영안군에게 내린 교지에서 방석을 세자로 정해 왕위 계승에 문제를 일으켰으며, 그런 오류를 범한 것은 정도전 일파의 획책 때문이었다고 결론짓고 있다. 그러나 태조 이성계가 어떤 인물인가? 고려의 변방 동북면에서 일개 무장으로 일어나 수많은 전투를 승리로 이끌고 정적을 제거한 후 왕조를 개창한 인물이다. 세자 책봉을 신하의 획책에 넘어가 쉽게 결정할 제왕이 아니다. 오히려 자신이 개창한 왕조의 안녕을 위해 좀 더 뛰어난 후계자를 세자로 책봉하려고 했던 것이 그의 속내라고 할 수 있다.

태조가 왕조의 안녕을 위해 노력한 것은 태종이 권력을 장악한 시기에도 엿보인다. 태조는 태종이 정권을 장악한 시기인 1399년(정종 1) 무안군 이방번의 옛집으로 이어하려 하였다. 이에 신료들이 태상왕(태조)이 사제私第에 나가 거처하고, 태종이 궁궐 안에 편안히 있는 것은 실로 불편하다면서, 만일 사제로 나가서 거처하면, 사람들이 효도를 다하지 못하여 나가서 거처하게 했다고 할 것이라며 만류하였다. 태조는 그 말에 감동하여 이어하는 것을 실행하지 못하는 제스처를 취한다.[18] 또한 태조는 1400년(정종 2) 정종이 세제世弟인 태종에게 선위하려 하자, "하라고도 할 수 없고, 하지 말라고도 할 수 없다. 이제 이미 선위하였으니 다시 무슨 말을 하겠는가!"라면서 태종의 즉위에 문제를 일으키지 않았다.[19]

조선 왕조의 첫 세자인 방석이 공개적으로 지친에게 살해되었으나 태조는 더 이상 태종의 정권에 방해가 되는 무리수를 두지 않았다. 오히려 태종의 권력 행사에 장애가 되는 일을 삼가는 모습이었다. 그렇지만 장자 상속제를 명분으로 삼았던 태종도 재위 기간에 세자를 교체하는 모순을 범한다. 나아가 조선 말기까지 왕위 계승 문제로 왕실과 조정에 긴장관계 또는 혈투가 일어나면서 개국 초기 왕자의 난과 태종의 권력 탈취는 명분 없는 일로 퇴색하게 된다. 결국 세자 방석이 보위에 오르지 못하고 태종이 권력을 차지한 사건은 후대에 보위를 노리는 세력에게 좋은 사례가 되었다고 할 수 있다.

스스로 자리를 버린 양녕대군

1418년(태종 18) 8월 8일 태종은 세자인 충녕대군에게 대보大寶를 전하고, 10일에는 경복궁 근정전에서 문무백관이 배열한 가운데 세종의 즉위식

도5 정종의 선위 교지문의 실록기사
정종 2년 11월 11일에 작성된 정종의 선위교서의 일부분이다.

18_ 『정종실록』 권1, 정종 1년 1월 19일.

19_ 『정종실록』 권6, 정종 2년 11월 11일.

을 거행하였다. 원래 대보를 받을 사람은 양녕대군인 원자 이제였다. 14년 전인 1404년 태종은 "원자 이제가 적장嫡長의 지위에 있고 남보다 빼어난 자질이 있으니, 중외中外 신료는 충성을 다하여 원량元良의 덕을 함께 도와서 길이 태평한 기틀을 세우도록 하라" 면서 장자 상속에 대한 적법성과 양녕에 대한 기대를 나타냈다.[20] 이후 양녕대군은 17년간이나 세자의 지위에 있었다.

20_ 『태종실록』 권8, 태종 4년 8월 6일.

양녕대군은 세자가 된 지 이틀 후 근정전에서 백관의 진하陳賀를 받았으며, 종묘의 조상들을 배알하여 대내외적으로 세자의 지위를 확인했다. 태종은 세자를 위해 경승부를 설치하고 사윤司尹, 소윤少尹, 판관判官, 승丞, 주부注簿를 각각 1원員씩 두어 세자의 위상에 맞춰 처신하게 했다.[21] 세자의 교육을 위해 사간원에서는 보익輔翊의 도를 강조하였는데, 당시 양녕대군은 학문보다는 유희를 좋아했던 것으로 보인다. 양녕대군이 세자가 된 초기에 사간원에서는 다음과 같은 보고를 올렸다.

21_ 『태종실록』 권8, 태종 4년 8월 6일.

"세자는 국가의 근본입니다. 치란治亂의 기틀이 세자에게 달려 있고, 세자의 어짊은 일찍 가르침과 좌우를 고르는 데 있습니다. (중략) 단정한 선비로서 효제孝悌·박문博聞하고 경술經述이 있는 자를 잘 골라서 보좌하게 하여, 태자와 더불어 거처하고 출입하게 한 까닭에, 태자가 올바른 일을 보고 올바른 말을 듣고 올바른 도리를 행하여, 배우는 것이 지혜와 같이 자라고, 교화가 마음과 더불어 이루어지니, 이것이 삼대三代의 국가가 오래 유지되었던 까닭입니다. 지금 우리 세자께서 타고난 바탕이 명수明粹하고 학문이 날로 성취되오나, 사빈師賓과 시학의 진강進講이 때가 있고, 세자와 더불어 거처하고 출입할 수 없기 때문에, 세자가 한가하게 있을 때면 내수內豎와 더불어 장난하며 학문에 부지런하지 않습니다. (중략) 원컨대 전하께서는 시학을 더 두고, 보덕 이하는 본사本司에 사진仕進하지 말고 내전에 들어와 모시게 하여, 비록 한가할 때라도 항상 좌우에서 모시게 하고, 늘 두 사람이 내침內寢에 숙직하면

도6 **경복궁 근정전** ⓒ박상준
1418년(태종 18) 이곳 근정전 앞 마당에서 세종의 즉위식이 거행되었다. 원래 이 자리는 양녕대군이 서 있어야 했다. 양녕대군 역시 1404년 이곳에서 세자로서 백관의 진하를 받았었다.

서 일에 따라 경계하고, 서로 학문을 갈고 닦게 하며, 시위하는 환관은 순근醇謹한 자로 열 명을 골라서 번을 나누어 입시하게 하고, 간사한 소인의 무리는 모두 내쫓아서 나라의 근본을 바르게 하소서." [22]

22_ 『태종실록』 권9, 태종 5년 6월 29일.

사간원에서 이 같은 보고를 올린 것은 양녕대군이 세자에 오른 지 1년 만의 일이다. 세자의 교육은 체계를 갖추어 시기와 장소에 따라 거행되었겠지만, 학문이란 고금을 막론하고 늘 개인의 마음자세가 중요한 법이다. 양녕대군이 평소 학문에 집중하지 않는 태도는 제왕으로 성장하기에 부적합한 모습으로 오해받기 쉬웠다. 더욱이 양녕대군의 스승인 성석린成石璘이 군왕君王의 학문은 심장적구尋章摘句(글귀를 이해하여 자신의 것으로 승화시키지 않고 흉내만 낸다는 뜻)하는 것에 있지 않고 고금의 치란과 인물의 현부賢否를 알아서 덕성을 함양하는 것이며, 인군人君의 마음은 만화萬化가 나오는 것이니, 한가하고 평안한 시기에도 시서詩書와 문묵文墨으로 유희遊戲를 해야 한다고 강조했을 때, 양녕대군은 그 내납으로 술자리를 베풀었다. 이에 성석린이 젊었을 때에 술 마시는 것을 배우면 늙어서 끊지 못한다며 술 마시는 것을 배우지 말라고 권유하였다.[23]

23_ 『태종실록』 권10, 태종 5년 8월 19일.

제4부 왕이 되지 못한 세자

그럼에도 양녕대군은 스승들의 말에 따라 행동하지 않았다. 태종이 세자에게 글을 외우도록 명했는데 세자가 외우지 못하여 환관이 대신 종아리를 맞거나,[24] 세자가 공부를 게을리 하자 좌우에서 시중드는 자를 때리거나, 태종과 세자가 식사를 하는 데 언어와 거동에 절도가 없어서[25] 서연관에게 세자가 식사하거나 움직이거나 가만 있을 때에도 좌우를 떠나지 말도록 하고 장난을 금하게 하는[26] 등 학문 내용보다 학문에 임하는 자세 또는 생활태도를 지적받는 일이 많았다.

물론 양녕대군이 세자로서 위엄을 보이고 직분을 잘 수행한 일도 있었다. 1407년(태종 7) 양녕대군은 명나라에 정조正朝 하례賀禮를 위한 진표사進表使로 파견되어 조명외교를 전면에서 담당하는 막중한 임무를 수행할 정도로 출중한 모습도 보였다. 조선시대 사행 임무가 그러하듯이 수개월에 걸쳐 중국을 왕복하는 것은 육체적으로나 정신적으로나 쉬운 일이 아니었다. 특히 조선 초기에는 명나라의 과중한 요구와 부당한 질책에 따라 사신이 죽임을 당하거나 형벌을 받는 경우도 있었기 때문이다. 그런 이유에선지 태종이 양녕대군을 전송하면서 "길이 험하고 머니, 마땅히 자애自愛해야 하느니라. 저부儲副라는 것은 책임이 중하다. 오늘의 일은 종사宗社, 생민生民을 위한 계책이다"라고 하며 눈물을 흘리자 양녕대군도 울면서 하직할 정도로 비장한 출발이었다.[27]

이렇듯 정치적으로 민감한 대명외교를 순조롭게 수행한 양녕대군이었지만 세자 수업을 태만히 하고 주색에 빠지는 것은 여전하였다. 심지어 사간원에서 "세자가 늦게 일어나고 일찍 잠자리에 들어 학문에 힘쓰지 않으니, 더욱 권하여 가르치도록 하소서"라고 요청할 정도로 양녕대군의 태만은 조정 신료가 다 알던 일이었다.[28] 그럼에도 양녕대군은 여전히 공부에 관심이 없었다. 세자의 공부 현황을 기록하는 서연일기書筵日記를 보면 진강進講을 빼먹는 날이 많았다.[29] 당연히 학습 진도도 느릴 수밖에 없어서 『대학연의』大學衍義

24_ 『태종실록』 권10, 태종 5년 9월 14일.

25_ 『태종실록』 권10, 태종 5년 10월 21일.

26_ 『태종실록』 권11, 태종 6년 4월 18일.

27_ 『태종실록』 권14, 태종 7년 9월 25일.

28_ 『태종실록』 권17, 태종 9년 윤4월 21일.

29_ 『태종실록』 권23, 태종 12년 5월 19일.

30_ 『태종실록』 권26, 태종 13년 10월 7일.

는 6년 만에야 겨우 마칠 수 있었다.[30]

　공부를 게을리 하면서 양녕대군이 치중했던 것은 무엇인가? 그의 의중이 무엇이었는지는 다양한 추측이 나올 수 있겠지만, 분명한 사실은 방탕한 생활에 빠졌다는 점이다. 명나라 사신을 대접하는 자리에서 만난 기생 봉지련을 찾아가는 것은 물론 궁궐에까지 불러들였다. 태종이 봉지련을 가두기까지 했으나 세자가 근심 걱정하여 음식을 들지 않자 병이 날까 염려해서 오히려 봉지련에게 비

31_ 『태종실록』 권20, 태종 10년 11월 3일.

단을 내리기까지 했다.[31] 태종의 심려에도 양녕대군의 방탕한 생활은 그치지 않았다. 양녕대군은 봉지련 외에도 예빈시의 종 조덕중과 내섬시의 종 허원만, 서방색 진포 등을 동원하여 평양 기생 소앵을 궁궐에 들어오게까지 하였다. 태종은 양녕대군이 절제 없이 여색을 밝히고 사냥 다니면서 기생과 노니는 것을 경계하기 위해 그 주변 사람들을 처단하기도 했다. 예컨대 양녕대군의 측근인 서방색 진포에게 장을 치고 본역本役으로 돌려보내기도 했는데, 진포가 양녕대군의 처소에 몰래 들어와 매일같이 밤만 되면 소앵을 데려올

32_ 『태종실록』 권25, 태종 13년 3월 27일.

지경이었다. 결국 태종은 진포에게 장 100대를 치게 하고 동궁의 북문을 막도록 조치하였다.[32]

　태종의 거듭되는 경고에도 양녕대군의 태도는 쉽게 고쳐지지 않았다. 양녕대군의 방탕한 생활에 대해 태종이 세자빈객 이래李來와 변계량을 경연청經筵廳에서 인견하면서 세자가 사사로이 간악한 소인들을 가까이하며 학문을 함양하지 않는 것을 질책하자 이래 등이 양녕대군에게 그 사실을 전했는데, 양녕대군은 "근일에 내가 아무것도 한 것이 없는데, 주상이 진노한 이유를 모르겠다"는 반응을 보였다. 이때 이래가 양녕대군의 문제점을 다음과 같이 지적하였다.

　　"이것이 바로 저하邸下의 병근病根입니다. 저하의 배 속에 가득 찬 것은 모두 사욕뿐입니다. 저하께서 적장嫡長으로서 바로 동궁에 자리 잡으신 지도 여러 해가 되었으니, 주야로 깊이 생각하여 위로는 전하의

도7 **지덕사** ⓒ박상준
지덕사至德祠는 숙종대 건립한 양
녕대군의 사당이다. 영조 대는 남
관왕묘 앞에 있었다. '지덕'이라
는 말은 공자가 주나라 태왕의 맏
아들 태백이 왕위를 막내동생 계
력에게 물려준 고사를 인용하며,
지극한 덕을 가진 인물이라고 태
백을 칭송한 것을 가지고 양녕대
군도 동일하게 본 것에서 유래한
다. 서울 동작구 상도동 소재.

뜻을 받들고, 아래로는 백성들의 소망을 붙들어야 마땅할 것입니다. 효
도 가운데 큰 것은 이것에 지나지 않는데, 이제 그렇지 못하여 종종 과
실로써 주상에게 견책을 당하여, 그 지위마저 어려울 형편이니, 어찌
동궁의 지위를 반석과 같이 평안하게 여기는 것이 옳겠습니까? 전하의
아들이 저하뿐일 줄 압니까? 용렬하고 어리석은 신이 서유書帷를 모신
지 14년이 되었으나 보도輔導를 잘하지 못하였습니다. 이제 교지를 받
드니 땅속으로 들어가고 싶은 마음뿐입니다. 그래도 잘못을 뉘우치고
스스로 새로워지지 않는다면, 신은 감히 보양하는 임직에 있을 수 없습
니다. 그러나 뜻을 크게 하여 성인이 될 것을 생각하신다면, 바라건대
종묘를 받들고 전하를 섬기는 도리를 생각하여, 여자와 소인을 멀리하
고 올바른 선비를 친근하게 하여서 마음을 씻고 생각을 고치신다면 종
묘와 사직에 매우 다행이겠습니다."[33]

33. 『태종실록』 권29, 태종 15년
1월 28일.

양녕대군도 이래의 지적에 부끄러워하며 사과하였지만, 그의 말
은 양녕대군의 미래를 정확히 예견하고 있다. 태종에게 양녕대군
말고도 다른 아들이 많다는 말은 태종의 마음에 들지 않는 행동을
계속하면 세자를 바꿀 수도 있다는 뜻이었다. 예컨대 양녕대군이

태종 앞에서 사람들의 문무文武를 논하다가, "충녕은 용맹하지 못합니다"라고 하자, 태종이 "비록 용맹하지 못한 듯하나, 큰일에 임하여 대의大疑를 결단하는 데에는 세상에 더불어 견줄 사람이 없다"라고 평가하였다.[34] 태종의 측근인 이숙번도 "충녕이 재산을 모으는 것에 힘쓰지 않으니, 정직한 자라고들 합니다"라고 하였고, 태종이 창덕궁에 임어할 때 대소인大小人이 경복궁을 지나면서 하마下馬하는 자가 적었으나, 충녕은 비가 오나 눈이 오나 항상 말에서 내렸으며, 명나라 사신 황엄黃儼은 "영명英明하기가 뛰어나 부왕父王을 닮았다. 동국東國의 전위傳位는 장차 이 사람에게 돌아갈 것이다"라고까지 했으며, 충녕을 세자로 새로 옹립한다는 표문을 명나라에 보낼 때도 충녕임을 미리 알았다고 할 정도[35]로 충녕에 대한 여론이 좋았다.

그런데 양녕대군은 왕과 신료는 물론 형제에게서도 부정한 행동을 지적받았다. 충녕대군조차도 도의적인 문제로 양녕대군을 지적한 일이 있었다. 태종이 인덕궁仁德宮에서 종친들과 시연侍宴할 때, 연회가 끝나려 하자 양녕대군이 태종의 부마 청평군 이백강이 축첩했던 기생 칠점생을 데리고 돌아오려 하였다. 충녕대군이 "친척 중에 서로 이렇게 하는 것이 어찌 옳겠습니까?"라며 수차례 만류하자 양녕대군이 마음속으로는 분노했으나 애써 그 말을 따랐다. 그 뒤로 양녕대군은 충녕과 도道가 같지 않다고 마음속으로 매우 꺼리게 되었다.[36]

결국 양녕대군은 인륜을 넘어서 여색을 탐한 일로 폐세자라는 파국을 초래하였다. 1418년 6월 의정부, 삼공신, 육조, 삼군도총제부, 각사의 신료들이 상소하여 양녕대군을 세자에서 폐하도록 요청하였다. 이때 태종은 "세자가 간신의 말을 듣고 함부로 여색에 혹란惑亂하여 불의를 지행하였다. 만약 후일에 생살여탈의 권력을 마음대로 한다면 형세를 예측하기가 어려우니, 여러 재상들은 이를 자세히 살펴서 나라에서 바르게 시행하는 것이 마땅하다"라고 하였다. 이에 신료들은 "세자가 허물을 뉘우치지 않을 뿐만 아니라, 도리어 원망하고 노여운 마음을 일으켜 오만하게 상서上書하고, 그 사연이 패만悖慢하고 조금도 신자臣子의 뜻이 없었으니, 신 등이 놀라고 두려워하며 전율戰慄하여 죽음을 무릅쓰고 상서합니다. 전하께서는 태조께서 왕조를 개국한 어려움을 생각하고 종사 만세의 대계를 생각하여 대소신료의 소망대로 대의로써 세자를 폐하여 외방으로 내치시면 공도公道와 종사에 매우 다행하겠습니다"라고 하며 양녕대군을 세자에서 폐함과 동시에 귀양 보내도록 요청하였다.[37]

37_ 『태종실록』 권35, 태종 18년 6월 2일.

태종은 신료들의 상소가 있던 다음 날 바로 양녕대군을 세자의 지위에서 폐하고 충녕대군으로 대신하게 했다. 태종은 "백관들의 소장疏狀을 읽어보니 몸이 송연竦然하였다. 이것은 천명이 이미 떠나가버린 것이므로, 이를 따르겠다"라고 하였다. 그런데 태종은 처음부터 충녕대군을 세자로 두려고 하지 않았다. 양녕대군을 폐세자 하면서 적장자에게 적통을 잇는 법식은 유지하려고 했다. 태종은 양녕대군의 아들에게 보위를 잇게 하여 장자 상속의 명분을 이어가려는 전지를 다음과 같이 내렸다.

"세자의 행동이 지극히 무도하여 종사를 이어받을 수 없다고 대소신료가 청하였기 때문에 폐하였다. 대개 사람이 허물을 고치기는 어려우니, 옛사람으로서 허물을 고친 자는 오로지 태갑太甲뿐이었다. 말세에 해외의 나라에 있어서 내 아들이 어찌 태갑과 같겠는가? 나라의 근본은 정하지 않을 수가 없으니, 만약 정하지 않는다면 인심이 흉흉할 것이다. 옛날에는 유복자를 세워 선왕의 유업을 이어받게 하였고, 또 적실의 장자를 세우는 것은 고금의 변함없는 법식이다. 제(양녕)는 두 아들이 있는데, 장자는 나이가 다섯 살이고 차자는 나이가 세 살이니, 나는 제의 아들로써 대신 시키고자 한다. 장자가 유고有故하면 그 동생을 세워 후사로 삼을 것이니, 왕세손이라 칭할지, 왕태손이라 할지 고제古制를 상고하여 의논해서 아뢰어라."[38]

38_ 『태종실록』 권35, 태종 18년 6월 3일.

태종은 양녕대군을 폐하면서도 당장은 충녕대군에게 법통을 이으려는 내색을 보이지 않았다. 적어도 자신이 왕자의 난에서 주창하였던 적장자 상속의 원칙을 지키려고 한 것이다. 그런데 박은이 "아비를 폐하고 아들을 세우는 것이 고제에 있다면 좋겠습니다만, 없다면 어진 사람을 골라야 합니다"라며 반대 의견을 내자 충녕대군을 세자로 세우는 의논으로 바뀌었다. 태종은 효령대군은 자질이 미약하여 제왕의 자질이 부족하고, 충녕대군은 천성이 총명하고 학문을 좋아하여, 늘 밤새도록 글을 읽었고 명나라 사신의 접대도 신채身彩와 언어 동작이 예절에 부합하였고, 비록 술을 잘 마시지 못하나 사신을 위해 적당히 마시고 그치는 아량이 있다면서 세자로 삼겠다고 하였다. 이런 분위기에 제동을 건 것은 원경왕후 민씨뿐이었다. 원경왕후는 형을 폐하고 아우를 세우는 것은 화란禍亂의 근본이 된다면서 양녕대군의 폐세자를 반대하였다. 따라서 만약 양녕대군이 자신의 과오를 개선하는 모습을 비치거나 개선의 여지를 남기는 태도를 보였다면 대세는 그에게 유리하게 돌아갔을 것이다. 태종이 적장자 우선이라는 원칙을 내세워 정권을 장악한 점에 입각한다면, 세자를 폐하는 일은 명분이 약했기 때문이다. 그럼에도 양녕대군의 태도는 달라지지 않았다.

반면 태종의 의견에 신료들은 적극적으로 찬성하였다. "신 등이 어진 사람을 고르자는 것도 충녕대군을 가리킨 것입니다"라고 할 정도였다. 다만 양녕대군의 유배만은 조정되었다. 태종은 원경왕후가 성녕대군誠寧大君을 잃고 나서 하루도 눈물을 흘리지 않는 날이 없다면서 도성 근처인 광주廣州에 유배시키게 하였다.

태종은 양녕대군을 유배 보내면서 심정을 토로하였다. 태종은 세자를 어진 사람으로 세우는 것은 고금의 대의大義요, 죄가 있으면 마땅히 폐하는 것이 국가의 항구한 법식이라면서 양녕대군이 주색에 빠지고 공부를 등한시한 점과 스무 살이 넘었는데도 소인배와 어울려 불의한 짓을 했고, 허물을 고치지 않고 뉘우치지도 않는 불충한 상황에 관료들조차 종사를 이어받을 자격이 없다고 하므로 폐세자하고 유배시킨다고 공언하였다. 반면 충녕대군은 관료들이 영명공검英明恭儉하고 효우온인孝友溫仁하며, 학문을 좋아하고 게을리하지 않으니, 진실로 세자의 여망輿望에 부합한다고 하므로 세자로 삼는다고 했다. 그리고 "옛사람이 화와 복은 자기가 구하지 않는 것이 없다"고 하면서 폐세자가 된 것은 양녕대군의 선택이며 자신이 사감으로 내린 결론이 아니라고 주장하였다.[39]

39_『태종실록』 권35, 태종 18년 6월 3일.

그렇지만 태종이 세자를 양녕에서 충녕으로 바꾸는 것은 쉬운 일이 아니었다. 태조의 생시에 아버지가 총애하던 이복형제를 면전에서 살해하고 동복형제조차 가차 없이 제거했던 제왕이 아닌가? 태종이 형제들을 죽인 명분은 적장자가 법통을 잇게 해야 한다는 유교적 윤리 때문이었다. 그런 그가 이제 와서 적장자인 양녕대군을 폐하고 충녕대군으로 대신하게 하는 것이 보통의 일은 아니었다. 이때 태종의 심정을 헤아리면 그가 왕조의 영속을 위해 어쩔 수 없이 선택한 일이었음을 짐작하게 된다. 실제로 태종은 양녕대군의 마음을 돌리기 위해 수차례 충고하였으며, 안타까워했다. 폐세자 결정 이후 내린 교서를 보면 양녕대군을 아끼는 태종의 마음을 엿볼 수 있다.

"네가 비록 광패狂悖하지만 새 사람이 되도록 바랐는데, 어찌 뉘우치지 않고 개전하지 않아서 이 지경에 이르리라고 생각하였겠는가? 백관들이 지금 너의 죄를 가지고 폐하기를 청하기 때문에 부득이 이에 따랐으니, 너는 그리 알라. 네가 화를 자초했으니, 나와 너는 부자이지만 군신의 도리가 있다. 나는 백관의 요청을 보고 몸이 상연爽然히 떨렸다. 네가 예전에 나에게 말하기를, '나는 자리를 사양하고 시위侍衛하고 싶습니다'라고 하였는데, 내가 불가하다고 대답하였다. 이제 너의 자리를 사양하는 것은 네가 평소에 바라던 것이다. 효령대군은 바탕이 나약하나, 충녕대군은 고명高明하기 때문에 내가 백관의 청으로 세자를 삼았다. 너는 예전에 나에게 말하기를, '내가 충녕을 사랑하기를, 매우 돈독히 하여 비록 조그마한 물건이라도 더불어 같이 먹고자 생각합니다'라고 하였으니, 이제 충녕으로써 너의 자리를 대신하게 하였으니, 반드시 너를 대접하는 생각이 두터울 것이다. 회안군[이방간]이 병인兵刃을 가지고 나를 해치고자 하였으나, 내가 두텁게 대접하여 평안히 평생을 보존하였는데, 하물며 네가 충녕에게 무슨 죄가 있겠느냐? 일생을 평안히 누릴 것을 알 수 있다. 군신이 모두 너를 먼 지방에 안치하도록 청하였으나, 중궁中宮이 울면서 나에게 청하기를, '이제가 어린아이들을 거느리고 먼 지방으로 간다면 안부를 통하지 못할 것이니, 빌건대 가까운 곳에 두소서'라고 하였고, 나도 목석이 아닌데 어찌 무심하겠는가? 이에 군신에게 청하니, 군신들도 잠정적으로 따랐으므로 너를 광주에 안치하는 것이다. 네가 백관의 소장을 보면 너의 죄를 알고, 또 나의 부득이한 정을 알 것이다. 비자婢子는 13구를 거느리되, 네가 사랑하던 자들을 모두 거느리고 살라. 노자奴子는 적당히 헤아려서 다시 보낼 것이다. 네가 궁궐에서 살던 곳의 잡물雜物을 모조리 다 가지고 가도 방해될 것은 없다. 그러나 옛날에 이러한 사례가 없었으니, 네가 가졌던 탄궁彈弓과 그 나머지 것들은 모두 두고 가라. 네 생활의 자량資糧은 내가 부족함이 없게 하겠다. 비록 후회하더라도 어찌 미칠 수가 있겠는가마는, 지금 부모가 살아 있을 때까지는 좋은 이름으로 들렸으면 좋겠다."

태종은 양녕대군이 스스로 보위를 포기한 점을 지적하였다. 태종이 세자를 교체하는 것은 오로지 양녕대군이 개선하지 않고 스스로 기대를 저버린 결과라고 하였다. 양녕대군이 스스로 자초한 일로 이런 파국을 맞았다는 설명이다. 그러면서도 태종은 아들을 사랑하는 부모의 마음에도 불구하고 조정의 공론과 정치의 향방을 위해 세자에서 폐한다는 이유를 분명하게 밝히고 있다. 더욱이 죄인의 신분으로 유배 가는 상황에서 애첩과 노비, 재화는 그대로 소유하게 하는 관대한 처분을 내리고 있다.

그런데 사태가 이 지경에 이르렀음에도 양녕대군은 광주로 가는 여정에서 태종의 전교를 들으면서 조금도 눈물을 흘리지 않았을 뿐만 아니라, 비탄해하는 모습도 내비치지 않았다. 태종은 "그와 같기 때문에 그와 같이 되었다. 어찌 허물을 뉘우치겠는가?"라면서 양녕대군의 마음을 정확히 읽었다. 물론 양녕대군도 "내가 성질이 본래 거칠고 사나워 보통 때 뵈올 적에 말이 반드시 공손치 못했다. 죄가 심하였으나 죽지 않은 것은 주상의 덕택이니, 어떻게 보답하고 사례하겠는가? 내 성질이 겁약하기 때문에 짐작斟酌을 잘못하여 자주 불효를 범하였으니, 어찌 성상 보기를 기약하겠는가?"라며 자책하기도 하였다.[40]

40_『태종실록』 권35, 태종 18년 6월 6일.

그렇지만 태종은 양녕대군을 사랑하는 품안의 자식으로만 보지는 않았다. 태종은 충녕대군을 세자로 세운 지 2개월 만에 보위를 물려주고 상왕이 되었다. 태종은 외교와 군사권을 제외한 정치권력만을 주는 제한된 왕권을 넘겨주었지만, 이토록 시급하게 왕위를 넘긴 것은 무엇보다 세종의 권력 기반 조성과 특히 양녕대군 때문이라고 볼 수 있다. 충녕대군이 왕위에 오르는 것이 장자 상속이라는 정통성에 어긋나며, 무엇보다 장자인 양녕대군의 존재 자체가 왕권을 위협할 수 있는 상황에서 정치적 부담감을 줄이기 위해 태종이 전면에 나서 왕위를 넘겨주고 상왕으로 물러난 뒤 정치적 후견인이 되었다고 보아야 할 것이다. 실제로 태종의 근심은 기우가 아니었다. 세조가 무력으로 보위를 차지하는 계유정난에 양녕대군이 깊숙이 간여했던 것이다. 그 결과 세종의 후손이 절손된 것을 생각하면 양녕대군이 스스로 보위를 저버린 것이 과연 진심이었을까, 하는 여운이 남는다.

2 부왕으로부터 버림을 받다

**인조, 아들 소현세자를
정적으로 여기다**

인조의 장자인 소현세자는 1627년(인
조 5) 강석기의 딸 강빈과 혼례를 올

렸다. 1637년 병자호란의 강화조약에 따라 심양에 인질로 간 뒤 세
자는 요동과 금주의 전장에서 청나라군을 후원하거나, 조선·청나라
간의 외교를 중개하였다. 1645년, 10여 년 만에 조선으로 돌아왔지
만 34세의 나이에 학질에 걸려서 2개월 만에 죽었다. 소현세자에
대한 조선 왕실의 공식적인 평가는 졸기를 통해 볼 수 있다. 졸기
에서는 소현세자의 공과를 다음과 같이 기술하였다.

세자가 창경궁 환경당歡慶堂(환경전)에서 죽었다. 세자는 자질이 영민
하고 총명하였으나 기국과 도량은 넓지 못했다. 일찍이 정묘호란시 호
남에서 군사를 지휘할 때 대궐에 진상하는 물품을 절감하여 백성들의
고통을 제거하려고 힘썼다. 또 병자호란 때는 부왕을 모시고 남한산성
에 들어갔는데, 청나라 도적들이 세자를 인질로 삼겠다고 협박하자, 삼
사가 극력 반대하였고 상도 차마 허락하지 못하였다. 그런데 세자가 즉
시 자청하기를, "진실로 사직을 편안히 하고 군부君父를 보호할 수만
있다면 신이 어찌 그곳에 가기를 꺼리겠습니까?" 하였다. 그들에게 체

포되어갈 때는 몹시 황급한 때였지만 말과 안색이 조금도 변함없었고, 주위 신하들을 대우하는 것도 은혜와 예의가 모두 지극하였으며, 질병이 있거나 곤액을 당한 사람이 있으면 힘을 다해 구제하였다. 그러나 세자가 심양에 오래 있으면서는 모든 행동을 청나라 사람이 하는 대로만 따라하고 전쟁하고 사냥하는 군마軍馬 사이에 출입하다 보니, 가깝게 지내는 자는 모두가 무부武夫와 노비들이었다. 학문을 강론하는 일은 전혀 폐지하고 오직 화리貨利만을 일삼았으며, 또 토목 공사를 벌이고, 구마狗馬나 애완愛玩하는 것을 가까이했기 때문에 적국敵國으로부터 비난을 받고 크게 인망을 잃었다. 이는 대체로 그때의 궁관宮官 무리 중에 혹 궁관답지 못한 자가 있어 보도補導하는 도리를 잃어서 그렇게 된 것이다. 세자가 10년 동안 타국에 있으면서 온갖 고생을 두루 맛보고 본국에 돌아온 지 겨우 수개월 만에 병이 들었는데, 의관醫官들 또한 함부로 침을 놓고 약을 쓰다가 끝내 죽기에 이르렀으므로 온 나라 사람들이 슬프게 여겼다. 세자의 향년은 서른네 살인데, 3남 3녀를 두었다."[41]

41_ 『인조실록』 권46, 인조 23년 4월 26일.

조선 정부에서 공식적으로 소현세자의 공과를 평가한 졸기는 그의 죽음에 대해 많은 점을 시사해준다. 먼저 부왕에 대한 효성은 지극하나 제왕으로서의 자질이 부족하고 학문에 성실하지 않으며 재물에 대한 집착이 강하다는 평가다. 예컨대 자진해서 청나라에 인질로 간 점, 질병이 있거나 곤액을 당한 사람이 있으면 그때마다 힘을 다하여 구제한 것은 좋게 평가한 반면 모든 행동을 청나라 사람이 하는 대로 따라서 하고 전쟁과 사냥에만 전념하고 학문은 소홀히 한 일, 재화를 축적하고 거처하는 곳을 수리하고 취미생활에 빠진 일 등은 나쁘게 평가하고 있다.

조선 왕조의 국시가 유교 이념이며 역대 제왕들의 기본적인 덕목이 절검과 성리학 공부라는 점을 생각한다면 소현세자의 심양 활동은 제왕으로서 갖추어야 할 것은 제쳐두고 하지 말아야 하는 것

에 열중하는 모습이다. 특히 전쟁에서 승리한 적국의 비위를 맞추
며 그들의 문물제도를 받아들이는 모습은 소현세자를 보위에 오를
세자라기보다는 적의 스파이로 오인할 수 있는 소지가 충분하다.
실제로 고려 때 원나라에 인질로 갔던 세자들이 귀국한 뒤에는 친
원파가 되어 선왕을 핍박하던 사례가 있었으므로 충분히 그런 의심
을 할 수 있는 상황이었다.

이 점은 소현세자의 심양 생활에 대한 평가에서도 나타난다. 즉
세자가 심양에 있을 때 기이한 물건을 모을 뿐, 서연에는 자주 참
석하지 않았으며, 인질로 와 있는 상황에서 별원別院을 두기 위해
토목 공사를 일으키는 등 체통에 어긋나는 일을 했다는 것이다.[42]
물론 이런 지적들은 소현세자 사후에 개인적인 판단과 주관적 기준
에 따라 만들어진 논의다. 실제 소현세자가 기거한 생활을 기록한
『심양일기』를 보면 그런 지적들이 매우 편협하거나 과장된 것이라
고 평가할 수 있다. 그러나 당시 병자호란을 겪은 조선의 왕과 관
료, 지배층이 경직된 사고를 가졌음을 감안하면 소현세자의 행동을
이해할 만한 국량이 조성되었는가는 별개의 문제일 것이다. 아무튼
이런 오해는 그의 죽음을 더욱 미궁에 빠뜨리는 요인이 되었다. 더

42_『연려실기술』제27권, 인조조
고사본말, 저사儲嗣를 정하다.

욱이 병자호란 이후 정치적 위상이 추락한 인조에게 소현세자는 아들이라기보다는 자신을 실각시킬 수 있는 정적으로 인식될 수 있었다.

위의 졸기에서 의관의 잘못된 시술로 죽음에 이르렀다는 점도 의구심을 자아내기에 충분하다. 일반적으로 왕과 왕족이 의관의 시술 도중에 사망하면 그 책임을 지고 처벌을 받는 것이 상례임에도 불구하고 소현세자에게 침을 놓은 의관 이형익李馨益은 처벌은 물론 어떤 죄도 묻지 않아 관료들의 공분을 샀다. 그럼에도 인조는 오히려 의관에 대한 처벌을 논의한 관료들을 의심의 눈초리로 보았다. 인조는 김상헌의 조카인 대사헌 김광현金光炫이 소현세자의 간병을 소홀히 한 이형익의 죄를 힘주어 논박한 것을 의심했다. 왕이나 왕비가 서거하면 담당 의관을 논죄하는 것은 상례였음에도 인조는 오히려 김광현을 의심했는데, 그가 세자빈인 강빈의 오빠 강문명姜文明을 사위로 두었다는 이유 때문이었다.[43]

이형익은 평소 인조의 병 치료에 번침燔鍼을 사용하여 신임을 얻은 자였다. 그는 내의원에서 정식 과정을 거쳐 의술을 습득해서 임명된 의관이 아니라 의술이 용하다는 소문만으로 지방에서 차출된 자였다. 따라서 조정의 관료들은 그를 정통 의관으로 보지 않았고, 그래서 소현세자 시술에 대한 책임을 묻는 것이 수순이라고 지적한 것이다. 그럼에도 인조는 이형익의 침술로 효과를 보아서인지 아니면 그에 대한 신뢰가 커서인지 처벌은커녕 소현세자의 죽음에 애통해하는 모습조차 보이지 않았다. 적어도 보위를 이을 세자의 사인에 대한 객관적인 정황을 얻기 위해서는 이형익을 심문할 필요가 있었음에도 그렇게 하지 않았다.

소현세자의 사인은 일반적으로 학질이라고 평가하고 있다. 장기간의 만주 생활과 전쟁터를 오고 간 것이 체력이 약한 소현세자에게 병의 화근이 될 수 있었다. 그런데 문제는 소현세자의 건강 상태가 그렇게 갑자기 죽음에 이를 정도였는지, 병 치료는 어떻게 어느 정도 진행되었는가라는 병상 일기 같은 것이 없는 점이다. 청나

43_『인조실록』 권46, 인조 23년 6월 1일.

라에서도 소현세자의 죽음에 놀라 사신을 파견하여 조사하려는 움직임을 보였다. 반면 소현세자의 장례 절차는 간소하게 처리되었다.[44] 예컨대 대렴大斂과 소렴小斂에는 궁관과 빈궁당상이 참여하는 것이 관례였음에도 내관과 종친만 참석하게 하여 신료들은 세자의 시신 상태를 볼 수 없었다.[45]

44_ 『인조실록』 권46, 인조 23년, 4월 26일.

45_ 『인조실록』 권46, 인조 23년 4월 27일.

이런 상황에서 인조는 김광현이 강씨들의 말에 동요되어 이형익에게 죄를 줄 것을 청했다고 의심한 것이다. 그런데 이 부분에서 역설적으로 인조가 왜 관례를 무시하면서까지 이형익을 감싸고 돌았는가라는 의심이 증폭된다. 이형익을 아끼는 마음, 그런 단순한 이유보다는 혹 그가 처벌을 받다가 예상 외의 진술이 나올까 염려한 것은 아닌가 하는 의문을 제기해볼 수도 있다. 현재로서는 사실의 단서를 밝히기는 어려우나 소현세자의 죽음 전후에 일어난 일을 고려하면 충분히 개연성이 있는 부분이다.

특히 인조가 무리수를 두면서 소현세자 사후 측근을 압박해 간 것은 의문을 증폭시킨다. 강문명이 무식하고 외람된 자이니, 만일 흉도에게 꼬임을 당하면 작게는 유언비어를 퍼뜨릴 것이고, 크게는 변을 일으킬 것이므로, 예방하는 차원에서 경계해야 한다고 하였다. 하지만 대신들이 전혀 동조하지 않자 강문명에 대한 일은 더 이상 논하지 않았으나, 이후에 일어난 결과를 보면 인조가 세자빈 강빈 형제의 축출을 목전에 두고 있었음을 짐작할 수 있다.[46]

46_ 『인조실록』 권46, 인조 23년 8월 25일.

인조는 특명으로 강문명뿐만 아니라 강씨 형제인 강문성, 강문두, 강문벽 등 네 형제를 무식하고 행동이 분수에 넘친다는 것을 문제 삼아 유배시켰다. 이때 의금부에서 양남을 배소로 정하자, 인조는 제주·진도·흡곡·평해 등의 오지에 정배시켰다.[47] 그 밖에도 인조는 소현세자가 귀국하면서 데려온 명나라 환관과 궁녀를 청나라에 돌려보냈다. 이들은 청나라가 전쟁 포로로 잡은 명나라의 환관 이방소, 장삼외, 유중림, 곡풍등, 보문방 등 다섯 명과 궁녀들이었다. 소현세자는 귀국할 때 황제가 하사한 것이라 하여 모두 데리

47_ 『인조실록』 권46, 인조 23년 8월 26일.

고 와서 그들에게 생활비를 대주고 있었다. 인조는 이들이 더 이상 조선에 있을 필요가 없다고 하며 귀국하는 청나라 사신 편에 돌려 보냈다.[48] 인조가 이들을 청나라로 보낸 것은 소현세자의 죽음에 이어 그 가족을 보호할 수 있는 외부 세력을 차단하기 위한 조치라고도 볼 수 있다.

48_『인조실록』 권46, 인조 23년 7월 22일.

인조의 처분은 소현세자가 죽고 세자를 새로 정할 때 그 속내가 드러난다. 조정 관료들이 의례에 따라 소현세자의 장자를 세손으로 정하기를 청하자 원손은 어리석고 용렬하여 국사를 감당하지 못할 것이라면서, 모든 신하들이 왕의 말을 따르지 않으려면 관직을 내놓고 물러가라고 엄포하였다.[49] 만약 종법대로 소현세자의 장자가 세손이 되어 보위에 오르게 된다면, 생부인 소현세자의 장례 처분과 생모인 강빈 옥사를 그냥 넘어갈 리 없다는 우려 때문이었다. 당시 인조는 강빈의 집안을 멸문으로 만들면서 손자들까지 죽음에 내모는 상황이었다.

49_『성호사설』 권17, 인사문人事門, 효묘구소孝廟求疏.

아들에 이어 며느리, 손자를 모두 버린 임금

조선시대 보위를 이을 세자나 세손 가운데 본인의 의지와 관계없이 부모를 잃은 후 귀양지에서 죄인의 몸으로 병에 걸려 죽은 경우는 소현세자의 아들뿐이다. 소현세자의 세 아들인 12세의 이석철, 8세의 이석린, 4세의 이석견은 모두 강빈의 옥사에 연루되어 제주도에 유배되었으며, 이중 석철과 석린은 풍토병에 걸려 죽었다. 이들의 죽음을 밝히기 위해서는 어머니 강빈의 옥사에서 그 원인을 찾아야 한다. 관례도 치르지 않은 어린 왕자들이 정치적인 사건에 연루되어 죽음을 맞았다고 보기보다는 강빈과 인조의 정치적 갈등으로 인한 결과로 죽었기 때문이다.

1646년(인조 24) 인조는 대신, 육경, 판윤 등을 불러서 며느리인 강빈의 죄를 정치적으로 공론화해 처벌하려고 했다. 강빈이 왕의 수라에 독을 넣어 인조를 죽이려 했다는 사건과 궁궐 내 저주에 대

도9 「소현세자가례도감의궤」 반차도 중 왕비의 가마 부분 서울대학교 규장각한국학연구원 소장.
강빈은 문신 강석기의 딸로 소현세자에게 시집와서 소현세자가 세상을 떠난 뒤 궁에서 폐출되었다가 시아버지 인조에게 죽임을 당했다. 그녀의 아들들 역시 불행을 피할 수 없었다.

한 옥사가 끝내 실상이 밝혀지지 않은 상황에서 채택한 방법이었다. 인조가 거론한 사건들은 소현세자의 사후 직후에 발생하였고, 모두 소현세자궁에 속한 궁녀들의 자복에 의존한 내용이었다. 소현세자궁의 궁녀가 강빈이 왕을 저주하고 죽이려 했다고 고발하자 세자궁 소속 궁녀들과 강빈의 지친을 궁궐 내 감옥에서 고문했다. 결국 원손의 보모를 비롯한 여러 명의 궁녀들이 자백하지 않고 죽었고, 68세의 강빈 모친이 90대의 매를 맞다가 인조를 죽이려 했다는 자백을 하여 강빈의 형제들과 궁인들이 죽임을 당했다.[50] 사실 이

50_ 『추안급국안』 6, 아세아문화사, 1978, 726~733, 767~773쪽.

옥사는 죄인들의 자백만 있고 물증은 전혀 없는 사건이었다. 예컨대 인조는 궁중 사람들에게 강씨와 말하는 자는 죄를 주겠다고 경계하여 강빈 처소에는 인적이 끊긴 상황이었기 때문에 어선御膳에 독을 넣는 것은 불가능한 일이었다. 또한 인조는 수라간에서 올리는 음식물은 모두 음식을 맡은 자가 먼저 맛을 보게 한 뒤에 올리라고 지시한 일이 있었다.[51] 따라서 강빈이 인조를 독살하려고 수라에 독을 넣었다는 주장에 대해 아무런 의문을 제기하지 않는 것이 오히려 이상하다고 하겠다. 사건에 연루된 궁인들은 심한 고문을 받았음에도 자백하지 않고 죽었다. 더욱이 왕을 시해하려 한 중죄였음에도 의금부에서 심문하지 않고 궁궐 내 내옥內獄에서 처리한 것은 법적 절차를 무시한 처사였다.[52] 그럼에도 인조는 독으로 열이 치밀고 가슴이 답답한 병이 생겼다고 하여 이형익에게 처방을 받기도 했다.

51_『인조실록』 권47, 인조 24년, 2월 8일.

52_『인조실록』 권47, 인조 24년 1월 3일.

이런 상황에서 인조는 조정의 공론화를 통해 강빈을 수괴자로 지목하며 죽이려 한 것이다. 인조는 독살 사건을 재차 거론하면서 영의정 김류, 우의정 이경석, 최명길, 김자점金自點, 이경여李敬輿, 김육, 이시백 등 고관들을 빈청에 나오게 한 후, "경들은 모두 대대로 국록을 받은 신하로서 지위가 경상卿相에 있으니, 묵묵히 한마디 말도 없이 무사태평하게 세월만 보내서는 안 될 것 같다"라고 말하며 옥사에 적극적으로 임하도록 유도했다. 그리고 비망기를 내려 강빈의 죄상을 나열해서 처벌을 합리화하고자 했다. 인조가 비망기에 나열한 강빈의 죄상은 세 가지 정도로 요약된다.

첫째, 심양에 있을 때 청나라 사람들과 은밀히 왕위를 바꾸려 했다.
둘째, 왕비가 입는 홍백적의紅錦翟衣를 만들어놓고 내전의 칭호를 외람되이 사용하였다.
셋째, 인조의 거처에 와서 소란을 피우고 문안하는 예를 하지 않았다.

인조는 위의 세 가지 죄상을 언급하며 독살 사건의 배후로 강빈을 지목하여 죽이라고 하였다. 하지만 관료들은 세자빈이자 장차 보위를 이을 원자의 생모인 강빈을 어떻게 옥사로 처리할지 선뜻 결정하기 어려웠다. 오히려 인조의 비망기에 나타난 강빈의 죄상을 변명하기까지 했다. 이시백은 두 번째 죄상에 대해, 적의翟衣의 일은 강빈의 성품이 비단을 탐낸 결과일 뿐인데 그런 일로 역모라고 단정 지을 수는 없다고 했다. 실제로 내전이라고 한 것도 사실은 하인들이 빈전嬪殿이라고 한 것이지 강빈이 스스로 한 것도 아니었다. 김류와 이경석은 강빈이 세자를 잃은 궁중의 한 과부에 지나지 않으므로 은혜로운 마음으로 용서해주기를 청했고, 최명길은 인조에게 부모의 심정으로 사건을 처리하자고 주청하였다.[53]

인조는 대신들이 강빈을 처벌할 수 없다고 반대하자 감정적으로 대응하기 시작했다. 먼저 김류의 정적으로 귀양 중이던 이중형李重馨[54]을 풀어주자, 김류는 물론 이경석 등의 여러 재신들이 두려워하며 궁궐 밖으로 나갔다.[55] 인조는 계속해서 좌우 포도대장을 명초命招하여 도성 내의 순라를 엄중하게 할 것을 명령하고 흉도들이 밤새도록 왕래하지 못하도록 했다. 또한 병조판서 구인후를 궐내에 있게 해서 뜻밖의 사태에 대비하게 했으며, 김자점을 호위청에 입직하라고 명령했다. 이에 궁궐은 물론 도성 안이 크게 놀라고 인심이 불안해졌다. 마치 인조반정 직전과 같이 도성에 계엄을 선포한 상황이었다.

인조가 강빈을 사사하려는 의도가 강해질수록 대신들의 반대도 확산되었다.[56] 대사헌 홍무적洪茂績, 지평 조한영 등은 왕실의 지친이며, 과부인 여인의 목숨을 보존시켜 왕의 성덕을 남기라면서, 다만 강빈의 위호를 삭탈하고 여염으로 폐출할 것을 주장하였다.[57] 삼전도비문을 짓기도 한 이경석은 인조의 엄한 전교가 계속해서 내려오니 사람마다 불안해하는 것이 인조반정이 일어난 광해군 때의 정국과 비슷하다는 우려를 표명하기도 했다. 관료들의 주장에 인조는

53_ 『인조실록』 권47, 인조 24년 2월 3일.

54_ 1645년 12월 이중형은 심류가 고관이면서 재산을 축적하고 병자호란 시 일신의 안위만을 일삼은 패악무도한 자라고 비난하다가 인조의 노여움을 받아 함경도 회령으로 유배를 갔다. 당시 인조는 김류가 봉림대군을 세자로 책립하는 데 찬성하였으므로 그를 총애하였다(『인조실록』 권45, 인조 23년 12월 3일).

55_ 『인조실록』 권47, 인조 24년 2월 4일.

56_ 『승정원일기』, 인조 24년 2월 5일.

57_ 『인조실록』 권47, 인조 24년 2월 6일.

강빈이 재물이 많아 사람들을 꾀어서 당파를 이룬다며 옥당의 반대자들을 체직시키라는 조치를 내렸다.[58] 인조는 강빈을 옹호하는 관료들의 언로를 막는 것은 물론 직위에서도 물러나게 했다. 그리고 관료들이 유교적 명분을 내세워 강빈의 사사를 막으려 하자 강씨는 내 자식이 아니라고까지 했다.[59]

군신 간의 격렬한 논의는 1646년 2월 7일 창경궁 양화당養和堂 인견에서 드러났다. 그런데 양화당 인견에서 그동안 인조 혼자 강빈의 사사를 주장하던 형국에 김자점이 가세한다. 김자점은 부모에게 불순한 자를 조종조에서 이미 벌을 내린 일이 있으므로 인조의 결정이 옳다고 했다. 여기에 힘입어 인조는 강빈의 죄상을 좀 더 소상하게 나열했다. 강빈이 심양에서 돌아왔을 때 부친상에 가려고 하는 것을 허락하지 않자 불손한 기색을 내비쳤으며, 저주 사건으로 여종 몇이 죄를 지어 축출당하자 대전 부근에 와서 큰 소리로 울부짖으면서 성내고 통곡까지 하였고, 그날 저녁부터 문안을 올리지 않았으니 며느리 자격이 없다고 했다. 그리고 강빈이 귀국할 때 비단과 금을 많이 싣고 온 것은 고관들에게 뇌물로 주어 세력화하려고 한 것이라며, 국문할 때에 별로 자복한 사람이 없었고 저주한 내용도 분명히 드러난 자취가 없기는 하지만 이처럼 착하지 않기 때문에 후일 걱정거리가 될 것이므로 기필코 제거해야 한다고 하였다. 인조의 주장에 덧붙여 김자점은 심양에 갔을 때, 세자가 사냥을 나가게 되면 강씨가 반드시 강원講院의 장계를 가져다가 임의로써 넣기도 하고 삭제하기도 했다던데, 어찌 부인으로서 이렇게 바깥일을 간여할 수 있으며, 내전의 칭호를 썼다고 하는 설은 듣지 못하였으나 전殿의 칭호는 들었다고 했다. 그리고 소현세자가 서로西路에서 인심을 잃은 것도 강빈 때문이라며 인조의 의견에 동조하는 말을 했다.[60]

김자점이 인조의 의견에 찬성한 이후 강빈을 적극적으로 옹호하는 세력과 처벌을 주장하는 관료들의 구분이 명확해졌다. 강빈의

58_ 『연려실기술』 권27, 인조조고사본말 강빈옥사.

59_ 『인조실록』 권47, 인조 24년 2월 8일.

60_ 『인조실록』 권47, 인조 24년 2월 7일; 『승정원일기』, 인조 24년 2월 7일.

사사 논의가 한창이던 2월 인조는 김자점을 내의원 도제조로, 민성휘를 제조로 삼고, 특명으로 순천부사 민응형을 대사간으로, 김광현을 순천부사로, 조경을 형조참판으로 삼았다. 이 인사 조치는 인조의 의도를 분명히 드러냈다. 김자점은 다른 신하들과 입장을 달리하고 있으며 부리기 쉬운 점 때문에 승진시켰으며, 민응형은 김류를 배척하다 순천으로 좌천되었으므로 김류를 견제하기 위해서, 김광현은 강빈의 오라비인 강문명의 장인이라는 이유로 좌천시켰고, 조경은 대사간이었을 때 강빈 처소 내인의 국문 논의를 가장 먼저 제기하였으므로 특별히 참판으로 승진시킨 것이다. 김광현은 스스로 순천부사에 갈 것을 자청할 정도로 인조의 처벌을 두려워했다.[61] 강빈이 사사된 뒤 김자점은 열흘 뒤 좌의정에 제수되었으며,[62] 조경은 이조참판으로 발탁된다.[63]

인조는 강빈의 옹호 세력을 누르며 자신의 의도대로 정국을 운영할 관료들을 포진시켰다. 양화당 인견 5일 뒤 승정원에 강빈을 궁에서 폐출하고 사사하라는 뜻을 양사에 알리도록 했다.[64] 이에 관료들의 반대 의견이 줄을 잇자, 인조는 엄한 목소리와 기세로 성종 때 연산군의 생모는 투기한 죄만으로 사사되었음을 예로 들며 당시 신하들은 고집부리며 다투지 않았는데, 강빈의 시역弑逆에 대해 신하들이 죽음을 면해줄 것을 청하는 것은 모순이라고 주장했다. 그럼에도 인조는 조정 신하들이 자신의 말을 믿지 않으니 몹시 부끄럽다고 하며 강빈 사사의 논의가 자신만의 주장으로 이루어지고 있음을 내비치기도 했다.

이때 김자점이 적극적으로 인조의 주장을 옹호하고 나섰다. 김자점은 대신들이 일을 잘 처리하지 못해 오히려 왕에게 누를 끼치고 있다며 강빈의 사사를 주장했다. 그는 법전을 참고하고 고사를 상고해보면 강씨가 죽어 마땅한데도 논의가 이와 같으니 이상하다고 했다. 더욱이 서인의 위세가 막강하여 강빈의 사사를 반대하는 관료가 많다는 인조의 주장을 지지하며 소북과 남인 중에도 인조를

61_ 『인조실록』 권47, 인조 24년 2월 7일; 권48, 인조 25년 7월 17일.

62_ 『인조실록』 권47, 인조 24년 2월 18일.

63_ 『인조실록』 권47, 인조 24년 4월 24일.

64_ 『인조실록』 권47, 인조 24년 2월 12일.

도10 **창경궁 양화당** ⓒ박상준
병자호란 이후 인조가 주로 머물던
이곳에서 인조와 대신들이 강빈의
폐출과 사사 여부를 논의했다.

따르고자 하나 서인의 기세가 두려워 감히 이론을 제기하지 못한다
고 몰아붙이면서 정치 쟁점화시켰다.[65]

65_ 『승정원일기』, 93책, 인조 24
년 3월 13일.

　김자점의 옹호에도 불구하고 강빈 사사의 명령에 관료들의 반대
가 점점 심해지자, 마침내 인조는 큰 소리로 자신의 감정을 숨기지
않고 다음과 같이 드러냈다.

"강빈의 죄악이 가득 차서 후환이 우려되기 때문에 내가 처단하고자
한 것인데 누가 감히 저지하겠는가? 강씨가 큰 소리로 발악하기에 처
음에는 몹시 이상하게 여겼으나 지금 와서 보니 필시 후원하는 당류가
많은 것을 믿고서 그런 것이다. 그런데 경들이 이처럼 여러 날 동안 서
로 논쟁을 벌이니, 만일에 역적의 변란이 갑자기 일어나 국가가 전복되
어 멸망하기라도 한다면 장차 어떻게 할 것인가? 사론과 조정이 이와
같아 임금의 나쁜 점을 드러내어 사방에다 퍼뜨리고 있으므로 일을 예
측할 수 없는데도 돌이켜 생각할 줄 모르고 있으니, 이는 무슨 의도인
가? 비록 불측한 화가 있다 하더라도 반드시 고변하는 자가 없을 것이
며, 비록 시아비의 뺨을 때리는 일이 있다 하더라도 반드시 죄를 다스
리는 자가 없을 것이다."[66]

66_ 『인조실록』 권47, 인조 24년
3월 13일.

이처럼 인조는 불편한 심기를 감추지 않았다. 인조는 마지막으로 더 이상 이 논의를 주장하는 자는 대역으로 단죄하여 나라를 보존하겠다며 고집피우며 다투지 말라고 단언했다. 인조는 관료들의 의견을 왕명으로 묵살하면서 강빈 사사를 반대하는 자의 이름까지 일일이 거론하며 공박했다. 예컨대 "권력이 신하에게로 돌아가니 쥐새끼가 호랑이로 변한다"는 속담까지 들먹이며 엄포를 놓았다. 또한 강빈을 지지하는 사람을 관원으로 추천한 이조의 당상과 낭청을 처벌하라고 했다.[67]

67_ 『인조실록』 권47, 인조 24년 3월 13일.

인조의 강압적인 언사로 관료들은 더 이상 강빈의 사사를 막지 못하고 결국 강빈 옥사가 거론된 지 한 달여 만인 3월 15일 강빈을 궁에서 폐출하여 사가에서 사사시켰다. 또한 세자빈이 될 때 궁에서 내렸던 교명죽책, 인印, 장복章服 등을 거두어 불태워서 대내외에 강빈의 소멸을 상징적으로 나타냈다. 그러나 당시 민심은 강빈 편이었다. 의금부 도사 오이규가 덮개가 있는 검은 가마로 강빈을 데리고 선인문宣仁門을 통해 나가는데, 민심이 수긍하지 않고 강빈의 궁궐 내 정적이며 사건의 고변자 중 하나였던 숙의淑儀 조씨에게 죄를 돌릴 정도였다.[68] 숙의 조씨는 인조의 총애를 받기 위해 강빈이 옥사에 연루되도록 세자궁 궁녀를 모함하여 처벌받게 한 인물이다. 숙의 조씨는 봉림대군이 세자로 책봉되자 숙원에서 숙의가 되었다.

68_ 『인조실록』 권47, 인조 24년 3월 15일.

강빈은 죄인의 몸이었으므로 남편인 소현세자의 곁에 묻히지도 못했다.[69] 그런데 강빈의 죽음이 끝이 아니었다. 그 후에도 소현세자 가족의 불행은 그치지 않았다. 인조의 화살은 강빈뿐만 아니라 손자들에게도 향했다. 인조는 소현세자의 세 아들을 제주에 유배시켰다. 이들이 제주에 유배될 당시 세손 이석철은 열두 살, 이석린은 여덟 살, 이석견은 네 살이었다. 인조는 손자들이 서로 의지해서 살도록 하되, 내관內官과 별장別將 등을 교대로 지정해 보내 외부인들과 접촉하지 못하게 하고, 세 고을에 나누어 정배하였다.[70]

69_ 『인조실록』 권47, 인조 24년 3월 17일.

그런데 당시 민심이나 오늘날의 시각으로 보아도 인조의 처사는

70_ 『인조실록』 권48, 인조 25년 5월 13일.

도11 **소경원** ⓒ이왕무
소현세자의 묘역. 소현세자의 사
인은 일반적으로 학질이라고 평가
하고 있으나 그의 건강 상태가 죽
음에 이를 정도였는지에 대한 의
문이 남아 있다.

이해하기 어렵다. 생모인 강빈의 옥사로 이석철 등이 국법에 연좌
되었다고는 하지만 어린아이들이 무엇을 알겠으며, 게다가 조선시
대 최악의 유배지 중의 하나인 제주도에 두었다가 만약 병에 걸려
죽기라도 한다면 누가 책임질 것인가? 이런 점을 인조가 조금이라
도 감안했다면 손자들을 제주도에 유배 보냈을 리 없다. 그런데도
인조는 조금도 주저하지 않고 어린 손자들을 제주도로 정배한 후
강빈을 옹호한 자들을 처벌하는 데까지 사건을 확대했다.

　인조는 강빈의 사사를 반대하여 진도에 정배되었던 이경여는 삼
수, 정의에 있던 홍무적은 갑산에 안치시키라고 명하였다. 소현세
자의 자식들이 제주에 있었기 때문에 이경여 등이 합심할 것을 우
려하여 북변으로 옮긴 것이다. 당시 관료들의 심사는 실록에도 드
러난다. 실록을 기록한 사관은 인조가 강빈 옥사에 관계된 자들을
미워하고 의심하여 극변의 험악한 곳으로 옮겨 기필코 죽이려는 의
도를 보인 것이라고 평하였다.[71] 그러므로 손자인 이석철 등을 험난
한 제주로 유배 보낸 것이 인조의 마음에 어떠한 우려가 있을 수
있겠는가?

　결국 우려한 대로 이석철은 제주에서 죽었고 그 유골을 소현세

71_ 『인조실록』 권47, 인조 24년
2월 18일; 권49, 인조 26년 윤3월
17일.

72_ 『인조실록』 권49, 인조 26년 9월 18일.

73_ 『인조실록』 권49, 인조 26년 12월 23일.

74_ 『인조실록』 권50, 인조 27년 3월 17일.

75_ 『효종실록』 권1, 효종 즉위년 6월 22일.

76_ 『효종실록』 권2, 효종 즉위년 9월 1일.

77_ 『효종실록』 권4, 효종 1년 7월 4일.

78_ 『효종실록』 권21, 효종 10년 윤3월 4일.

79_ 나경언은 사도세자가 영조를 제거하고 왕위를 차지하기 위해 정변을 꾸미고 있다고 고발했다. 나경언은 미천한 궁속宮屬이면서 경제적으로 몰락한 자였기 때문에 누군가의 사주가 아니면 이런 일을 도모하기 어려웠다. 그 배후로 김한구·홍계희·신만 등이 거론되나 알 수 없다.

80_ 연대기 자료에서는 임오년에 발생한 일이라고 해서 임오화변壬午禍變이라고 한다.

자의 묘 곁에다 장사 지내주었다.[72] 석철이 죽은 지 2개월 후인 11월 26일에 둘째 석린도 병사했다. 인조는 손자들이 차례로 죽자 당황해하며 중관中官을 보내 관구棺柩를 호송해와서 석철과 나란히 장사 지내게 했다. 그리고 수직守直하는 궁인이 간호를 조심하지 않은 것으로 의심하여 배소의 내인이었던 옥진, 애영, 이생 등을 국문하게 했다. 내인 옥진은 공초에서 "두 아이가 죽은 것은 토질 탓이지 보양을 삼가지 않은 탓이 아니라"고 하면서, 여러 번 형신을 받다가 죽었다.[73] 인조는 소현세자의 세 아들 중 둘이 연달아 죽자 셋째인 석견을 육지인 남해로 옮기도록 명했다.[74]

그럼에도 불구하고 소현세자의 두 아이가 연거푸 죽은 것에 대한 처벌과 조치는 효종대에 겨우 이루어진다. 효종은 즉위하자마자 제주도에 유배된 소현세자의 세 아들을 잘 보양하지 않아 죽게 했다며 김광택을 처벌하고, 살아남은 셋째 석견을 남해현으로 옮겨 안치하게 했다.[75] 몇 개월 후 다시 내군內郡으로 옮기자는 의론이 분분한 가운데[76] 결국 도성과 가까운 강화도 교동으로 옮기고 치료하게 했으며 내의를 보내주었다.[77] 그리고 효종이 승하하는 1659년(효종 10)이 되어서야 소현세자의 자녀들은 군과 군주郡主에 봉해져서 명예를 회복한다.[78] 더불어 강빈은 1718년(숙종 44) 복작되어 민회빈愍懷嬪이 되었다.

뒤주 속에서 굶어 죽은 사도세자

1762년(영조 38) 더위가 기승을 부리던 윤5월 22일, 나경언의 고변[79]을 시작으로 왕이 세자를 뒤주에 가두어 아사餓死[80]시키는 전대미문의 사건이 발생하였다. 나경언은 영조와 대면한 태복시 국청에서 사도세자의 허물 10여 개를 나열하며 사도세자가 변란을 일으킬 것이라고 고변하였다. 사도세자는 1735년(영조 11) 창경궁 집복헌集福軒에서 영빈暎嬪 이씨의 소생으로 태어났다. 영조는 1719년 정빈靜嬪 사이에 효장세자(진종)를 낳았으나 1728년 병사하였다. 따라서 사도세자는

도12 **창경궁 집복헌** ⓒ박상준
1735년(영조 11) 사도세자는 영빈
이씨의 소생으로 이곳에서 태어
났다.

영조의 유일한 장자로 아기 때부터 경연에 데리고 오거나 신하에게 세자의 글씨를 보여주고, 함께 눈 구경을 하는 등 자식 사랑이 남달랐다. 또한 역대 삼종(효종, 현종, 숙종)의 맥을 잇는 자손이라며 왕통을 보존할 인물이라고까지 했다. 그러나 영조의 사랑은 자식에 대한 집착으로 이어져 사도세자가 비만해지고 각종 질병을 앓는 원인을 제공하였다.

당시 창덕궁에 있던 사도세자는 장인 홍봉한에게 나경언의 이야기를 듣고 크게 놀라 보련을 타고 왔는데, 이때가 이경(오후 9~11시)이었다. 사도세자는 홍화문에 나아가 엎드려 대죄하였다. 나경언의 국문이 끝난 뒤 세자가 입笠과 포袍 차림으로 들어와 뜰에 엎드렸는데, 영조가 방에서 나오지 않고 책망하면서, 나경언이 지적한 10여 개의 허물을 다음과 같이 말했다.

81_ 1761년 사도세자가 영조의 허락 없이 평양에 행차한 것을 말한다.

"네가 왕손의 어미를 때려 죽이고, 여승을 궁으로 들였으며, 서로西路에 행역行役[81]하고, 북성北城으로 나가 유람했는데, 이것이 어찌 세자로서 행할 일이냐? 사모를 쓴 자들은 모두 나를 속였으니 나경언이 없었더라면 내가 어찌 알았겠는가? 왕손의 어미를 네가 처음에 매우 사랑하여 우물에 빠진 듯한 지경에 이르렀는데, 어찌하여 마침내는 죽였느냐? 그 사람이 아주 강직하였으니, 반드시 네 행실과 일을 간하다가 이로 말미암아서 죽임을 당했을 것이다. 또 장래에 여승의 아들을 반드시 왕손이라고 일컬어 데리고 들어와 문안할 것이다. 이렇게 하고도 나라가 망하지 않겠는가?"[82]

82_ 『영조실록』 권99, 영조 38년 5월 22일.

영조의 말은 모두 나경언의 고변에 따른 것으로 그대로 믿기에는 한계가 있었다. 그러므로 세자가 나경언과 면질面質하기를 청하였는데, 영조는 "대리하는 저군이 어찌 죄인과 면질해야 하겠는가?"라며 거절하였다. 결국 세자는 울면서 "이는 과연 신의 본래 있었던 화증火症입니다"라고 하니, 영조는 "차라리 발광을 하는 것이 어찌 낫지 않겠는가?"라며 세자를 물러가게 했다. 이때 영조는 고변한 나경언을 살려두고자 했지만 신료들이 즉시 죽이라고 간청함에 따라 시간을 두지 않고 죽였다.[83]

83_ 『영조실록』 권99, 영조 38년 5월 22일.

사도세자는 영조의 노여움을 풀기 위해 이때부터 물 한모금 먹지 못하고 아사하는 날까지 시민당 뜰에서 영조의 명을 기다렸다.[84] 영조는 더 이상 세자와의 대면을 피하고 홍화문에 나아가 도성 내 각 전廛의 시민市民을 불러 나경언의 글에 따라 내사內司와 사궁四宮에서 시민들에게 빚이 많은 것을 알았다면서 호조와 선혜청 등에서 갚아주라고 명하였다.[85]

84_ 『영조실록』 권99, 영조 38년 5월 24일.

85_ 『승정원일기』, 영조 38년 5월 24일.

마침 사도세자가 죽임을 당하던 윤5월은 공교롭게도 전국에 가뭄이 심하여 영조가 밤을 새우며 고민하던 시기였다. 이런 상황에서 영조의 심리가 안정되기는 힘들었을 것이다. 이때 며칠 동안 대기하고 있는 세자를 위해 관료들이 영조의 마음을 돌리려 했다. 승

도13 **창경궁 홍화문** ⓒ박상준
아버지 영조에게 나경언이 자신의
허물을 고변한 뒤 사도세자가 이
곳에서 엎드려 대죄하였다.

지 윤동승尹東昇이 예전에 영조가 세자를 대면하던 때를 설명하며
"성상께서 만약 조용히 꾸짖어 가르치시면 어찌 이 지경에 이르겠
습니까?"라고 하였으며, 구윤명具允明은 "요즈음은 소조小朝께서 매
우 뉘우치고 있습니다"라고 대변하였다. 그럼에도 불구하고 영조는
노하며 말하기를, "말도 말라, 말도 말라"면서 가망이 전혀 없다고
포기하는 말을 하였다.[86] 더욱이 영조가 편애하던 사도세자의 누이
인 화평옹주가 1748년(영조 24) 죽은 이후 부자 사이를 중재할 인물
이 부재한 것도 화해를 어렵게 만든 요인이었다. 화평옹주는 영조
가 가장 총애하던 딸로 사도세자가 저승전에 거처할 때 주변 궁인
들의 모함으로 영조와 틈이 생기던 것을 조정해주어 위기를 넘기기
도 했다.

    결국 윤5월 13일 영조는 창덕궁에 나아가 세자를 폐하여 서인으
로 삼고, 뒤주(木櫃)에 가두게 했다. 당시 사도세자는 광증이 있는
것으로 인식되었다. 10여 세 이후에 점차 학문에 태만하게 되었고,
대리청정한 후부터 질병이 생겨 천성을 잃었다고 보았다. 특히 병
이 발작할 때에는 궁비宮婢와 환시宦侍를 죽이고, 죽인 후에는 문득
후회했다는 소문이 있었다. 물론 사도세자의 비행에 관한 내용은

86_ 『영조실록』 권99, 영조 38년
윤5월 1일.

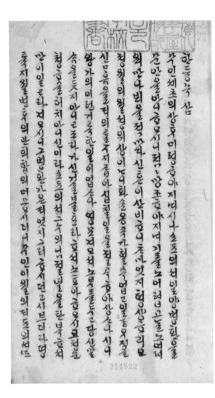

도14 『한중록』 한국학중앙연구원 장
서각 소장.
혜경궁 홍씨가 남편 사도세자의
죽음에 대해 쓴 자서전적 전기.

대부분 확인되지 않은 구설이었다. 특히 세자빈 혜경궁 홍씨의 『한중록』에 근거해서 정설이 된 것이 많은데, 『한중록』은 사도세자가 정신병적 행동을 보이고 광폭하였음을 말하면서도 혜경궁 홍씨의 가문은 감싸고 있기 때문에 의구심을 자아내는 점이 있다. 특히 당시 사도세자의 장인이며 혜경궁 홍씨의 부친인 홍봉한은 나경언이 세자의 죄목을 지적한 상서가 불순하다면서 영조에게 태워버릴 것을 청했다. 또한 영조가 세자를 나경언과 대면시키려 하자 세자와 죄인을 같이 있게 할 수 없다고 주장했다. 결국 홍봉한이 정조 때 사도세자를 죽인 역적으로 몰려 몰락한 것을 생각한다면, 혜경궁 홍씨의 『한중록』은 행간을 살필 필요가 있다.

물론 사도세자가 사건의 빌미를 제공하지 않은 것은 아니다. 영조가 경희궁으로 이어하자 창덕궁에서 환관, 기녀와 함께 절도 없이 유희하면서 부친인 왕에게 하루 세 차례의 문안을 모두 폐하기도 하였다. 또한 평양과 온양 행차에서도 세자의 직분을 넘어서는 과도한 행동을 하여 왕을 넘본다는 각종 유언비어가 떠돌았으므로 영조의 근심거리가 되기도 하였다. 그렇지만 세자가 온천 행차에서 민심을 어루만지고 어질다는 명성을 얻기도 하였으므로 세자를 폐하거나, 더욱이 죽이려는 의사를 보이지는 않았다.

그런데 나경언의 고변이 있은 후로 세자에 대한 영조의 마음이 180도 바뀌었다. 고변 이후 영조는 사도세자를 처리하기로 결심한 듯 계획적으로 일을 진행한다. 먼저 선대왕의 어진을 모신 창덕궁 선원전璿源殿에 전배展拜하고, 세자가 동행하도록 했다. 이때 세자는 병을 핑계로 가지 않았다. 다만 세자가 집영문集英門 밖에서 배웅하는 지영례祗迎禮를 하고서 어가를 따라 휘령전으로 나아갔는데, 세

제4부 왕이 되지 못한 세자

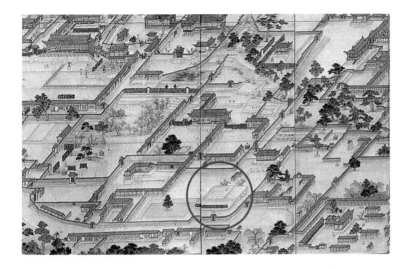

도15 《동궐도》 시민당터 부분 고려
대학교 박물관 소장.
사도세자가 1749년(영조 25) 1월
대리청정을 하였던 곳으로 순조대
에 작성한 《동궐도》에는 빈터로 나
타난다.

자가 뜰 가운데서 사배례를 마치자마자 영조는 갑자기 변란이 발생
할 수 있다면서 어가를 호위하던 협연군挾輦軍에게 전각의 문들을
네다섯 겹으로 굳게 막도록 하였다.[87]

　이윽고 영조는 총관摠管이 시위하도록 하면서 협연군에게 전각
을 두르는 담장의 외부를 향하여 칼을 뽑아들고 경계하게 하였다.
또한 궁성문을 막고 각角을 불어 군사를 모아 호위하게 하면서 지
위 고하를 막론하고 출입을 금했다. 이때 영의정 신만申晩이 혼자
들어왔다. 영조는 세자에게 관을 벗고, 맨발로 머리를 땅에 조아리
게〔扣頭〕하고 자결할 것을 재촉하였다. 세자가 조아린 이마에서 피
가 나오는 가운데, 훗날 정조가 되는 세손이 들어와 관과 포를 벗
고 세자의 뒤에서 용서를 빌었다. 영조는 정조를 안아다가 시강원
으로 보내고 김성응金聖應 부자父子에게 수위守衛하여 다시는 들어오
지 못하도록 명하였다. 영조는 칼을 들고 연달아 세자의 자결을 재
촉하였다. 이에 세자가 자결하려 하자 춘방의 여러 신하들이 말렸
다. 결국 영조는 세자를 폐하여 서인으로 삼는다는 명을 내렸다.
그리고 시위하는 군병을 시켜 춘방의 신하들을 내쫓게 하였는데 한
림 임덕제만이 굳게 엎드려서 떠나지 않았다. 영조가 그를 내쫓는
데, 세자가 임덕제의 옷자락을 붙잡고 곡하면서 "너 역시 나가버리

도16 **사도세자 옥인** 국립고궁박물관
소장.
1762년(영조 38) 사도세자가 죽은
뒤 영조가 사도라는 시호를 내리
면서 만든 옥 인장이다.

88_『영조실록』권99, 영조 38년
윤5월 13일.

면 나는 누구를 의지하란 말이냐?"라고 하면서 다시 땅에 엎드려
애걸하며 영조에게 개과천선할 것을 다짐하였다. 그럼에도 영조는
더욱 엄한 전교를 내리고 세자의 생모인 영빈 이씨가 밀고한 내용
까지 들려주며 세자를 책망하였다. 그 내용이 무엇인지는 알 수 없
으나 당시 도승지 이이장李彛章이 "전하께서 깊은 궁궐에 있는 한
여자의 말만 듣고서 국본(세자)을 흔들려 하십니까?"라고 할 정도로
분위기는 험악해졌다.[88] 그럼에도 영조는 세자를 뒤주에 가둔 뒤 경
희궁으로 환궁하며 반란 진압에 사용하는 개선가를 연주하게 할 정
도로 격한 감정이었다.

결국 1762년(영조 38) 윤5월 21일, 나경언의 고변이 발생한 지
한 달도 채 못 되어 세자가 훙서하였다. 영조는 세자의 죽음을 듣
고 다음과 같이 전교하였다.

"어찌 30년에 가까운 부자간의 은의를 생각하지 않겠는가? 세손의 마
음을 생각하고 대신의 뜻을 헤아려 단지 그 호號를 회복하고, 겸하여
시호를 사도세자라 한다. 복제服制의 개월 수가 비록 있으나 성복成服
은 제하고 오모烏帽, 참포黲袍로 하며 백관은 천담복淺淡服으로 한 달

도17 **장조의 추존어보** 국립고궁박물관 소장.
대한제국기 고종이 선대 왕들을 황제로 추존할 때 주조한 어보다.

에 마치라. 세손은 비록 3년을 마쳐야 하나 진현進見할 때와 장례 후에
는 담복淡服으로 하라."[89]

89_『영조실록』 권99, 영조 38년
윤5월 21일.

세자의 생부인 영조가 가뭄이 극성이었던 윤5월의 무더위 속에
한 사람의 고변만으로 보위를 물려줄 후손을 뒤주 속에서 굶겨 죽
이는 참상을 겪으면서 내린 명령이라고 보기에는 참담하기까지 하
다. 더욱이 나라의 2인자라고 볼 수 있는 세자였음에도 장례를 소
홀하게 치르는 모습은 유교적 상장례를 논하기 이전에 부자관계라
는 인간의 의리조차 무너뜨리는 왕실의 정쟁이 무섭게 느껴지는 부
분이다.

사도세자에 대한 신원은 정조의 즉위와 더불어 이루어진다.
1776년 3월 10일, 정조는 경희궁 숭정문崇政門에서 즉위하자마자
사도세자에게 장헌莊獻이라는 시호를 올리고 창의궁彰義宮에 신주를
옮겨 이안제移安祭를 행하였으며,[90] 매년 5월 13일에서 22일까지는
시사視事를 정지하라고 명하였다. 22일이 사도세자의 제사였기 때
문이다. 정조는 즉위 후 매년 5월이 되면 재실齋室에 거처하면서 사
모하고 그리워하느라 정사를 돌보지 못했는데, 결국 승정원에 명하

90_『정조실록』 권2, 정조 즉위년
8월 17일.

도18 **경모궁터** ⓒ박상준
정조는 생부 사도세자를 위해 사당 경모궁을 지었으나 지금은 흔적을 찾아보기 어렵고 그 자리에는 함춘문만 남아 있다. 서울 종로구 연건동 서울대학병원 안에 있다.

91_ 『정조실록』 권7, 정조 3년 5월 14일.

92_ 『정조실록』 권28, 정조 13년 10월 7일.

도19_ **『경모궁의궤』** 한국학중앙연구원 장서각 소장.
경모궁 건립의 과정을 기록한 의궤.

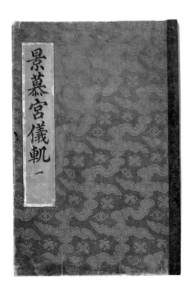

여 시사 정지를 법식으로 삼게 하였던 것이다.[91]

이후 양주 배봉산에 있던 영우원을 화성의 현릉원으로 천장하여 대내외적으로 사도세자의 신원을 회복시키게 된다. 특히 정조는 현릉원 지문誌文에서 사도세자가 세 살부터 효행이 뛰어났고 요순을 잇는 정치를 이상으로 여겼으며, 승마와 궁술에 능하면서 전법을 잘 구사한 문무겸비의 인물이었음을 강조했다. 정조는 "아, 불효한 이 아들이, 천지에 사무치는 원한을 안고 지금껏 멍하고 구차스럽고 모질게 목석마냥 죽지 않고 살았던 것은, 소자에게 중사를 맡겼기 때문이었습니다"라고 하여 생부가 억울하게 죽었음을 공개적으로 언급했다.[92] 또한 화성에 현릉원이 완공되자 원행園幸해서 묘위에 올라 정신을 놓을 정도로 통곡하고 애통해했다. 할아버지의 지시로 죽임을 당했던 생부의 처절함이 트라우마로 남은 사례다. 정조는 영조의 명으로 인해 사도세자의 입관에도 참여하지 못했고 발인에도 같이 가지 못해 사실상 생부의 마지막 모습을 지켜보지 못했다. 또한 정조의 왕실 계보가 사도세자의 형인 효장세자로 바뀌었으므로 부친의 제사를 제대로 모실 수 없는 입장이었다.

정조는 현륭원의 조성 외에 창경궁의 정면에 사도세자의 사당인 경모궁을 세웠다. 정조는 경모궁 행차를 수백 번하여 효심을 드러냄과 동시에 사도세자의 위상을 대외적으로 높였다. 결국 사도세자는 정조년간 추숭사업으로 신원되었으며 이후 고종이 대한제국을 선포하면서 황제(장조)로 추존되어 황실 계보상으로 제왕의 반열에 올라 영조의 종통宗統을 이은 군주로 승격된다.

세자 시절의 학습과 창작은 전 생애에서 수학기 또는 수련기로 볼 수 있다. 대체로 한 작가의 문학이란 삶의 여정을 마무리하는 말년에 가장 완성도가 높기 때문이다. 세자 시절의 작품은 국왕으로 등극한 이후를 포괄하는 작품의 일부이며, 그 문학적 성취에서도 완성도가 떨어진다. 그러나 국왕으로 등극하지 못하고 삶을 마친 세자는 사정이 다르다. 세자 시절의 문학 활동이 곧 그의 문학의 전부이기 때문이다. 세자로 삶을 마친 경우 세자 시절의 문학이 그의 문학적 전모이므로 작가론적 접근이 가능하다.

제 5 부

세자의 삶, 그리고 한시

世子日常

1 사도세자, 일상의 심정을 글로 남기다

세자 문학의 대표 인물,
사도세자와 효명세자

세자는 다음 시대 국왕으로 등극하는 것을 국가적으로 공인받은 존재다. 따라서 세자의 삶을 세자 시절의 삶만으로 한정하여 언급하는 것은 적절하지 못하다. 문학에서 한 작가의 작품을 살필 때 작가의 전 생애를 참고하여 시기를 구분할 수 있지만 특정 시기의 작품에 커다란 의미를 부여하기는 어렵다. 세자 시절의 학습과 창작은 전 생애에서 수학기 또는 수련기로 볼 수 있다. 대체로 한 작가의 문학이란 삶의 여정을 마무리하는 말년에 가장 완성도가 높기 때문이다. 세자 시절의 작품은 왕으로 등극한 이후를 포괄하는 작품의 일부이며, 그 문학적 성취에서도 완성도가 떨어진다.

그러나 왕으로 등극하지 못하고 삶을 마친 세자는 사정이 다르다. 세자 시절의 문학 활동이 곧 그의 문학의 전부이기 때문이다. 세자로 삶을 마친 경우 세자 시절의 문학이 그의 문학적 전모이므로 작가론적 접근이 가능하다.

조선시대 세자의 문학을 살필 수 있는 대표적인 인물은 사도세자와 효명세자다. 세자로 삶을 마친 다른 세자들도 있으나 그 문학을 논의할 만큼 작품을 남긴 경우는 이들이 대표적이다. 특히 이

두 세자는 각기 많은 작품을 수록한 문집을 남기고 있으며, 그 문학적 성취도 상당한 수준을 보인다.

세자는 일반인과 달리 궁원宮園이란 한정된 공간에서 살았다. 이로 인해 세자의 문학적 세계관과 상상력에 있어서 시대의 보편성과 세자의 특수성이 동시에 나타난다. 이 글은 조선 후기 사도세자와 효명세자에 초점을 맞춰 세자로서의 삶의 궤적과 한시의 특징을 살펴보고자 한다. 그중에서도 먼저 사도세자의 작품을 만나보자.

사도세자의 일생

사도세자의 이름은 선愃이고, 자는 윤관允寬, 호는 의재毅齋다. 영조와 영빈 이씨 사이에서 1735년에 태어났다. 그를 양육한 상궁 나인들은 대부분 경종과 경종비인 선의왕후宣懿王后를 모시던 사람들로 영조에 대한 감정이 좋지 않았으며, 영빈 이씨에 대해서도 우호적이지 못했다. 이것은 비록 자녀를 두지 못했지만 경종이 아직 젊은 나이임에도 서둘러 영조를 세제로 책봉하고, 재위 4년 만에 경종이 죽은 것에 대해 괴소문이 난무한 까닭이었다. 따라서 그들은 세자를 양육할 때 학문적 발전이나 인격 도야에는 관심이 적었는데, 이것이 후일 사도세자의 성격 형성에 적지 않은 영향을 끼쳤던 것으로 평가된다.

사도세자는 1743년 관례를 치르고 이듬해 1월 영의정 홍봉한의 둘째 딸을 세자빈으로 맞이하였다. 청소년기에는 차기 왕으로서 익혀야 할 제왕학보다 칼쓰기, 활쏘기, 말타기, 병술, 의술, 여자와 술 등 잡기에 관심이 많았다고 한다.

1749년(영조 25)부터 14년간 대리청정을 하였다. 세자는 1752년부터 부왕과 사이가 나빠지기 시작하여 정치적 이견을 보이는 등 대립적인 위치에 서게 되었다. 세자는 독단적인 성격에다 의義에 집착하는 영조의 눈치를 보거나 두려워하였는데, 이 와중에 화증火症이 생겨 정상적인 생활이 어려운 지경에까지 이르렀다.

도1 **장조 왕세자 책봉 죽책** 1736년 (영조 12), 1점, 24.8×92.7cm, 국립고궁박물관 소장.
1736년 3월에 영조가 사도세자를 세자로 책봉하면서 내려준 죽책. 조종의 법도를 잘 계승하고 부모의 기대를 저버리지 말 것을 훈계하는 내용이다.

신령스러운 검이 오랫동안 잠겨 있어

    그 광채 사그라졌으나

대붕이 비로소 일어나면 그 날개 펄럭이리라

장부의 뜻을 얻음이 모두 이와 같으니

하필이면 임천에서 세월만 연장하랴

靈劍久湮光鑠鑠

大鵬初起翼翩翩

丈夫得志皆如此

何必林泉歲月延

신령스러운 검이 오랫동안 묻혔다가

    그 광채 남두성에 뻗치고

대붕이 한번 일어나니 그 날개 펄럭펄럭

장부의 뜻을 얻음이 모두 이와 같은데

어찌 반드시 임천에 매여 더디기만 할 것인가

靈劍久埋光射斗

大鵬一起翼翩翩

丈夫得志皆如此

何必林泉滯遷延

앞의 시는 사도세자의 문집인 『능허관만고』凌虛關漫稿 권1에 「어떤 이에게 주다」(贈人)라는 제목으로 실려 있는 것이고, 뒤의 시는 장서각에 남아 있는 작자 미상의 한시다. 부분적인 표현에서 차이가 있지만 모두 사도세자가 지은 작품임을 알 수 있다. 『능허관만고』에 실린 4수는 모두 낱장의 원고로 남아 있는데, 특히 네 번째 수에는 "무인년(1758년) 2월 보름에 황석기에게 준다"[1]라는 글이 있어 이 시를 짓게 된 내력을 알 수 있다. 낱장의 원고는 즉석에서 써준 것이며, 후일 정리하여 문집에 실린 듯하다. 이 무렵 사도세자는 기침으로 밤에 잠을 못 이루고 발이 붓는 증세로 고생하였다.

1_ 戊寅仲春望 賜黃錫耉

제5부 세자의 삶, 그리고 한시

황석기의 행적은 자세히 알려진 것이 없다. 정조는 아버지 사도세자의 예필 시고를 바친 황석기를 동지중추부사에 가자加資하고 경복장景福將에 임명하였다.

영검靈劍과 대붕大鵬의 고사는 의미심장하다. 진晉나라 장화張華가 하늘에 뻗치는 광채를 보고 땅에 묻혀 있던 용천龍泉과 태아太阿라는 두 보검을 얻었다는 영검의 고사는 아직 지존의 자리에 오르지 못한 현실을 암시하는 부분이다. 대붕은 언젠가 비상하여 큰 날개를 펼칠 미래의 모습이다.

1759년 사도세자는 질환이 악화되어 비행이 극에 달하고 이 때문에 영조와의 관계도 최악으로 치달았다. 이런 와중에 사도세자의 죽음과 관련되는 중대한 사건이 일어났다. 1761년 4월 몰래 평양을 다녀온 일이 9월 뒤늦게 발각되어 크게 문책을 당한 것이다. 이 때 사도세자가 평양에서 친필로 쓴 글과 영지令旨가 남아 있다.

오늘의 만남은	今日相逢
그 일이 우연이 아니네	事非偶然
16자의 필적으로	二八筆跡
그대의 금권에 짓노라	作汝金卷

4언으로 이루어진 이 시에는 "신사년(1761년) 4월 8일에 기성에 사는 유학 이대심李大心에게 내리니 곧 선조의 후예이며 화의군의 후손이다"[2]라는 후지後識가 역시 친필로 쓰여 있다. 이에 대해 이대심은 다음의 글을 올렸다.

오늘 요행히 우러르니	今日幸瞻
학가정에 임하셨습니다	鶴駕之臨
아울러 보배로운 글씨를 받드니	兼奉寶墨
황공하고 감격스러움이 비길 바 없습니다	惶感無地

2_ 辛巳四月初八日 賜箕城居幼學 李大心 則穆廟後裔也 花義君之孫也

이에 대해 사도세자는 다음과 같은 후지를 붙였다.

"이것은 곧 평양에 사는 이대심의 글이다. 내가 근일에 약간의 여가가 있어 평양의 번화함을 보고 초려超灑한 웅심雄心을 펴고자 하였다. 잠시 ■장을 멈추고 옛 태평성대를 모방하다가 요행히 이 선비를 만나니 다름이 아니라 곧 선조의 후예이며 화의군의 11대손이다. 타향에서 종친을 만났으니 진실로 우연이 아니다. 특별히 16자를 써서 오늘의 행색을 드러낸다. 이 글은 이생의 회답이다. 오른쪽과 같이 써서 후일의 만남을 대비한다."[3]

이대심은 선조의 후예이며 화의군의 11대손으로, 평양 반포 6리에 살고 있었다. 자세한 행적이나 당시 정황은 알 수 없지만, 사도세자가 평양을 유람할 때 도움을 주었고, 이에 사도세자는 고마움의 뜻으로 글을 내렸던 것으로 보인다. 말미에 밝힌 것처럼 후일 다시 만날 것을 기약하면서 준 것인데, 곧 자신이 지존의 자리에 오르면 그 고마움을 잊지 않겠다는 정표로 주었을 것이다.

아래의 시 역시 당시 행차에서 써준 것이다.

옛적 한신은 비루한 아낙에게 보답하였으니	昔日淮陰報野娘
지금까지 이 덕행을 어찌 잊겠는가	到今此德豈相忘
그 후손 일족에게 은미한 뜻을 표하니	雲孫一幅表微意
만년토록 자손에 전하여 영원히 태평하기를	傳子萬年永泰康

이 시는 『능허관만고』에 「장난 삼아 파평 주인에게 주다」(戲贈坡平主人)이란 제목으로도 수록되었는데, 여기에서는 장서각에 소장된 낱장의 시고를 인용한다. 문집에는 제목 외에 별다른 정보가 없지만 낱장 시고에는 1761년 4월 3일에 주인인 김성집金聖集에게 준다는 후지가 있다. 평양으로 가는 도중에 파평, 곧 장단 오목리에서

3_ 此則平壤居李生大心之書也 余近日少暇 欲觀箕城之繁華 兼伸超灑之雄心 暫屈 ■伏 倣古康衢 幸逢此生 非他則穆廟之後裔 花義君之十一代孫 他鄉遇親戚 寔非偶然 特書十六字 聊表今日之行色 此生之廻答也 書于右以備後日之見焉

도2 **융릉** ⓒ박상준
사도세자는 세상을 떠난 뒤 장조
로 추존되었다. 1762년 세상을 떠
난 뒤 1899년 부인 혜경궁 홍씨와
합장하여 이곳에 안장되었다. 경
기도 화성군 태안면 소재.

하룻밤을 머물며 주인에게 내린 것이다.

　첫 구는 한나라의 개국공신인 한신韓信이 젊어서 유락流落하며 끼니를 거를 때 먹을 것을 제공한 빨래하던 노파의 은혜를 갚았다는 고사다. 그처럼 당시 임금 몰래 평양으로 행차하는 사도세자를 맞아준 은혜를 잊지 않겠다는 다짐이다. 사도세자는 그 약속을 지키지 못했다. 그러나 아들인 정조가 즉위하여 사도세자의 시고를 간직하다 이대심, 황석기, 김성집 등을 가자하고 벼슬을 내림으로써 그 약속을 지켰다.[4]

　사도세자는 결국 이듬해인 1762년 윤5월 21일 비명에 죽었다. 영조와 사도세자의 관계가 악화된 것은 두 사람의 성격에서 기인하는 점도 크지만 붕당의 와중에서 정치권력을 둘러싼 세력 간의 다툼도 지대한 영향을 끼쳤다.

　영조는 사도세자가 죽자 곧바로 사도思悼라는 시호를 내렸으며, 묘호廟號·묘호墓號를 수은垂恩이라 하였다. 1776년 정조가 즉위한 뒤 장헌이라는 시호를 올리고, 궁호宮號를 경모景慕, 원호園號를 영우永祐로 고쳤다. 1783년과 1784년에는 연이어 수덕돈경綏德敦慶과 홍인경지弘仁景祉라는 존호를 올렸다. 아울러 이장하고 원호를 현릉

4_『승정원일기』, 정조 20년 3월 22일.

顯隆이라 하였다. 1899년 8월에는 추상하여 왕으로 삼고 묘호를 장종莊宗이라 하였으며, 능호陵號를 융릉隆陵이라 하였다. 그해 11월 대한제국을 선포하면서 황제로 추상되어 시호를 의황제懿皇帝라 하고 묘호를 장조莊祖라고 하였다.

그가 남긴 작품들

저자는 세자라는 특수한 신분으로 태어나 14년간 대리청정을 하다가 '임오화변'이라는 비극적인 최후를 맞았다. 또한 왕실의 경우 세자가 되지 못한 왕자는 사대부들과 교유하며 문필 활동을 하여 문집을 남기기도 했으나, 임금이나 세자의 글과 글씨는 어제御製 또는 어필御筆로 보관하거나 수교집록受敎輯錄 등으로 정리하였을 뿐 따로 문집을 간행하는 일이 매우 드물었다. 그런데 사도세자의 글이 문집으로 편찬된 것은 전적으로 정조의 효성과 추모하는 마음에 기인한 것이다.

정조가 저자의 문적을 모아 『장헌세자예제』莊憲世子睿製라는 문집을 편찬한 것은 화성의 건설과 아울러 이후 저자에 대한 신원과 추숭을 도모하고자 했던 시도이자 생부에 대한 간절한 마음의 발로였다. 정조는 1799년 말에 『장헌세자예제』 3책을 편집하여 수집, 교정에서부터 지우고 고치고 오려 붙이는 일까지 모두 손수 하는 등 정성을 다하여 아버지 사도세자의 문집인 『능허관만고』를 편찬하였다.

『능허관만고』는 7권 3책으로 서발은 없고 각 권마다 권두에 목록이 달려 있다. 속표지에는 '장헌세자예제'라고 쓰여 있다. 문집의 이름인 『능허관만고』가 어디에서 기인한 것인지는 정확히 알 수 없으나 권1의 「능허정사」凌虛亭辭에서 따온 듯하다. 능허정은 궁내의 작은 정자로, 1754년 겨울 눈 오던 밤에 저자가 소요하면서 자신의 표연한 기상을 담아 지은 글이 있다.

일반적인 문집의 체제와 마찬가지로 문체별로 구성되어 있으며, 동일한 문체 내에서는 저작 연도순으로 수록하여 13세(1747년)부터 27세(1761년)까지의 작품이 실려 있다. 다른 문집에 비해 시문詩文의 양이 적고 비답批答, 영지令旨, 돈유敦諭와 같은 글이 많은 비중을 차지하는 것이 특징인데, 이는 저자가 14년간 대리청정을 했던 특수한 상황에 기인한 것이다.

『예제시민당초본』睿製時敏堂草本은 사도세자의 시문집 초본이다. 시민당은 창경궁에 있던 전각으로 사도세자가 거처하던 공간이다. 1749년 대리청정을 전후한 시기부터 약 10년 동안 지은 작품들을 모은 것으로, 2권 1책이다. 권1에는 1752년에 영조가 사도세자에게 왕위를 넘기려 하자 자신의 죄를 책하며 올린 「임신소」壬申疏를 비롯하여 상소와 제문, 간찰이 수록되었다. 권2에는 부賦와 시詩가 실려 있다. 이외에도 앞에서 보았던 원고 형태의 한시와 영지가 일부 남아 있다.

「한가로이 앉아서」(閒坐)

새 달이 내원에서 막 떠오를 때　　　　　　　新月初生內苑時

빽빽한 숲에서는 반딧불이 무리 지어 날아오르네　　千林螢火敢輩飛

침입을 막는 여러 물길은 함께 바다로 돌아가고	障來百水同歸海
비단 같은 별들은 자미성을 받드네	絲絡星辰拱紫微

사도세자가 열네 살 되던 해인 1748년 여름날에 지은 시다. 내원內苑에 한가로이 앉아 눈앞에 펼쳐진 경물을 세밀하게 묘사하였다. 달이 막 올라 내원을 비추고 반딧불은 이리저리 날아오르는 광경이 그림처럼 펼쳐진다. 달빛에 비친 물길과 하늘을 수놓은 뭇별이 쏟아질 듯 그려져 있다. 이 시에는 세자의 어떠한 마음도 개입되지 않은 채 눈앞의 경물만을 참신하게 묘사함으로써 정갈한 맛을 느끼게 한다. 사도세자의 한시는 기본적으로 당풍唐風의 시가 주된 경향이라고 할 수 있다. 특히 참신한 이미지를 추구하여 시어의 선택과 시상의 전개가 청결하다.

「연꽃」(蓮花)

여러 가지 연꽃은 깨끗하게 붉게 물들었는데	萬朶藕花澹染紅
구름 노을 휘장 속에 꽃향기 바람에 묻어오네	雲霞帳裏聞香風
꽃향기 비 갠 달처럼 깨끗하기 그지없으니	花香霽月淸無限
아마도 태극옹을 다시 만난 듯하네	疑是重逢太極翁

1753년에 지은 시다. 앞의 시보다 5년이 지난 시점인 열아홉 살때 쓴 작품이다. 5년의 시간만큼 두 시는 시상의 전개와 표현의 기법에서 차이가 난다. 앞의 시가 경물을 소박하게 그대로 묘사했다면, 이 시는 경물 속에 자신의 심사를 대입하여 좀 더 완정한 형식과 시어를 구사하고 있다. 연꽃의 깨끗한 모습과 향기 속에 머물지 않고 그 향기를 통해 현실을 뛰어넘어 태초의 의경意境으로 들어갔다.

당풍은 시인의 정서를 함축적으로 표현하여 서정적 측면이 두드러지는 시적 경향을 말한다. 완곡하면서도 미묘한 의경을 표출함으

제5부 세자의 삶, 그리고 한시

로써 언외言外의 홍취를 유발하는 함축과 여운의 아름다움을 지니
고 있다. 이 시 역시 연꽃과 그 향기를 통해 홍취가 일어나고 비 갠
달에 연꽃의 향을 비유함으로써 참신한 이미지를 표현하고 있다.
사도세자의 영물시詠物詩에는 이러한 당풍의 함축성과 참신성을 바
탕으로 하는 시상과 표현이 돋보인다.

「마음껏 노닐며 심사를 읊다」(寫意臥遊)

산은 첩첩이 돌고 물은 쓸쓸히 흐르는데	山回疊疊水凄凄
푸른 바위 깨끗하고 푸른 나무 가지런하네	蒼石瀏瀏碧樹齊
밤마다 동림의 밝은 달 아래	夜夜東林明月下
심사 다하도록 울어대는 소쩍새 애련하구나	堪憐蜀魄盡情啼

1753년의 작품이다. 사도세자가 대리청정을 시작한 지 얼마 지
나지 않은 때였는데, 부왕인 영조와 조금씩 어긋나기 시작했다. 그
런 정황 때문인지 이 시에서는 사도세자의 답답함과 울적함이 묻어
난다. 시를 지은 공간이 어디인지 분명하게 드러나지 않지만 산으
로 첩첩이 둘러싸이고 쓸쓸한 물이 흐르는 동림東林은 세자의 처지
를 나타낸다. 그 속에서 밤마다 울어대는 소쩍새는 바로 세자 자신
이며, 하늘의 밝은 달은 그런 처지를 더욱 울적하게 만드는 기제가
된다.

세자라는 신분은 행동하는 데 공간의 제약을 받을 수밖에 없는
숙명이었다. 더구나 임금을 대신하여 대리청정을 하는 처지에서 사
도세자가 운신할 수 있는 공간은 대궐로 한정될 수밖에 없었다. 지
존至尊이라는 거창한 이름을 떼고 나면 개인적으로는 늘 누군가의
시선이 닿는 곳에 있어야 하는 지극히 불행한 존재일 수도 있었다.
그래서인지 역대 왕의 작품에는 궁궐 안 경승지에서 읊은 시가 많
이 보인다. 궐 밖 산하를 둘러보지 못하는 답답함을 궐 안 경치가
뛰어난 곳에 머물며 풀어내곤 하였다. 이 시를 쓸 당시 사도세자는

대리청정을 하면서 개인적인 시간과 공간이 더욱 부족했고, 그러한 답답한 심사가 시에서 그대로 드러난다. 제목에서 보이듯, 마음껏 주유하며 노닐고 싶은 심정이 답답함을 통해 역설적으로 형상화되었다.

「취미대에서 짙은 녹음을 읊다」(翠微臺濃陰)

만목의 녹음 한낮의 경치 길기만 한데	萬木繁陰午景長
취미대 위엔 검푸른빛 서늘하네	翠微臺上翠微凉
은은한 푸른 물방울에 혼연히 돌아감을 잊었나니	微微翠滴渾忘返
겹겹 누각에 이미 석양이 지네	樓閣重重已夕陽

이 시는 사도세자가 스물여섯 살(1760년)에 지은 것이다. 취미대翠微臺는 권문세가들이 거주하던 한양 최고의 주거지로 장동壯洞에 있는 절벽이다. 정선鄭歚(1676~1759)의 〈장동팔경첩〉壯洞八景帖에는 인왕산 남쪽 기슭에서 북한산 계곡에 이르는 지역의 취미대, 대은암大隱嵒, 독락정獨樂亭, 청송당聽松堂, 창의문彰義門, 백운동白雲洞, 청휘각晴暉閣, 청풍계淸風溪가 차례로 그려져 있다.

이 무렵 사도세자는 부왕과 관계가 악화될 대로 악화되었고 부왕에 대한 두려움이 병이 되어 스스로 주체하기 어려운 시기였다. 그 때문인지 시에는 쓸쓸함과 두려움이 묻어난다. 녹음이 우거진 한낮이건만 검푸른빛에서 서늘함을 느낀다. 통상 한시에서 보이는 '돌아감을 잊었다'(忘返)는 표현은 자연 경물과 혼연일체가 되어 자아와 대상이 일체를 이루는 경지를 표현할 때 종종 사용된다. 그러나 이 시에서 사도세자가 보이는 '망반'은 취미대의 경치로 인한 것이라기보다 돌아갈 곳이 궁궐이었기 때문인 듯하다. '잊은 것'이 아니라 '잊으려 했던 것'이라고 하겠다. 지는 석양은 답답한 곳으로 돌아가야 할 시간이 다가옴에 따라 초조해지는 마음을 표현하고 있으며, 겹겹이 둘러선 취미대의 누각들은 화려한 유상의 공간이 아

니라 답답한 궁궐을 상징한다고 하겠다.

　아래의 시 역시 갇혀버린 삶에서 벗어나고 싶어하는 심사가 여실히 나타난다.

「한강에서 배를 띄우고」(漢江泛舟)

붉은 누대 있는 봉우리 앞 한강물 일렁이고 　　紫閣峯前漢水漣

푸른 숲과 풀은 담박하기 끝이 없어라 　　碧林靑草澹無邊

물길을 따라 곧장 형문으로 가고자 하나 　　順流直欲荊門去

천리 밖 형문은 날로 아득하기만 하여라 　　千里荊門日杳然

　1761년 한강에 배를 띄우고 노닐며 지은 것이다. 한강변의 푸른 경치는 깨끗하고 아름답지만 정작 사도세자가 찾는 것은 형문荊門이다. 형문은 "촉으로 들어가는 길이 두 길이 있어 육로陸路는 포사褒斜로부터 들어가고, 수로水路는 형문으로부터 들어간다"라는 말이 있을 정도로 물길을 통해 촉 땅에 들어가는 대표적인 관문이다. 한강에서 배를 타다가 그대로 멀리 형문까지 가고자 하는 세자의 심사는 현실에서 벗어나고자 하는 욕구에서 비롯한 것이다. 형문에 이르러 하고 싶은 일이 있어서도 아니며, 단지 배를 타고 있는 상황을 통해 현실에서 벗어나려는 바람일 뿐이다. 그러한 형문은 현실에서 이를 수 없는 공간이기에 세자의 마음은 더욱 공허하게 느껴진다.

사도세자는 자신이 처한 현실에서의 답답함을 한시뿐만 아니라 그림을 보며 지은 제화시題畵詩에서도 풀어내고 있다.

「그림에 쓰다」(題畵圖)

양쪽 언덕 어촌에 저녁노을 하늘에 닿았고	兩岸漁家夕照天
여뀌꽃 고요하고 흰 갈매기 잠들었네	蓼花不動白鷗眠
그림 속 노인 흐뭇하여 언제 돌아갈지 모르고	此翁取適何時返
낚싯대 드리운 가을 강엔 해가 지는구나	垂竹秋江日渺然

사도세자가 남긴 시편 중에는 제화시가 여러 편 있다. 1747년에 지은 이 시는 저녁노을이 지는 강촌의 풍경을 표현한 것으로 추정된다. 그림 속에 낚싯대를 드리운 노인이 있다. 해 지는 시간 속에 꽃도 새도 노인도 정지된 화면처럼 고요하다.

사도세자가 제화시를 많이 쓴 것은 그림에 관심이 많았기 때문이다. 심지어 패관잡설 중에서도 필요한 것을 취하여 그림으로 그려 병풍과 족자를 만들었으며, 당시 화공인 김덕성金德成 등에게 명하여 역대 사적을 모사하게 하기도 하였다.

또한 사도세자에게 제화시를 통한 시상의 전개는 공간의 한계를 넘어설 수 있는 수단이기도 하였다. 교통수단이 발달하지 못한 전통시대에 그림은 자신이 가보지 못한 장소를 경험하는 주요한 방식이었다. 여기에 산수를 유람하며 지은 기문記文까지 곁들이면 온전한 간접경험을 하게 된다. 일반 사대부에 비해 마음대로 돌아다닐 수 없었던 사도세자에게 제화시는 유용한 수단이었다고 하겠다.

대리청정을 하면서 본격적으로 드러나는 아버지 영조와의 갈등으로 사도세자의 처지는 더욱 옹색해지고, 그 과정에서 정서적인 일탈이 나타난다. 이러한 성향은 부왕의 눈치를 보며 자신의 의지를 분명하게 드러내지 못하고 감추는 양상으로 변질되었다.

「시험 삼아 짓다」(試筆)

물결 아래 잠든 용은 얼마나 많은 시간 지났는가   龍眠波底幾多時

바위 속에 잠든 범은 세월을 잊었네   虎睡巖中迷歲月

발톱을 거두고 비늘을 감춘 채 적막하니   斂爪藏鱗寂不聞
    알려지지 않았으니

뉘라서 도성거리에 봄과 여름 바뀌는지 알리오   誰知九陌春夏易

기이(其二)

용은 비늘 갑옷 감추고 범은 발톱을 거두었으니   龍藏鱗甲虎藏爪

골짜기 물결 아래 얼마나 시간이 흘렀는가   山谷滄波幾歲間

바람과 구름 천지를 어둑하게 하는 날이면   一日風雲迷四海

용은 옥동을 날아오르고 범은 산을 뛰어 넘으리   龍飛玉洞虎騰山

기삼(其三)

후원에 못이 있어 늙은 용 잠겨 있고   後園有水老龍潛

앞들에 산이 있어 날랜 범 엎드려 있네   前野有山雄虎伏

팔극의 바람 소리는 범이 숲에서 울부짖는 것이요   八極風聲虎嘯林

오장의 구름 빛은 용이 새 시대를 일으키는 것이네   五章雲色龍生甲

1754년에 지은 시다. 1752년 영조가 병석에 눕자 신하들이 사도세자에게 약을 권할 것을 청하였다. 하지만 세자는 거절하였고,

이 일은 부왕과의 관계가 악화되는 결정적인 계기가 되었다. 이 일로 영조는 세자에게 왕위를 물려주겠다고 전교를 내리고, 세자는 거적을 깔고 전교를 거두어줄 것을 간청하였다. 이 때문인지 이 시에서 용과 범을 통해 형상화된 세자의 심리는 위험해 보인다.

첫 수에서 물 아래 용과 바위 속의 범은 비늘과 발톱을 감춘 채 잠들어 있다. 용의 비늘과 범의 발톱은 지존의 능력을 상징한다. 여기까지는 용과 범의 잠재된 능력을 제시하는 것으로 구성되어 있다. 둘째 수에서 세자의 불만과 욕구가 극적으로 솟구치고 있다. '얼마나 시간이 흘렀는가'라는 탄식은 자칫 영조의 치세가 길어짐을 비유한 것으로 읽을 수 있어 위험한 상상을 하게 된다. 더욱이 때가 되면 용과 범은 날아오를 것이라는 의지가 범상치 않다. 셋째 수에서는 마침내 범이 울부짖고 용이 새 세상을 열고 있다. 세자라는 위치는 언젠가 지존의 자리에 오르기 위한 준비 단계이고, 성군이 되고자 노력하는 과정이다. 이때를 흔히 잠룡潛龍으로 표현하는데, 이 시에서 용과 범은 일반적으로 세자를 지칭하는 잠룡과는 거리가 멀다. 새로운 시대를 열고자 하는 역린逆鱗의 정서가 드러난다. 세자의 신분으로 이와 같은 시를 지은 사도세자의 심리는 매우 위험한 지경에 이르렀던 것으로 판단된다.

「가을의 공로」(秋功)

서풍에 벼꽃 향 불어오니	西風陣陣稻花香
농가에서 많은 상자 늘어놓은 일 축하할 만하구나	慶祝農家列萬箱
농가에 많은 상자 있어도 세금으로 보내니	農有萬箱輸賦稅
고생 끝에 얻은 한 톨을 어찌 잊을 수 있으랴	千辛一粒可能忘

역시 1754년에 지은 것이다. 부왕 영조는 백성의 삶에 늘 관심이 많았는데, 사도세자 역시 농가의 현실에 관심을 보이고 있다. 이 시기 직접 농촌을 보고 지은 것인지, 아니면 다른 사람을 통해

전해듣고 지은 것인지는 분명하지 않지만 농가의 어려운 상황을 완곡하게 표현하였다. 수많은 상자를 준비한 농가에서 풍년의 정서를 느낄 수 있지만 사도세자가 주목하는 것은 세금으로 보내고 남은 한 톨의 양식이다. 어렵게 수확한 양식이니 한 톨까지 아껴야 하는 농촌의 현실에 세자의 관심이 집중되었다.

이 시는 세자가 백성의 삶에 관심을 보인다는 점에서 애민愛民의 자질을 읽을 수 있지만, 임금의 입장에서 생각하면 국정을 비판하는 위험한 정서로 비칠 수 있다. 풍년이 들어도 세금으로 다 거두어가고 남은 한 톨의 양식을 아끼는 백성의 모습은 부왕의 치세에 대한 완곡한 비판으로 읽힐 수 있다. 세자이기 때문에 더 위험한 정서가 된다.

사도세자의 파격적인 정서가 담긴 시들이 어떻게 문집에 그대로 실릴 수 있었는지 주목된다. 사도세자의 문집은 정조가 직접 수습하고 편집하여 간행하였다. 물론 사도세자의 작품이 많지 않은 사정을 감안하더라도, 문집을 편집할 때 문제의 소지가 있는 작품들은 제외하는 것이 일반적인데 정조가 이러한 작품들까지 그대로 수록한 이유가 궁금해진다.

世
子
日
常

2 조선 왕실의 가장 뛰어난 문인, 효명세자

5_ 이종묵, 효명세자의 저술과 문학, 『한국한시연구』 10집, 한국한시학회, 2002년.

죽고 난 뒤
왕위에 오른 삶

효명세자는 아들 헌종이 즉위함에 따라 익종으로 추존되었다가 다시 대한제국이 서면서 문조文祖로 추존되었다. 효명세자의 문집은 효명세자가 스물아홉 살의 젊은 나이로 요절할 때까지 10여 년간 쓴 400여 제의 시를 수록하고 있다. 문학적 감수성과 시적 형상화는 역대 왕 중 단연 으뜸으로, 그의 문학적 성취는 조선시대 국왕 중 가장 빼어난 것으로 평가된다.[5]

효명세자의 이름은 영昊, 자는 덕인德寅, 호는 경헌敬軒이다. 순조와 순원왕후 김씨 사이에서 1809년 8월 9일에 태어났다. 1812년 7월 6일 네 살의 나이에 세자로 책봉되고, 1819년 3월에 관례를 치르고, 그해 8월 열한 살에 영돈녕부사 조만영의 딸을 맞아 가례를 올렸다.

효명세자는 어릴 적부터 시 짓기를 좋아했는데 열여덟 살 무렵에는 본격적인 경세를 위해 독서에 몰두하였다. 이때 지은 「일육과공과기」日六課功過記를 보면, 매일 힘써야 할 실천 항목으로 '과무'課務, '과독'課讀, '과예'課藝, '과한'課翰, '과사'課射, '과성'課省을 설정하였다. 이듬해에는 더욱 마음을 다잡아 학문의 중요성을 깨닫지 못하고 세월을 보낸 것을 반성하며 새로운 각오로 학문에 힘쓸 것을 다짐하였다. 『강목』綱目과 『한서』漢書를 가지고 강할 것이며, 하루 세 번 반드시 학문을 할 수 있도록 대기하라고 세자궁의 사부들에게 청하였다.

이듬해에는 긴요하지 않은 '과사'와 '과예'를 제외하고 '과독', '과무', '과저', '과서'로 통합하여 『만기일력』萬機日曆이라는 책으로 만들었다. 이 책은 현재 확인되지는 않지만, 그 서문에 따르면 "세歲에는 월月이 있고, 월에는 일日이 있고, 일에는 시時가 있다. 해에는 한 해의 일이 있고, 달에는 한 달의 일이 있고, 일에는 하루의 일이 있고, 시時에는 한 시時의 일이 있게 되니, 세월일시歲月日時의 온갖 일에는 다름과 같음이 있게 된다. 그러나 그것을 총괄하여 말한다면, 곧 하루의 일이라고 할 수 있으니, 이것을 일일만기一日萬機라 이름한다."고 하였다.

문학에 관심이 많던 효명세자가 갑자기 경세의 학문에 전념한 것은 순조의 명에 따른 대리청정 때문인 것으로 추정된다. 당시 조정은 김조순 등 벌열에 의하여 왕권이 약화되었고, 순조는 왕권을 강화하는 방편으로 정치 개혁을 시도하였다. 효명세자는 부왕의 명을 받들어 청정 사흘 만에 새로운 인사 조치를 단행하여 외조부인 김조순 계열을 숙청하고, 자신의 국정을 보필할 관료를 육성하고자 하였으며, 왕실의 위엄을 보이기 위해 여러 차례 큰 행사를 열었다. 1827년부터 1829년까지 3년 동안 잦은 홍수와 연이은 흉년으로 기아에 허덕이는 백성들이 많았음에도 불구하고 진작의進爵儀와 진찬의進饌儀 등 범국가적인 행사를 열었다. 특히 1829년 진찬의를 행할 때에는 김조순계에 맞섰던 박종경朴宗慶의 아들인 박기수朴岐壽를 진찬소進饌所 당상으로 임명하여 김조순계 정치세력을 견제하며 동시에 왕권의 회복을 통한 왕실의 권위를 높이려 하였다.

「잠룡」(潛龍)

남녁 못식 잠긴 룡 이시니   南淵有潛龍

구름을 일으혀고 닉와 안기를 토ᄒ더라   興雲吐煙霧

차믈이 조화가 만흐니   此物多造化

능히 사히 믈을 슈운ᄒ도다   能輪四海水

번역문은 한글본 『학석집』을 그대로 인용하였다. 잠룡은 군왕이 되기 전의 상태를 상징한다. 언젠가 왕위에 올라 천하를 경영하겠다는 의지가 엿보인다. 역대 군왕의 시에 이러한 유형의 시가 많은데, 효명세자의 이 작품은 왕이 되기에 부족함이 없는 스케일을 보여준다.

효명세자는 대리청정 기간에 호적법을 정비하고 어진 인재를 등용하며 형옥을 신중히 하는 데 노력하였다. 그러나 계속된 흉년과 천주교 문제 등으로 세상이 어수선한 가운데 자신의 정치적 역량을 채 펼치지 못하고 1830년 5월 창덕궁 희정당에서 세상을 떠나고 말았다. 시호를 효명이라 하고 묘호廟號를 문호文祜, 묘호墓號를 연경延慶이라 정하였다. 아들인 헌종이 즉위하자 왕으로 추존되어 시호를 돈문현무인의효명대왕敦文顯武仁懿孝明大王이라 하고, 묘호를 익종, 능호를 수릉綏陵이라 하였다. 대한제국이 출범한 뒤에 고종에 의하여 문조익황제文祖翼皇帝로 추존되었다.

어릴 때부터
시를 사랑한 세자

효명세자의 저술은 문집에 해당하는 『경헌시초』敬軒詩抄, 『학석집』鶴石集, 한글본 『학석집』, 『담여헌시집』淡如軒詩集, 『경헌집』敬軒集이 있고, 『열성어제』列聖御製 등에도 작품이 수록되었다. 저술마다 체제의 차이가 있지만 수록된 작품들은 대부분 겹친다.

특히 초기의 시를 모은 『학석집』과 한글본 『학석집』이 주목된다. 지금까지 전하는 역대 문집 중에 한글로 이루어진 것이 극히 드문 현실에서 한글본 『학석집』은 그 가치가 매우 뛰어나다. 상단에 한

시의 음을 적고 토를 달았으며, 하단에 언해한 전문을 수록하였다. 화재로 상단의 대부분이 훼손되었지만 하단의 언해는 온전하여 당시 궁중의 언해 양상을 살펴볼 수 있다. 규장각에 소장되어 있는 『익종간첩』翼宗簡帖은 대부분 누이동생에게 보낸 글인데, 음을 달고 다시 언해를 부기하였다. 누이동생이 읽을 수 있도록 직접 언해한 것으로 추정된다. 이로써 한글본 『학석집』 역시 효명세자가 직접 언해한 것으로 추정된다.

도5 **한글본 『학석집』** 한국학중앙연구원 장서각 소장.
효명세자가 직접 언해한 것으로 추정되는 한글본 『학석집』은 당시 궁중의 언해 양상을 살피는 데 귀중한 자료다.

이외에 완전한 문집으로 『경헌집』이 있는데, 『예제선사등록』睿製繕寫謄錄에 그 편찬 과정이 자세하게 나와 있다. 1832년 9월 26일 순조는 『예제초본』睿製草本 4책을 내각에서 3건을 선사하여 들이되, 1건은 분당지粉唐紙에 쓰고 2건은 책장지冊壯紙에 쓰라고 명하였다. 그해 10월 문집을 완성하여 임금에게 진상하였다.

효명세자는 개성적인 문학론을 지녔던 것으로 평가되는데, 「학석집서」에서 그 점을 확인할 수 있다.

나는 다음과 같이 생각하였다.

"사람에게 시가 있는 것은 하늘에 꽃이 있는 것과 같다. 이 때문에 그 정영을 피워 그 꽃을 꾸미는 것이다. 사람이 성정이 없을 수 없고, 성정이 펴지면 시가 없을 수 없다. 이는 하늘이 기기가 없을 수 없고, 기기가 운행되면 꽃이 없을 수 없다. 그렇다면 배움에 근원이 있는 것은 꽃의 뿌리요, 시상이 막 떠오르는 것은 꽃의 태동이다. 시상을 얽어매는 것은 꽃의 꼭지요, 시에 절주를 넣은 것은 꽃의 무늬요, 읽어서 운이 있는 것은 꽃의 향기요, 살펴서 즐길 만한 것은 꽃의 빛깔이다. 혹화려하고 농염하거나 혹 냉담하거나 고고한 것은 꽃의 품질이다. 무릇 고인의 시는 모두 화보이다. 그 화보에 나아가서 그 품격을 확인하니 『시경』300편이 하늘의 꽃인 것이다. 굴원의 「이소경」은 난초로 짝을 지워야 할 것이요, 도연명의 시는 국화로 짝을 지워야 할 것이며, 주렴계의 시는 연꽃으로 짝을 지우며, 임포의 시는 매화에 짝을 지운다. 그 밖의 형형색색의 것들은 비유하자면 이름 없는 꽃들 같아서 스스로 한 종이 됨에 방해가 되지 않는다. 지난해의 꽃이 아름다움을 다해버린 듯하지만 다시 금년에 꽃이 피게 되고, 다른 나무의 꽃이 거의 남김없이 공교한 듯하여도 또 이 나무의 꽃이 있는 법이다. 꽃받침이 서로 다르고 잎이 같지 아니하니 이것이 조물주가 베푼 것이다. 무릇 시도 이와 같아서 예전의 시보를 도습한 적이 없고 천기에서 홀로 조예를 드러낸 것을 귀하게 여긴다."

내가 경서와 사서를 읽는 여가에 두루 시학에 미쳐서 두세 궁료와 왕왕 수창하였다. 혹 시각 소리가 고요해지며 밤에 촛불이 자주 사그라들고, 혹 봄바람에 햇살이 곱거나, 혹 눈 위의 달빛이 희거나, 경치를 마주하여 감정이 있으면 저절로 드러내었으니 이것이 나의 정영과 화조가 겉으로 드러난 것이 아니겠는가. 보는 자들이 어떠한 꽃의 품격으로 매길지 알 수 없으나 예전의 시보를 도습하지 않고 천기에서 독자적으로 낸 것에는 가깝다. 이를 모아 『학석집』을 내었는데, 학석은 나의 호이다. 학과 돌은 아마 꽃과 가까울 것이므로 평일 느낀 것을 써서 학석시의 서문으로 삼는다.

효명세자가 직접 자신의 문집에 쓴 서문으로, 효명세자의 문학에 대한 견해를 알 수 있는 중요한 글이다. 시를 꽃에 비유하여 시론을 전개하였다. 자신의 호인 학과 바위는 자연물 가운데 시의 가장 중요한 재료로 생각하였다. 또 학과 바위로 자신의 호를 삼은 것은 그만큼 시에 대한 자신의 생각을 반영한 것이라 하겠다. 그는 이 글에서 꽃의 다양한 모양만큼 미감도 다르듯, 시 역시 자신만의 개성을 드러낼 수 있는 것을 높게 평가하였다. 역대 뛰어난 시인이

나 작품을 도습하지 않고 천연의 개성에 대한 강조는 일종의 개성
주의 문학론이라 할 것이다. 이와 같은 개성주의 문학론은 17세기
중국의 "문은 반드시 진한의 문장을 본받고, 시는 모름지기 성당의
시를 본받아야 한다"[6]는 고문사파古文辭派에 반발해 나타난 것으로
당시 주요 문학론이었다. 효명세자의 문학적 견해가 개성적 시문론
에 입각해 있었던 것은 분명한데, 실제 시풍에서는 당풍을 적극적
으로 추구하고 있어 주목된다.

6_ 文必秦漢, 詩必盛唐

「숲 너머 배꽃」(隔林梨花)

두어 나무 비샷치 비쵀이니	數樹梨花映
가바야온 발을 작은 집에 가리엿도다	輕簾掩小堂
봄눈 자친가 문득 의심ᄒ고	却疑春雪跡
니른 미화 향긔를 분변ᄒ기 어렵도다	難辨早梅香
희롱ᄒᄂ 나뷔ᄂ 자조 지게를 엿보고	戲蝶頻窺戶
흐르ᄂ 시ᄂ 늣게야 담을 썰치ᄂ쏘다	流禽晚拂墻
가지가지 시로 비를 씌여시니	枝枝新帶雨
다사ᄒ 날빗치 졈졈 자라ᄂ 걸 보리로다	暄旭漸看長

「이화정십경」梨花亭十景 중 한 수다. 효명세자는 대부분의 시에
작품을 지은 배경을 별도로 적어놓았다. 이화정에서 십경을 읊은
시에는 "숲 너머 흰빛이 생기니 달 같지만 달이 아니고 동산에 가
득 흰 것이 나부끼니 눈 같지만 눈이 아니다. 옥 같은 자태 아름답
고 맑은 향기 고와 사랑스럽다. 한 나무의 배꽃이 두드러지게 뜰
가운데 우뚝 섰도다"[7]라고 하였다.

두세 그루 배나무에 핀 꽃을 보면서 느끼는 생동감을 생생하게
전하고 있다. 발 너머 생기 넘치는 광경을 세밀하게 묘사하였다.
봄눈으로 착각하는 모습이나 자신을 훔쳐보는 나비며 떠도는 새가
담장 위에 한동안 앉아 있는 모습은 대상과 자아가 하나 된 경지이

7_ ■플을 격ᄒ여 흰 빗치 나니 돌
ᄀᆺ트나 돌이 아니오 ■산의 가득
히 흰거시 나붓기니 눈 ᄀᆺ트나 눈
이 아■로다 옥 ᄀᆺ튼 티되 연연ᄒ
고 묽은 향긔 염염ᄒ니 가히 사랑
홉다 ᄒ 나모 비ᄉᆺ치 표나게 홀로
뜰 가운디 셧도다
(隔簾生白 似月而非月 滿園飄白
似雪而非雪 玉態娟娟 淸香艶艶可
愛 一樹梨花 表獨立於庭之中兮)

도6 **창덕궁 후원의 전경** ⓒ박상준
어릴 때부터 시 짓기를 좋아한 효
명세자는 비록 궁궐 안과 도성 안
에만 머물러야 했으나 그의 작품
은 시공간을 초월한 듯한 느낌을
갖게 한다.

며, 동시에 살아 있는 광경이다. 날로 따뜻해지는 봄날의 풍경을
밝고 순수한 이미지로 묘사하여 서정성을 강하게 표출하였다.

제목과 해설에 '격렴'隔簾이라는 표현이 나오는데, 해설에서는
숲 너머로 언해하였다. 의경 또한 숲 너머의 배꽃을 보는 것으로
해석하는 것은 무리가 있다. 아마도 배꽃과 세자 자신 사이에 놓인
발을 숲으로 묘사한 것으로 보이는데 참신한 표현법이다.

「산의 거처에서 즉흥적으로 읊다」(山居卽事)

밤이 고요한듸 찬 북이 쉬여시니　　　　　　　　夜靜寒鍾歇

지팡이를 옴겨 디 난간의 의지ᄒ엿도다　　　　　移筇倚竹闌

바롬 소릐는 발 밧긔 들리고　　　　　　　　　　風聲簾外聽

달 그림자는 창 압희 보이네　　　　　　　　　　月影窓前看

먼 나무의는 내가 처음으로 합ᄒ엿고　　　　　　遠樹烟初合

그윽ᄒ 뫼의는 눈이 쇠잔치 아니ᄒ엿쏘다　　　　幽岑雪未殘

| 한가흔 거문고가 솔 속의 소뤼ᄒ니 | 間琴松裏響 |
| 학의 소리 구름 곳희 묘연ᄒ도다 | 鶴唳渺雲端 |

효명세자가 시를 지은 공간은 궁궐 안과 도성 안으로 제한되어 나타난다. 궁궐의 태액정太液亭, 만향헌晚香軒, 매균헌梅筠軒이나 도성 안의 독서재讀書齋, 농산정籠山亭, 이화정, 태고정사太古精舍 등이 그런 공간이었다. 궁궐 후원의 유산암酉山庵에 거처하기도 했는데, 이 시는 유산암에서 지은 것으로 추정된다.

깊은 밤 종소리마저 그친 뒤 바람 소리, 달 그림자, 나무를 가리는 안개, 채 녹지 않은 잔설의 풍경이 운치를 더해준다. 거기에 솔숲의 바람 소리와 학의 울음소리가 더해지니 궁궐을 넘어 인간세상이 아닌 분위기를 연출하였다. 그 속에서 세자는 자연과 동화된 자연물로 존재한다. 세속의 때가 전혀 느껴지지 않는 안온하면서 청결한 시정이 느껴진다. 세세한 사물의 참된 모습을 포착하여 자신을 동화시키는 시적 형상화의 기법이 매우 뛰어나다. 사물을 바라보는 효명세자의 정서와 운치를 짐작할 수 있다.

효명세자는 또 누이를 극진히 사랑하였다.

「누이에게 부치다」(寄妹氏)

수뤼롤 보ᄂᆞᆫ지 이믜 삼일이 되니	送車已三日
암암희 내 ᄆᆞ옴의 싱각ᄒᄂᆞᆫ도다	暗暗我心思
쵸챵히 져녁 산을 듸ᄒᆞ야시니	怊悵對山夕
나모의 가득ᄒᆞᆫ 미옴이 울 ᄰᅥ로다	滿樹蟬鳴時

누이가 탄 수레를 보내고 3일 만에 그리워하는 정을 담아 시를 지었다. 앞의 시에서는 밝고 순수한 심사가 드러난 반면 이 시에서는 누이와 헤어진 까닭에 심사가 어둡다. 저물 녘 앞산을 마주하고 들려오는 매미 소리에 쓸쓸한 마음이 더욱 깊어졌다.

효명세자의 시우詩友로는 주변의 궁료들 외에 누이들이 있었다. 나이도 어리고 여성이라는 특성 때문에 시를 주고받는 수준에 이르렀는지는 알 수 없지만, 세자는 누이들에게 보내는 시를 많이 썼다.

효명세자는 남자 형제가 없고 누이만 셋 있었다. 첫째 동생인 명온공주는 성품이 명민하고 시를 섭렵하여 효명세자가 소동파蘇東坡의 소매小妹에 비유하기도 하였다. 동녕위 김현근에게 하가하였는데, 몸이 병약해 혼인한 지 9년 만에 죽었다. 둘째 동생은 복온공주로, 창녕위 김병주에게 하가하였으나, 자식 없이 열다섯 살에 죽었다. 셋째 동생은 덕온공주德溫公主(1822~1844)로, 열여섯 살에 남녕위 윤의선尹宜善과 결혼하였다. 1844년 5월 24일은 헌종의 간택일이었는데, 둘째 아기를 가져 무거운 몸으로 경사에 참석하였다가 급체를 하는 바람에 죽었다.

효명세자는 누이동생들과 절친하여 사흘만 보지 않으면 그리워 시를 보냈을 정도다. 「누이를 그리워하며」(思妹氏)는 200구의 장편으로, 누이의 생장과 출가, 교육, 자신과의 교분, 누이를 그리워하는 마음 등이 담겨 있어 남매의 도타운 우애를 읽을 수 있다.

「매화를 감상하며」(賞梅)

눈 속의 봄뜻이 머무러시니	雪裏留春心 鶴石
그윽한 사람이 앗고 도라가지 아니하도다	幽人坐不歸 臣鑼
성근 가지는 지게를 당ᄒ여 막앗고	踈枝當戶亞 臣憲兢
찬 꼿쇄리는 발을 갓가이 ᄒ여 나는도다	寒蕊近簾飛 臣鐩
돌을 짝ᄒ여 셔탑의 것ᄒ엿고	伴月隣書榻 鶴石
바롬을 ᄯ라 손의 옷싀 점쳣도다	隨風點客衣 臣鑼
꼿 압희셔 밤 취ᄒ기가 맛당ᄒ니	花前宜夜醉 臣憲兢
남은 향긔가 술준의 드러 희미ᄒ도다	餘馥入尊微 臣鐩

김로, 이헌긍, 김헌과 함께 눈 속에서 매화를 감상하며 지은 연구시聯句詩다.

연구시는 한나라 때 「백량대시」柏梁臺詩에서 연유한 유희적 시체로, 여러 사람이 한 구 또는 몇 구씩을 나누어 지어 한 편을 이룬다. 당나라의 문인 한유韓愈는 연구시를 새롭게 개척하여 회합연구를 탄생시켰으며, 그의 「성남연구」城南聯句는 후대 연구시의 모범이 되기도 하였다. 우리나라의 연구시 역시 연원이 오래되었고 많이 작품이 남아 있다. 이러한 연구시의 창작은 다른 시체와 달리 여러 사람이 하나의 운을 따라 공동으로 시를 창작한다는 점에서 여러 가지 제약이 따른다. 따라서 참여하는 구성원들의 창작 능력이 무엇보다 중요하다. 앞사람이 제시한 의경意境을 받아 뒷사람에게 연결해야 하고, 유희遊戲의 시회詩會에서 지어지는 특성상 즉흥적인 순발력이 필요한 만큼 참여하는 개개인의 뛰어난 능력이 요구된다.

이에 대해 임성주任聖周(1711~1788)는 다양한 한시의 시체 중 화락한 분위기를 돋우는 데는 연구시가 적임이라고 말하였다. 다른 사람들과 공동으로 하나의 운을 밟아 시구를 지어 연결하기 때문에 개개인이 담당하는 역할이 공평하다는 점과 공동의 작품이 갖는 상호간의 정서적 교융(情通)을 지적하였다.[8]

효명세자는 궁료들과 수창하며 적지 않은 연구시를 남겼다. 위의 궁료들 외에도 이기연李紀淵, 정기일鄭基一, 김이양金履陽, 서좌보徐左輔, 이인부李寅溥, 안광직安光直, 한홍교韓弘敎, 김영순金英淳, 조용화趙容和 등 춘방(세자시강원)과 계방(세자익위사)의 관료들이었다. 효명세자는 이들과 함께 궁궐의 태액정, 인왕산의 독서재, 농산정, 담여헌, 대유재 등에서 강학하는 여가에 연구시를 지었다.

8_ 임성주, 『녹문집』 권20, 「사봉연구서」.

조선 왕실은 세자와 세자의 형제자매들이 아름다운 우애로 왕실을 번성시키기를 기원했다.
세자와 형제의 관계는 근본적으로 세자의 혈통과 자질 여부에 달려 있었다. 세자가 명실상
부하게 왕의 적장자이며 현명하다면 세자의 지위는 확고하고 형제자매와의 관계도 원만할 수
있었다. 그렇지 않으면 형제자매와 불편한 관계를 맺고, 때로는 최악으로 치닫곤 했다. 유교 예론과 왕
실 봉작제 등을 통해 왕실은 튼튼한 본줄기와 가는 곁가지에서 송이송이 피어난 꽃들이 화려한 한 그루의 나무를 이
루듯이 왕실도 그렇게 번성하기를 바랐다. 그것은 곧 굳건한 세자와 그 세자를 성심으로 보좌할 형제자매들을 소망
한 것이었다. 그러나 현실은 그렇지만은 않았다.

세자와 형제들

世子日常

1 왕실, 아름다운 우애를 꿈꾸다

튼튼한 본줄기와   동서고금의 역사에서 나무의 꽃송이 또는
곁가지의 조화   잎사귀로 형제자매를 비유하는 것은 공통
적인 현상이었다. 예컨대 대표적인 신라 향가인 월명사月明師의 「제
망매가」祭亡妹歌에서도 나무의 잎사귀는 누이동생을 상징했다. 즉
"생사生死 길은 예 있으매 머뭇거리고/나는 간다는 말도 못 다 이
루고 어찌 갑니까/어느 가을 이른 바람에/이에 저에 떨어질 잎처
럼/한 가지에 나고 가는 곳 모르온저/아아, ─미타찰에서 만날 나/
도 닦아 기다리겠노라"라는 노래에서 '한 가지에 난 잎'은 바로 같
은 부모에게서 태어난 누이동생을 가리켰다.

그런데 형제자매는 같은 부모에게서 태어났다는 면에서 평등한
존재이지만 동시에 남녀와 출생 순서 그리고 어머니의 신분에 따라
큰 차별을 받기도 하였다. 예컨대 조선시대의 경우, 본처의 자녀는
적자가 되었지만 첩의 자식은 서자가 되었다. 또한 같은 적자라 하
더라도 출생 순서에 따라 적장자와 둘째 아들 이하 사이에는 커다
란 차별이 존재했다.

이런 차별은 근본적으로 적장자에게 가문을 계승시키는 유교적
종법宗法 때문이었다. 바로 유교적 종법에 따라 조선시대의 세자는

원칙적으로 왕비가 출생한 첫째 아들이어야 했다. 따라서 옛사람들은 나무를 보면서 우애 가득하고 평등한 형제를 연상하기도 했지만, 동시에 적자와 서자 그리고 적장자와 그 외의 아들 등으로 구별되는 차별을 연상하기도 했던 것이다.

조선시대 사람들 역시 나무의 모습에서 당시의 친족제도를 연

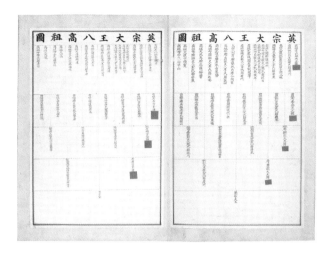

상했다. 주지하듯 조선시대의 친족제도는 적장자 계승으로 대표되는 부계 혈연제도였다. 이것을 나무의 모습에 비유하면 다음과 같이 말할 수 있다. 나무의 뿌리는 친족의 조상에 해당한다. 나무의 본줄기는 대대로 가문을 계승하는 적장자에 해당한다. 보통 나무의 본줄기에는 해마다 새로운 마디나 새로운 나이테 그리고 새로운 곁가지가 생긴다. 그렇게 생기는 새 마디 또는 새 나이테를 마치 대를 이어 가문을 계승하는 적장자로 생각하는 것이다. 반면 본줄기에 새로 생기는 곁가지는 적장자의 형제자매로 생각했다.

나무가 튼튼한 생명력을 유지하려면 본줄기를 이루는 각각의 마디가 굳건하고 곁가지가 가늘어야 한다. 마찬가지로 친족도 적장자가 대를 잇고 그 외 자식들은 적장자를 돕는 것이 자연의 섭리라고 생각했다. 이 같은 논리에 따라 조선 왕실에서는 적장자가 대를 이어 세자가 되었던 것이다. 물론 이런 논리는 왕실뿐만 아니라 양반, 중인, 농민 등 모든 계층에 해당하였다.

그런데 조선시대 사람들은 왕실과 일반 사가를 철저하게 구별하였다. 왕실에는 일반 사가와 달리 천명을 받은 왕이 존재하기 때문이다. 천명을 받은 왕은 하늘, 용, 옥, 황금 등에 비유되었다. 논리적으로 보면 세자와 세자의 형제자매는 신성한 천명을 받은 왕의

피를 물려받은 사람들이었다.

　조선 왕실 사람들은 튼튼한 본줄기와 가는 곁가지에서 송이송이 피어난 꽃들이 모두 전체적으로 나무를 화려하게 만들듯이, 튼튼한 줄기인 세자와 가는 줄기인 세자의 형제자매들이 아름다운 우애로 왕실을 번성시키기를 기원했다.

적장자의 권위,
제도로 강화하다

원칙적으로 조선시대 세자는 왕의 적장자였다. 즉 왕비의 맏아들이 세자가 되었다. 따라서 세자에게는 왕비 소생의 남자 동생들과 여자 형제들이 있었으며, 후궁 소생의 남자 형제들과 여자 형제들도 있었다. 세자의 남자 형제들은 형제이면서 동시에 잠재적인 왕위 경쟁자였다. 세자에게 문제가 생기면 바로 남자 형제들이 다음 대상자가 되었기 때문이다. 세자의 남자 형제들은 본인의 능력과 함께 처가의 위치에 따라 정치적 영향력이 달라졌다. 정치적인 면을 제외한다면 세자와 형제자매들은 같은 동기간이었다. 이에 따라 세자와 형제자매들은 동기간의 우애를 누릴 수도 있었고 그렇지 않을 수도 있었다.

　조선시대 세자와 형제자매의 관계가 좋을지 아니면 나쁠지는 근본적으로 세자의 혈통과 자질 여부에 달려 있었다. 세자가 명실상부하게 왕의 적장자이며 동시에 형제자매보다 현명하다면 세자의 지위는 확고하고 형제자매와의 관계도 원만할 수 있었다. 반면 세자가 적장자가 아닌 경우, 예컨대 적자이기는 하지만 맏아들이 아닌 둘째 아들이거나 막내아들인 경우 또는 아예 적자도 아니고 서자인 경우에는 형제자매와 불편한 관계를 맺곤 했다. 설상가상으로 세자의 자질마저 부족하다면 세자와 형제자매의 관계는 최악으로 치닫곤 했다.

　조선시대에는 그 어떤 경우에도 곁가지가 본줄기를 해치는 일이 없도록 다양한 제도를 마련해두었다. 첫 번째는 적장자 계승 원칙에 따라 세자를 이념적, 제도적으로 우대하는 유교 예법이었다. 조선시대 친족의 기본 단위는 부부와 자식이었다. 하지만 조선시대에는 처첩제도와 적서제도에 더하여 양자제도, 신분제도, 남녀 차별까지 있었으므로 부부 간의 관계도 복잡했고 자식관계도 복잡했다. 예컨대 부부관계의 경우, 남편에게는 처와 첩이 공인되었으며, 같은 첩이라고 해도 양인 출신의 첩과 천인 출신의 첩이 달랐다. 부부관계가 처첩으로 복잡한 것과 마찬가지로 자식들 또한 출생 순서와 생모에 따라 복잡하게 구분되었다.

자식들 중에서 가장 존중된 자식은 본처의 첫째 아들인 적장자였다. 본처의 자식인 적자는 첩의 자식인 서자보다 대우를 받았다. 같은 서자라도 양인 출신의 첩에게서 태어난 서자와 천인 출신의 첩에게서 태어난 서자 사이에도 차별이 존재했다. 모두 자식임에도 불구하고 적장자, 적자, 서자 사이에 이처럼 복잡다단한 차별이 존재한 이유는 신분제와 함께 유교적 가계家系 계승 원리 때문이었다.

조선 후기에 들어 가부장권과 장자권을 중심으로 하는 유교적 친족제도가 발달하면서 재산 상속은 장자 위주로 이루어졌고, 그 결과 장자는 다른 형제들에 비해 압도적인 경제력을 가질 수 있었다. 나아가 부모에 대한 제사권을 장자가 독점하면서 장자의 권위는 크게 강화되었다. 이 같은 장자권은 또다시 후계 장자에게 계승되었다. 이처럼 재산 상속권과 제사권을 장악한 장자의 권한이 후계 장자들에게 계속해서 전해짐으로써 장자를 중심으로 하는 부계 가문과 문중이 발달하게 되었다. 그와 더불어 가문과 문중을 계승하는 장자에 관해서 세밀하게 연구하는 학문이 발달했는데, 바로 예학이었다.

이런 유교 예학에는 적장자의 권위를 높이는 다양한 논리와 예법이 들어 있었다. 예컨대 '4종의 예설'禮說이라고 하는 예론이 그런 것이었다. '4종의 예설'이란 『의례』儀禮라는 책에 등장한다. 『의례』에서는 3년 동안 상복을 입어야 하는 경우를 네 가지 제시했는데, 자식이 부모를 위한 경우, 제후가 천자를 위한 경우, 신하가 군

도2 『당대선원록』當代璿源錄 한국학
중앙연구원 장서각 소장.
『선원록』은 조선시대의 왕실 족보
로서 왕의 자녀들이 왕비 소생인
지 또는 후궁 소생인지에 따라 차
별되었을 뿐만 아니라 남녀 여부
와 출생 순서에 따라서도 차별되
었음을 잘 보여준다.

주를 위한 경우 그리고 부모가 장자를 위한 경우였다. 부모, 천자, 군주의 세 가지 경우는 각각 자식, 제후, 신료의 하늘이기에 그렇게 해야 한다고 하였다. 반면 부모에게 장자는 하늘은 아니지만 그럼에도 불구하고 3년 상복을 입어야 하는 이유는 장자가 가문을 계승하고 조상의 제사를 받들기 때문이라고 하였다. 이 같은 유교 예학에 의해 조선시대 세자는 그의 형제자매들에게 압두적인 권위를 행사할 수 있었다.

둘째는 세자의 형제자매를 대상으로 왕실 봉작제를 시행함으로써 세자의 형제자매들을 정치적, 사회적으로 금고시킴으로써 세자의 자리를 안정시키고자 했다. 세자의 형제자매들은 왕실 봉작제를 통해 최고의 명예와 경제적 부를 확보할 수 있었다. 하지만 그 대가로 정치적, 사회적 활동이 금지되었다.

위의 유교 예론과 왕실 봉작제 등을 통해 조선 왕실 사람들은 튼튼한 본줄기와 가는 곁가지에서 송이송이 피어난 꽃들이 화려한 한 그루의 나무를 이루듯이 조선 왕실도 그렇게 번성하기를 바랐다. 그것도 보통 나무가 아니라 황금 나무 또는 옥 나무가 되기를 바랐다. 즉 조선 왕실에서는 튼튼한 줄기와 그 줄기를 받쳐주는 수많은 줄기들이 하늘을 찌를 듯 무성하게 자란 황금 나무 또는 옥 나무를 소망했던 것이다. 그것은 곧 모든 경우에서 굳건한 세자와 그 세자를 성심으로 보좌할 형제자매들을 소망한 것이었다.

중국에서 시작된 봉작제도는 중국 고대부터 왕족과 공신 등
봉작제 왕조의 핵심 세력들을 포섭, 예우하여 왕조
를 안정시키는 제도로 활용되었다. 중국에서 봉작제도는 공덕이 뛰
어난 사람에게 작위를 내려 포상한다는 명분으로 정당화되었는데,
역사의 추이에 따라 그 주된 기능도 변화하였다. 예컨대 중국 주周
나라 때의 작제爵制로 알려진 오등작제五等爵制는 성읍국가 시대에
연맹의 중심 성읍이 주변 성읍을 지배하기 위해 등장한 제도적 장
치인 데 비하여 진秦나라의 이십등작제는 영토국가 시대에 군주가
민을 개별적, 직접적으로 지배하기 위해 발전한 제도였다.[1]

중국의 봉작제도는 토지의 분봉分封 및 신분의 세습과 밀접한 관
련이 있었다. 주나라 때의 오등작제에서 공, 후, 백, 자, 남의 작을
받은 사람들은 작의 등급에 따라 차등적으로 토지를 분봉받았으며,
그들의 신분과 분봉지에 대한 지배권은 대대로 세습되었다. 이는
은나라와 주나라 시대에 왕권으로 대표되는 중앙권력이 미약하여
분권적인 제후들의 신분과 기득권을 봉작제를 통하여 포섭하였기
때문이다.

그러나 진한시대를 거치면서 군현제와 관료제를 통하여 왕권으

1_ 김한규, 「고대한국 위제의 작
제적 성격에 대하여」, 전해종 편,
『동아사의 비교연구』, 일조각,
1987; 西嶋定生, 『중국고대국가와
동아시아세계』, 도쿄대학 출판회,
1983.

로 대표되는 중앙권력이 강화되었다. 이에 따라 작위를 받고 분봉된 지역에서 배타적인 지배권을 행사하던 제후들의 지위는 급격히 약화되었다. 진나라의 이십등작제에서는 극소수를 제외하면 대부분의 작위자들이 토지를 분봉받지 못하였으며 세습도 불가능했다. 봉작에 따른 토지 분봉 대신에 상금이나 형사상의 사면 등 다른 특권을 받았다. 한나라 때에는 봉건제와 군현제를 가미한 군국제郡國制가 시행되었는데, 오등작제적인 성격의 제후왕과 이십등작제의 성격인 열후列侯로 나뉘었다. 한나라 시대에는 왕족만이 제후왕에 봉해지고 공신은 열후에 봉해지는 것이 원칙이었다. 하지만 봉작에 따른 토지의 분봉은 당대에 들어서면서 폐지되었다. 대신 봉호封戶의 수여, 즉 식읍제가 시행되었다.[2] 당나라의 봉작제는 송나라에 계승되었지만 명대에 이르러서는 당나라 때의 봉호 수여도 폐지되고 대신에 세록歲祿이 수여되는 것으로 대체되었다.[3]

그러나 중국에서 봉작제도의 형식과 기능이 어떻게 변했는지와 상관없이 봉작의 대상자는 왕족과 공신에게 한정되었으며, 봉작에 수반되는 경제적, 형사적 특권은 세습되는 것이 원칙이었다. 이는 봉작제가 왕족과 공신 등 왕조의 핵심 세력을 포섭하고 봉작에 따른 기득권을 인정해줌으로써 왕조에 대한 충성과 헌신을 이끌어내기 위한 제도로 이용되었음을 시사한다.

한국사의 흐름에서 봉작제도는 대부분의 중국 제도와 마찬가지로 고대부터 수용되어 적용되었다. 다만 토지의 분봉이 시행된 적이 없는 우리 역사에서는 당, 송, 명대의 봉작제가 주로 이용되었으며 봉작의 주 대상자는 중국과 마찬가지로 왕족과 공신이었다.

우리나라에서 봉작제가 언제부터 시행되었는지는 분명하지 않지만, 늦어도 삼국시대 중엽에 당나라의 봉작제를 모방한 봉작과 식읍이 시행되었던 것은 분명하다.[4] 고려의 봉작제도도 당의 제도를 본받았지만, 작위의 승습이 허락되지 않았으며[5] 작을 받은 사람들에게 수여된 식읍食邑도 명예적인 것에 불과하였다.[6]

2_ 仁井田陞, 『지나신분법사』支那身分法史, 1942.

3_ 布目潮灃, 「명조의 제왕정책과 그 영향」, 『수당사연구』, 동명사, 1979.

4_ 김두헌, 『한국가족제도연구』, 서울대학교 출판부, 1980; 서의식, 「통일신라기의 개부와 진골의 수봉」, 『역사교육』 59, 1996.

5_ 김기덕, 「고려조의 왕실봉작제」, 『한국사연구』 52, 1986.

6_ 하현강, 「고려식읍고」, 『역사학보』 26, 1965.

**조선 봉작제의
변천사**

조선 건국과 함께 봉작제는 중국의 당, 송, 명나라의 제도를 참조하여 정밀하게 정비되었다. 특히 종친, 부마, 외척, 공주, 왕과 종친의 배우자 등 왕실을 대상으로 하는 봉작제가 치밀하게 만들어졌다. 봉작명에 고려 말의 봉작명이 이용된 점이 특징이었다.

조선 건국 직후인 태조대에는 고려 이래의 봉군제封君制가 시행되었다.[7] 즉 종친과 부마 및 공신들에게 수여되는 봉작의 명칭으로 군君이 이용된 것이다. 이 같은 봉군제 아래서는 명칭으로만 본다면 왕실 봉작과 공신 봉작에 아무런 차이가 나타나지 않는다. 이 때문에 왕족과 일반 공신 간의 명분을 흐리게 한다는 비판의 소지가 있었다. 이에 태조 7년(1398) 9월 1일에 왕족을 대상으로 하는 왕실 봉작과 일반 공신을 대상으로 하는 공신 봉군 사이에 봉작의 명칭을 달리하게 되었다.

태조 7년 9월에 시행된 봉작제에서는 왕의 친왕자는 공公으로, 여러 종친은 후侯로, 1품 관료는 백伯으로 하여 차별을 두었다. 이는 정종대에 들어서서 더욱 세분화되었다. 즉 왕의 친왕자와 친형제는 공의 명칭을 사용하고, 종친 및 부마는 후의 명칭을 사용하며, 일반 공신들은 백의 명칭을 사용하도록 하였다.[8] 이는 정종이 태조 7년의 봉작제를 이어받아 왕족과 부마 및 일반 공신 간의 봉작명을 구분함으로써 상호 간의 명분 및 존비를 구분하도록 한 것이었다. 특히 왕족 중에서도 왕의 친왕자와 친형제는 공에 봉하고 여기에서 벗어나는 종친과 부마는 후에 봉함으로써 왕족 간에도 친소에 따라 봉작의 차등을 둔 것이 특징이었다.

정종대에 봉작의 명칭으로 이용되던 공, 후, 백은 태종 1년 2월에 다시 군으로 바뀌었다. 태종이 봉작의 명칭을 군으로 바꾼 직접적인 이유는 공, 후, 백이 중국의 황제 체제에서 사용되는 봉작명이므로 제후국인 조선에서는 사용할 수 없다는 명분의 문제가 제기되었기 때문이다.[9] 태종은 종친과 일반 공신은 물론 부마, 외척까지

7_『태조실록』권1, 태조 1년 8월 7일.

8_『세종실록』권103, 세종 26년 2월 21일.

9_『태종실록』권1, 태종 1년 1월 25일.

도 모두 군의 봉작명을 이용하도록 하였다. 다만 태종 1년 2월의 봉작명인 군은 왕족과 일반 공신을 구별하여 부원대군府院大君, 대군大君, 부원군府院君의 명칭을 이용하도록 함으로써 차별을 두었다. 즉 정종대에 왕의 친왕자와 친형제의 봉작명으로 사용되던 공은 부원대군으로, 종친과 부마의 봉작명이었던 후는 군으로, 일반 공신의 봉작명으로 이용되던 백은 부원군으로 바뀐 것이다. 이에 따라 태조, 정종, 태종의 친형제로서 공에 봉작되었던 의안공義安公 이화는 의안부원대군義安府院大君으로, 익안공益安公 방의는 익안부원대군益安府院大君으로, 회안공懷安公 방간은 회안부원대군懷安府院大君으로 바뀌게 되었다. 또한 태조, 정종, 태종의 종친 또는 부마로서 후에 봉작되었던 봉녕후奉寧侯 이복근은 봉녕군奉寧君으로, 영안후寧安侯 이양우는 영안군寧安君으로, 완산후完山侯 이천우는 완산군完山君으로, 상당후上黨侯 이저는 상당군上黨君으로, 청원후靑原侯 심종은 청원군靑原君으로 고쳐서 책봉되었다. 이와 더불어 태조, 정종, 태종대의 공신으로 백에 봉작되었던 평양백平壤伯 조준은 평양부원군平壤府院君에, 상락백上洛伯 김사형은 상락부원군上洛府院君에, 예천백醴泉伯 권중화는 예천부원군醴泉府院君에, 창녕백昌寧伯 성석린은 창녕부원군昌寧府院君에, 여흥백驪興伯 민제는 여흥부원군驪興府院君에, 서원백西原伯 이거이는 서원부원군西原府院君에, 진산백晉山伯 하륜은 진산부원군晉山府院君에 봉작되었다.

그런데 태종이 황제 체제의 봉작명을 참칭할 수 없어 공, 후, 백 대신에 군의 호칭을 사용한다고 하였지만, 군이라는 호칭 자체도 왕이라는 의미가 있기 때문에 일종의 왕작王爵으로 간주되었다. 즉 제후왕인 조선 왕이 제후왕에 해당하는 군을 봉작한다는 것으로서 이는 제후국 조선이 황제 체제의 호칭을 참용한다는 혐의에서 벗어날 수 없었다.

실제로 조선이 봉작명으로 군을 사용하자 중국이 이를 문제 삼으면서 조선 조정 내부에서 논란이 벌어지기도 하였다. 태종의 세자였던 양녕대군이 명나라에 들어갔을 때 당시 명나라의 예부상서는 조선의 봉작명인 군이 참월하다고 하며 이의 혁파를 요구하였다. 그러나 태종은 이를 무시하고 계속 군의 봉작명을 사용하였다. 그 후 세종도 군이라는 칭호를 사용하는 것에 이의를 제기하지 않았으며, 세조대에도 군이라는 칭호 사용에 대하여 태종의 입장을 지지하였다.[10] 게다가 중국에서도 이에 대해 더 이상 문제 삼지 않음으로써 태종조 이후 왕실 및 공신의 봉작명은 기본적으로 군을 사용할 수 있었다.

10_『성종실록』 권64, 성종 7년 2월 16일.

그러나 이 문제를 둘러싸고 태종조 이후 조선 조정 내부에서는 몇 차례의 논란을 겪었다. 성종 7년 2월에 명나라의 사신이 들어오자 성종은 신료들과 함께 봉군封君된 사람들의 호칭을 무엇이라 할지에 대하여 의논하였는데, 이는 군이라는 봉작명이 제후의 예에서 벗어난다는 문제를 야기할까 우려하였기 때문이다.

이에 대하여 정인지와 김질은 '군'이라는 칭호는 무방하지만 '부원군'이라는 칭호는 전고에 없으므로 모두 '군'이라고만 하자는 의견을 제시하였다. 정인지와 김질이 이 같은 의견을 제시한 이유는 이미 세조조에 그렇게 하였으므로 '군'으로 하면 문제가 없을 거라고 생각했기 때문이다. 이는 이미 세조조에서도 동일한 문제로 말미암아 조정에서 논란이 있었음을 의미한다. 세조 당시에 정창손과 한명회 및 조석문은 조선의 관제는 꼭 중국과 같을 필요가 없으므로 부원군이라는 칭호를 사용해도 무방하다는 의견을 제시하였다. 이에 비해 윤자운, 윤사흔, 김국광은 '군'이라는 호칭을 사용하지 말고 임시로 영중추領中樞, 판중추判中樞, 지중추知中樞를 사용하자는 의견을 내놓았다. 성종 7년 2월의 기사는 태종 이후 성종에 이를 때까지 조선이 봉작명으로 군을 계속 사용하기는 했으나 명나라에서 언제 문제를 제기할지 몰라 우려했음을 잘 보여준다.

그런데 태종이 종친, 일반 공신, 부마, 외척의 봉작 명칭을 부원대군, 군, 부원군으로 하여 차이를 두었지만, 모두 '군'이라는 글자

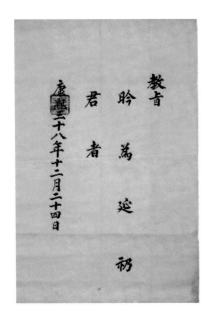

도3 **영조의 왕자 시절 봉군교지** 한
국학중앙연구원 장서각 소장.
잉소는 여섯 살 때 연잉군에 책봉
되면서 봉군교지封君敎旨를 받았
다. 봉군교지는 후궁 소생을 군에
책봉하면서 발급한 것으로 조선
왕실의 적자와 서자 차별을 보여
준다.

11_『세종실록』 권105, 세종 26년
7월 1일.

12_『세종실록』 권103, 세종 26년
2월 21일.

13_『성종실록』 권163, 성종 15년
2월 23일.

가 들어가 있어 양자 사이의 명분이 분명하지 않다는
문제가 있었다. 이 점에 대해 문제를 제기한 왕은 세종
이었다.[11] 세종은 종친, 부마, 외척, 일반 공신 모두가
군이라는 봉작명을 갖는 것은 중국의 전례에 비교할 때
사리에 맞지 않다며 이의를 제기했다. 즉 중국은 왕족
의 경우에는 왕작王爵을 수여하지만 일반 공신의 경우
에는 열후列侯를 제수하여 서로 차별을 두고 있으므로
조선도 왕족과 일반 공신 간에 모두 군을 봉작명으로
쓰면 안 된다는 의견을 제시하였던 것이다.[12] 세종은 그
대안으로 부마의 경우에는 송나라의 제도와 같이 부마
도위駙馬都尉 또는 도위都尉에 제수하거나 아니면 윤尹에
봉하고, 종친은 군으로 봉작하지만 일반 공신과 국구는
군으로 봉작해서는 안 된다는 안을 제시하였다.

　세종의 제안에 대하여 이조에서는 부마의 봉군을 폐지하고 대신
1품에서 2품에 이르는 산관散官만을 제수하자는 보고서를 올렸다.
이를 세종이 허락함으로써 부마의 봉군은 사라지고 부마에게는 위
尉라는 봉작명이 허용되었다.[13] 세조대에는 부마의 봉작명으로 빈賓
이 사용되었다. 성종 15년 3월에 품계에 따라 부마의 칭호를 2품
이상의 위尉로, 당상관 이상의 부위副尉, 4품 이상의 첨위僉尉로 정
하였는데, 이 규정이 그대로 『경국대전』에 수록되었다.

　그런데 세종 당시 이조의 보고에서는 공신과 왕비의 아버지에
대한 봉작명은 언급하고 있지 않다. 이는 아마도 공신과 국구의 봉
작명은 그대로 '군'을 사용하도록 결론이 났기 때문이 아닌가 한다.
그것은 『경국대전』에도 공신과 국구의 봉작명이 종친과 마찬가지로
군으로 나타나기 때문인데, 군으로 봉작되는 대상자는 2품 이상의
종친, 공신 및 국구였다. 요컨대 조선 초기의 봉작제는 왕실 봉작
이나 공신 봉군이나 모두 '군'을 사용하였으며, 부마만 '위'를 사용
하여 구별하였던 것이다.

왕실 봉작은 왕의 유복친有服親 이내의 종친, 부마, 국구 및 이들의 배우자 그리고 왕의 배우자를 대상으로 하고 있다. 이중에서 여성을 제외한 종친, 부마, 국구는 왕의 가까운 친족이면서도 왕권에 직접 도전할 수 있는 존재였다. 따라서 조선 초기의 왕실 봉작제는 이들을 봉작함으로써 이들에게 최고의 명예와 부를 허락하는 대신에 사환과 정치 활동은 철저하게 금지하여 왕권을 안정시키고자 하는 정치적 목적을 위해 정비되었다고 하겠다.

왕실 봉작의 대상은 왕친王親과 외척으로 이루어진 의친議親 중에 왕의 가까운 친인척만이 해당했다. 즉 왕친 중에서는 유복친 이내의 종친과 왕의 딸 그리고 부마가 해당했는데, 이는 왕친의 경우 남계 후손은 4대까지, 여계 후손은 1대까지만 봉작의 대상이 되었음을 의미한다. 이에 비해 외척은 국구만이 봉작의 대상이 되었다.

조선 건국 이후 왕친 중에서 봉작의 대상이 유복친 이내의 종친들로 확정되기까지는 상당한 시간이 소요되었다. 앞에서 살펴본 것처럼 정종대에는 종친 중의 봉작 대상이 단지 기친期親과 대공친大功親으로만 표현되었는데, 이는 왕의 동성친同姓親은 4촌까지가 봉작의 대상이라는 의미였다. 태종대의 종친 봉작도 왕의 손자대까지로 적용되었고, 그 외의 종친에 대해서는 명확한 규정이 없었다. 이는 개국 직후인 태종대에 출생한 종친은 대략 태종의 손자 정도밖에 없었을 것이라는 점을 염두에 둔다면 나름대로 합리적이었다고 할 수 있다. 그러나 세월이 지남에 따라 새로운 왕이 즉위하고 새로운 종친들이 태어날 것을 예상한다면 장구한 규정이라 할 수 없었다. 따라서 봉작의 범위가 되는 종친을 명확하게 확정할 필요가 있었다.

봉작의 대상이 되는 종친을 유교의 친족 조직에 근거하여 유복친 이내로 확정한 왕은 세종이었다. 세종은 오복五服을 기준으로 하고, 여기에 적서嫡庶를 고려하여 종친의 봉작명 및 품계를 자세히 정하였다. 세종은 중국의 열후제列侯制를 참조하여 종친의 봉작명을 정하였는데, 2품 이상은 윤尹, 3품은 정正, 4품은 령令, 5품은 감監,

14_ 『세종실록』 권102, 세종 25년 12월 9일.

6품은 장長으로 하였다.[14]

세조는 세종이 정비한 종친 봉작을 좀 더 정밀하게 세분화하여 세종대에 1품계品階에 1자급資級만을 두었던 종친 품계를 1품계에 2자급을 두도록 하였다. 이에 따라 새로운 봉작명이 제정되었는데, 정3품은 정正, 종3품은 부정副正, 정4품은 령令, 종4품은 부령副令, 정5품은 감監, 종5품은 부감副監, 정6품은 장長이 그것이었다. 세종과 세조대에 정비된 종친 봉작제도는 원칙과 명칭에서 약간의 수정을 거쳐 『경국대전』에 수록되었다.

『경국대전』에서 살펴본 봉작제도

『경국대전』에 따르면 조선시대의 종친 봉작은 다음과 같이 운영되었다.

왕의 정실부인인 왕비가 낳은 아들은 대군大君이라고 불렀다. 대군을 봉작하는 연한은 따로 없었고, 적당한 시기에 봉작하도록 하였다. 이에 비해 왕의 후궁이 출생한 아들은 군君이 되었는데, 이들이 일곱 살이 되면 봉작되었다. 대군과 군은 무품계로서 정1품의 위에 해당하였다. 이는 왕의 아들들은 신료들보다 상위의 존재라는 명분상의 문제에서 나타난 결과였다. 이외에 왕의 손자나 증손자 또는 현손자는 대수代數와 적서 관계에 따라 종친부의 작호爵號를 받고 차차로 승진하도록 하였다. 『경국대전』에 규정된 종친의 봉작명 및 품계를 고려하여 종친들이 초수初授되는 봉작을 정리하면 〈표1〉과 같다.

왕의 딸과 혼인한 부마의 경우 앞에서 살펴본 것처럼 조선 개국 직후에는 군에 봉군되었다. 그러다가 정종대에 부마는 군 대신에 후로 봉작되었는데 태종대에 다시 군으로 봉작되는 변화를 겪었다.

종친 봉작과 마찬가지로 부마의 봉작명을 정한 왕은 세종이었다. 세종대에 부마의 봉작명으로 위尉가 사용되기 시작하였고, 이 명칭이 성종대에 좀 더 구체적으로

도4 영조의 왕자 시절 녹패 한국학 중앙연구원 장서각 소장.
영조는 여섯 살 때 연잉군에 책봉되면서 제1과科의 녹봉祿俸을 지급받았다. 녹패祿牌는 녹봉을 지급한다는 문서로 이조에서 발급하였다.

대상자	봉작명	품계
왕의 적자	대군	무품계
왕의 서자	군	무품계
	군	정1품
대군의 승습적장자承襲嫡長子	군	종1품
세자의 중자, 대군의 승습적장손承襲嫡長孫	군	정2품
왕자군의 승습적장자		
왕자의 중손衆孫, 대군의 중자衆子, 승습적장증손承襲長曾孫	군	종2품
왕자군의 승습적장손承襲嫡長孫		
	도정都正	정3품
세자의 중증손衆曾孫, 대군의 중손衆孫, 왕자군의 중자衆子	정正	정3품
대군의 중증손, 왕자군의 중손	부정副正	종3품
왕자군의 중증손	수守	정4품
왕자군의 중손형제衆孫兄弟 중 양첩良妾 소생		
왕자군의 중증손형제衆曾孫兄弟 중 양첩 소생	부수副守	종4품
왕자군의 중손형제 중 천첩賤妾 소생		
왕자군의 중증손형제 중 천첩 소생	령令	정5품
왕자군의 서중손庶衆孫의 양첩 소생 자子	부령副令	종5품
왕자군의 서중손의 천첩 소생 자子	감監	정6품

〈표1〉 종친 봉작제와 초수 봉작명

세분되기에 이르렀다. 즉 2품 이상은 위尉, 당상관 이상은 부위, 4품 이상은 첨위로 하였는데, 이 규정이 거의 그대로 『경국대전』에 수록되었다.

부마의 초수 봉작은 부마와 혼인하는 왕의 딸의 신분에 따라 구별되었다. 즉 왕의 정실부인이 낳은 공주와 혼인한 부마는 종1품의 위에 봉작되었고, 왕의 후궁이 낳은 옹주와 결혼하는 부마는 종2품의 위에 봉작되었다. 그 밖에 세자의 정실부인이 낳은 군주郡主와 혼인하는 사람은 정3품 당상계의 부위에 봉작되고, 세자의 첩이 낳은 현주縣主와 혼인한 사람은 종3품 첨위에 봉작되었다. 이상의 내용을 『경국대전』을 참고하여 정리하면 〈표2〉와 같다.

외척의 경우 개국 직후에는 왕비의 부친인 국구를 비롯하여 왕비의 남자 형제들도 군에 봉해졌다. 심지어 왕의 후궁들의 부친들까지 군에 봉해지기도 하였다. 그러나 외척 중에 왕비의 친부인 국

상공주자尙公主者	위	정1품
	위	종1품
상옹주자尙翁主者	위	정2품
	위	종2품
상군주자尙郡主者	부위	정3품(당상)
	첨위	정3품(당하)
상현주자尙縣主者	첨위	종3품

〈표2〉 부마의 혼인 대상과 초수 봉작명

구를 제외한 다른 사람들의 봉군은 태종대에 모두 혁파되기에 이르렀다. 태종대에 국구만을 봉군한다는 원칙이 마련되었는데, 이 규정이 그대로 『경국대전』에 수록되었다. 『경국대전』에는 국구가 정1품의 부원군에 봉해지는 것으로 규정되었다. 유복친 이내의 종친, 국구와 함께 조선 초기 왕실 봉작의 주요 대상자가 되었던 사람들은 이들의 배우자 및 왕의 배우자였다.

한편 조선 초기 종친의 처에 대한 봉작이 정비되기 시작한 것은 태종대에 이르러서였다. 태종 17년(1417) 9월 2일에 종친 봉작법이 마련됨에 따라 그로부터 열흘 후인 태종 17년 9월 12일에 종친의 처에 대한 봉작법이 정비되었다. 종친의 처에 대한 봉작명은 정1품 대군의 처는 삼한국대부인三韓國大夫人, 정1품 부원군의 처는 모한국대부인某韓國大夫人, 종1품 군의 처는 모한국부인某韓國夫人, 정2품 군과 종2품 군의 처는 이자호택주二字號宅主, 정3품 원윤元尹과 종3품 정윤正尹의 처는 신인愼人, 정4품 부원윤副元尹과 종4품 부정윤副正尹의 처는 혜인惠人이었다.[15] 종친의 처를 대상으로 한 봉작법에서는 봉작명으로 '삼한국' 또는 '모한국'과 같은 국명이 이용된 것이 특징이었다. 이외에 종친의 처 중에서는 오직 적처만이 봉작의 대상이 되었는데, 태종 5년(1405) 5월에 이미 부인들의 봉작은 정실부인에만 한정한다는 원칙이 천명되었으며, 태종 13년(1413) 3월에 이 원칙이 다시 재

15_ 『태종실록』 권34, 태종 17년 9월 12일.

도5 화유옹주의 부마 창성위 황인점 교지 국립중앙도서관 소장. 황인점(1732~1802)은 1753년(영조 29)에 영조의 딸 화유옹주와 혼인하여 창성위昌城尉에 봉해졌다. 이 교지는 1753년 12월 27일에 발급되었다.

도6 〈종친부사연도〉宗親府賜宴圖 서
울대학교 박물관 소장.
1744년(영조 20)에 영조가 기로소
에 들어간 것을 축하하는 잔치를
마친 후 종친부에 연회를 베풀었
는데, 이를 기념하기 위해 종친부
에서 그린 그림이다.

대상자	봉작명	품계
대군의 처	부부인府夫人	정1품
이하 해당 품계의 종친임	군부인郡夫人	정1품
	군부인郡夫人	종1품
	현부인縣夫人	정2품
	현부인縣夫人	종2품
	신부인愼夫人-(당상관)	정3품
	신인愼人	정3품
	신인愼人	종3품
	혜인惠人	정4품
	혜인惠人	종4품
	온인溫人	정5품
	온인溫人	종5품
	순인順人	정6품

〈표3〉 종친처宗親妻의 봉작명과 품계

확인되었으므로 이에 대한 논란은 없었다.

태종대에 정해진 종친 부인의 봉작명 중에 삼한국과 같은 국명이 이용된 봉작명은 세종 14년(1432) 1월에 개정되었다. 국명을 봉작명으로 사용하는 것은 신하의 명분에 맞지 않는다는 비판이 제기되었기 때문이다. 동시에 '삼한국' 등의 국명은 한정되어 있는 데 비하여 봉작을 받을 대상자는 많기 때문에 여러 사람이 같은 국명을 갖게 되어 혼란이 발생할 수 있다는 문제점도 지적되었다. 이에 세종은 상정소詳定所에 명하여 종친 부인들의 봉작명을 새로 정하여 올리도록 하였다. 상정소에서는 정1품의 처는 모부부인某府夫人, 종1품의 처는 모군부인某郡夫人, 정2품과 종2품의 처는 모현부인某縣夫人으로 하고, 3품과 4품의 처는 이전의 신인과 혜인을 그대로 사용하자는 의견을 제시하였다. 세종은 이를 수락하였다. 이는 이전의 정1품의 처의 봉작명인 삼한국대부인이 모부부인으로, 종1품의 처의 봉작명인 모한국대부인이 모군부인으로, 정2품과 종2품의 처의 봉작명인 이자호택주가 모현부인으로 된 것인데, 국명 대신에 부, 군, 현이 사용되었다. 세종은 종친의 처를 대상으로 한 봉작에 군현명을 사용하게 하고, 그 후 종친들의 봉작에도 군현명을 사용하도록 하였다. 세종이 정한 종친의 처의 봉작은 좀 더 세분화되어 『경국대전』에 수록되었다.

종친, 부마, 국구 등 일정 범위의 종친과 외척은 봉작이 되는 것과 함께 사환이 봉쇄되어 정치 활동이 금지되었다. 대신에 이들은 조선시대 최고의 과전科田과 녹과祿科를 받음으로써 명예와 부를 누릴 수 있었다. 이 같은 왕실 봉작제를 통하여 조선 왕실 사람들은 세자와 형제자녀들이 정치적 대결 없이 우애 돈독한 관계를 유지하며 왕실을 번성시키기를 바랐던 것이다.

世子日常

3 세자, 그리고 왕자들

형제이자
정치적 대결 관계

조선 왕조 500년간 재위한 왕은 스물일곱 명이며, 추존된 왕은 다섯 명이었다. 재위한 스물일곱 명의 왕의 후계자로서 실제 세자의 자리에 있었던 사람은 스물아홉 명이며, 추존왕 다섯 명의 후계자로서 실제 세자의 자리에 있었던 사람은 세 명이었다. 따라서 조선 왕조 500년간 실제로 세자에 있었던 사람은 서른두 명이었다. 이를 표로 정리해보면 〈표4〉와 같다.

표를 통해 알 수 있듯이 조선시대 서른두 명의 세자에게는 서른다섯 명의 적자 형제와 여든아홉 명의 서자 형제가 있었다. 따라서 조선시대 세자와 남자 형제들의 관계란 결국 서른두 명의 세자와 124명의 남자 형제들 사이의 관계라 할 수 있다.

그런데 서른두 명의 세자를 살펴보면 다양한 경우가 있는 것을 확인할 수 있다. 예컨대 한 명의 왕에게 한 명의 세자가 있는 경우는 물론 세자가 없는 경우도 있고, 두 명의 세자가 있는 경우도 있다. 상식적으로 생각하면 한 명의 왕에게 한 명의 세자가 있어야 할 것 같다. 왜냐하면 한 명의 왕의 적장자가 세자가 되기 때문이다. 따라서 왕에게 세자가 한 명도 없거나 또는 두 명의 세자가 있

	세자	적자 형제	서자 형제
태조(1대 재위왕)	2명(방석, 정종)	6명	0명
정종(2대 재위왕)	1명(태종)	0명	15명
태종(3대 재위왕)	2명(양녕대군, 세종)	2명	8명
세종(4대 재위왕)	1명(문종)	7명	10명
문종(5대 재위왕)	1명(단종)	0명	0명
단종(6대 재위왕)	0명	0명	0명
세조(7대 재위왕)	2명(덕종, 예종)	0명	2명
덕종(추존왕)	0명	2명	0명
예종(8대 재위왕)	0명	2명	0명
성종(9대 재위왕)	1명(연산군)	1명	14명
연산군(10대 재위왕)	1명(폐세자)	1명	1명
중종(11대 재위왕)	1명(인종)	1명	7명
인종(12대 재위왕)	1명(명종)	0명	0명
명종(13대 재위왕)	1명(순회세자)	0명	0명
선조(14대 재위왕)	1명(광해군)	1명	12명
광해군(15대 재위왕)	1명(폐세자)	0명	0명
원종(추존왕)	0명	3명	1명
인조(16대 재위왕)	2명(소현세자, 효종)	2명	3명
효종(17대 재위왕)	1명(현종)	0명	0명
현종(18대 재위왕)	1명(숙종)	0명	0명
숙종(19대 재위왕)	1명(경종)	1명	4명
경종(20대 재위왕)	1명(영조)	0명	0명
영조(21대 재위왕)	2명(진종, 장조)	0명	0명
진종(추존왕)	1명(정조)	0명	0명
장조(추존왕)	1명(의소세손)	1명	3명
정조(22대 재위왕)	2명(문효세자, 순조)	0명	0명
순조(23대 재위왕)	1명(익종)	1명	0명
익종(추존왕)	1명(헌종)	0명	0명
헌종(24대 재위왕)	0명	0명	0명
철종(25대 재위왕)	0명	1명	4명
고종(26대 재위왕)	1명(순종)	3명	5명
순종(27대 재위왕)	1명(영친왕)	0명	0명
계	32명	35명	89명

〈표4〉 세자와 남자 형제(세자는 세자, 세제, 세손, 태자의 경우를 모두 포함)

는 경우는 비상 상황이라 할 수 있다. 상황이 이렇다 보니 한 명의 왕에게 한 명의 세자가 있는 경우는 대체로 평범한 경우에 해당하

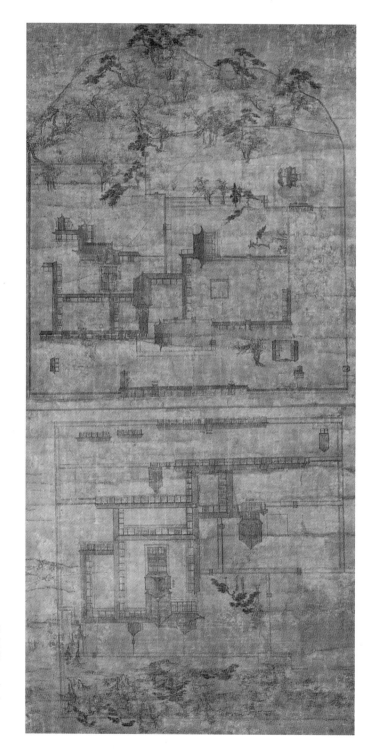

도7 〈인평대군방전도〉麟坪大君坊
全圖 조선시대, 작자 미상, 종이
에 채색, 183.1×90cm, 서울대
학교 규장각한국학연구원 소장.
인조의 셋째 아들이자 소현세자
의 동생인 인평대군의 저택을
그린 그림으로 조선시대 대군의
저택을 잘 표현하고 있다.

제6부 세자와 형제들

고, 그렇지 않은 경우는 비상 상황에 해당한다.

예컨대 한 명의 왕에게 두 명의 세자가 있는 경우는 여섯 차례였다. 즉 태조의 세자였던 방석과 정종, 태종의 세자였던 양녕대군과 세종, 세조의 세자였던 덕종과 예종, 인조의 세자였던 소현세자와 효종, 영조의 세자였던 진종과 장조 그리고 마지막으로 정조의 세자였던 문효세자와 순조의 경우가 그것이다. 이 여섯 차례의 사례를 살펴보면 먼저, 세자가 자연사한 경우가 아니면 정치적 변동에 의해 첫째 세자가 살해되거나 쫓겨난 것임을 알 수 있다. 예컨대 태조의 첫째 세자였던 방석은 1차 왕자의 난으로 살해되었고, 태종의 첫째 세자였던 양녕대군은 부왕에 의해 강제로 교체되었으며, 인조의 첫째 세자였던 소현세자는 부왕에게 독살되었다는 의혹을 받았다. 이는 방석, 양녕대군, 소현세자가 부왕과 맺었던 정치적 관계에서 나타난 결과이기도 하지만 동시에 남자 형제들과 맺었던 정치적 관계에서 나타난 결과이기도 했다. 즉 조선시대의 세자는 근본적으로 남자 형제들과 정치적 대결 관계에 있었던 것이다.

형제를 죽게 한 광해군　이는 한 명의 왕에게 한 명의 세자만 있는 평범한 경우에도 마찬가지였다. 특히 왕비 소생이 아닌 후궁 소생이 세자가 되는 경우에 그의 신분적 약점 때문에 남자 형제들과 격렬한 대결 관계를 이루는 일이 많았다. 이는 조선시대 세자들이 적장자 계승이라는 원칙과 왕실 봉작제라는 제도적 장치에 의해 왕의 후계자로서 보호받았지만 그럼에도 불구하고 남자 형제들과의 정치적 대결 구도에서 완전히 자유롭지는 못했음을 의미한다. 이 같은 대결 구도가 적나라하게 드러난 사건 중의 하나가 선조의 세자 광해군과 광해군의 동복형 임해군 그리고 광해군의 이복동생 영창대군 사이에 있었던 일련의 사건이다.

선조는 왕위에 오르고 2년 후인 1569년 12월에 의인왕후 박씨와 혼인하였다. 당시 선조는 열여덟 살이었고, 의인왕후 박씨는 열

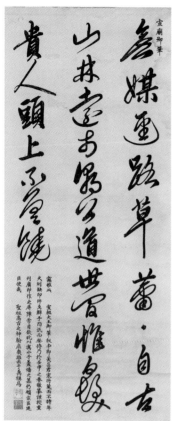

도8 **선조어필**宣祖御筆 강릉시 오죽
헌 소장.
선조는 석봉 한호를 후원했는데
그의 서풍을 사랑하였을 뿐만 아
니라 그의 영향으로 글씨에도 일
가견을 이루었다.

16_『선조실록』 권23, 선조 22년 1
월 25일.

다섯 살이었다. 선조는 의인왕후와 혼인한 직후 공빈 김
씨, 인빈仁嬪 김씨, 순빈順嬪 김씨 등 많은 후궁을 들였다.
의인왕후는 자식을 낳지 못했을 뿐만 아니라 선조와 부부
사이도 별로 좋지 않았다. 반면 선조는 후궁들을 총애하여
후궁 사이에서 많은 자녀를 보았다. 그중에서도 선조의 사
랑을 독차지한 후궁은 공빈 김씨였다. "임금이 총애하여
다른 후궁들이 감히 그 사랑에 끼어들지 못했다"는 말이
나올 정도였다. 선조와 그런 공빈 김씨 사이에 임해군과
광해군이 태어났다.

그런데 공빈 김씨는 광해군을 낳고 2년 만인 선조 10년
(1577) 5월에 산후병産後病으로 세상을 떠났다. 광해군은 자
라면서 총명하고 효심이 깊어 주위의 신망을 얻었다. 이는
난폭하기로 소문났던 친형 임해군과 대비되어 더욱 돋보
였다. 세자에 책봉되기 이전에 광해군은 유자신의 딸에게
장가들어 아들 하나를 두었다.

선조는 왕위에 오른 지 20여 년이 넘도록 왕비 소생의
적자를 얻지 못하고 있었다. 이 때문에 세자 책봉이 이루
어지지 못했다. 장기간 후계 문제가 결정되지 않고 또 왕비가 아들
을 낳을 가망이 보이지 않자 세자를 세우는 문제는 매우 중요한 정
치적 사안이 되었다.

임진왜란 이전에도 신하들은 몇 번에 걸쳐 왕에게 세자를 정할
것을 요청한 바 있었다. 예컨대 선조 22년(1589) 1월에 좌승지 윤선
각이 세자를 세우자는 상소문을 올렸고,[16] 선조 24년에는 정철이 세
자를 세우자고 요청하였다. 그러나 선조는 세자를 세우는 문제에
대하여 매우 부정적이었다. 왕비가 아직 젊고, 또 당시 선조는 인
빈 김씨 소생의 신성군을 총애하고 있었는데, 신료들은 공빈의 둘
째 아들 광해군을 지지했기 때문이다. 이 때문에 세자를 세우자는
요청을 한 신하들은 즉각 처벌되었다. 윤선각은 세자 문제를 언급

한 지 3일 만에 지방으로 좌천되었고, 정철은 세자 문제를 제기했다가 본인을 포함한 서인 전체가 축출되는 화를 당하였다. 이처럼 세자 책봉 문제를 언급한 신료들이 처벌되자 누구도 감히 이 문제를 다시 거론하지 못했다.

그러나 임진왜란이 발발하면서 세자를 세우는 문제는 당장 시급한 과제가 되었다. 임진왜란 초기 연속되는 패전은 인심을 뒤흔들었다. 특히 한양을 버리고 피난을 해야 하는 상황에 이르자 세자를 책봉해 인심을 무마할 필요가 더욱 높아졌다. 『선조실록』과 유성룡이 쓴 『운암잡록』雲巖雜錄에는 광해군이 세자로 결정되는 과정이 자세히 기록되어 있다. 위의 기록에 따르면 당시 우부승지였던 신잡이 처음으로 선조에게 "사람들이 위구심을 가지고 있으니 세자를 책봉하지 않고는 이를 진정시킬 수 없습니다"[17]라고 하여 세자 책봉 문제를 제기하였다. 이에 선조는 시임 정승 이산해, 유성룡 등을 불러들여 세자 책봉 문제를 의논하였다. 유성룡은 세자를 책봉해야 한다고 주장했지만, 그때에도 선조는 "만약 왕비가 원자를 낳게 되면 그 처리가 매우 곤란하지 않겠소?"라고 하며 꺼려했다. 하지만 신료들의 성화에 못 이겨 그날로 광해군을 세자로 결정하였다. 선조는 광해군을 세자로 결정하면서 곧바로 전위할 뜻을 나타냈지만 대신들의 반대로 그만두었다. 광해군이 세자에 책봉된 바로 다음 날 선조는 한양을 포기하고 북으로 피난길에 올랐다. 요컨대 광해군은 임진왜란이라는 비상사태에 대처하기 위하여 부득이하게 세자에 책봉된 것이었다.

선조와 세자 광해군의 관계는 임진왜란이 진행되면서 점점 나빠졌다. 이는 선조의 열등감과 위기의식 때문이었다. 임진왜란 초반의 연이은 패전, 그리고 수도 한양을 포기하고 요동으로 망명하려 했던 사건은 국왕 선조의 권위에 치명상을 입혔다. 그에 비해 세자 광해군은 전선을 누비며 군사들을 격려하고 인심을 안정시켜 신망을 얻었다. 자연히 세자 광해군에게 왕위를 넘기라는 여론이 높아

17_『선조실록』 권26, 선조 25년 4월 28일.

老牛用力已多年領破皮

穿只愛眠犂耙已休春雨

足主人何苦又加鞭

仁穆王后御筆

도9 **인목왕후어필仁穆王后御筆** 강릉시 오죽헌 소장.
인목왕후 김씨(1584~1632)는 선조의 둘째 왕비로서 조선시대의 대표적인 여류 서가書家이자 처음 등장한 능서가能書家였다.

졌고, 그럴수록 선조는 열등감과 위기의식에 시달렸다. 이런 와중에 선조는 세자 광해군에게 전위하겠다고 하고, 세자 광해군은 사양하는 일이 반복되었다.

임진왜란이 어느 정도 수습되면서 선조의 전위 소동은 가라앉았지만 근본적인 문제는 여전히 해결되지 않았다. 한양으로 돌아왔을 때, 선조는 겨우 마흔두 살에 불과했다. 아직 젊고 창창한 나이였으니 세자에게 왕위를 넘겨줄 수도 없는 노릇이었다. 게다가 선조는 추락한 권위를 회복하기 위해 임진왜란 중 자신의 활약을 과대 선전했는데, 그럴수록 오히려 세자 광해군의 활약상만 빛났다.

임진왜란이 끝난 직후인 선조 33년(1600) 6월에 의인왕후 박씨가 죽으면서 상황은 더욱 혼란스러워졌다. 젊은 선조는 다시 왕비를 들일 테고, 그 왕비가 만약 아들을 낳는다면 어떤 일이 벌어질지 예측할 수 없기 때문이었다. 의인왕후 박씨가 죽은 지 약 2년 후인 선조 35년(1602) 7월에 선조는 새 왕비를 맞아들였다. 이때 왕비로 책봉된 사람이 김제남의 딸 인목왕후 김씨였다. 선조의 재혼은 세자 광해군의 위기의식을 높였고, 그것은 곧 인목왕후 김씨에 대한 의심과 불안감으로 표출되었다.

세자 광해군의 불안은 근본적으로 그가 서자 출신이라는 사실에서 비롯되었다. 서자인 광해군이 세자에 책봉될 수 있었던 것은 임진왜란이라는 전쟁 상황 때문이었다. 하지만 전쟁이 끝난 마당에 세자 광해군의 입지는 약화될 수밖에 없었다. 그런 상황에서 만약 왕비 소생의 적자가 태어난다면 세자 광해군이 서자 출신이라는 사실은 크나큰 약점이 될 수밖에 없었다. 그래서 세자 광해군 본인은 물론 측근들도 인목왕후 김씨가 아들을 낳을까 노심초사하지 않을 수 없었다. 이런 상황에서 선조 36년(1603) 5월에 인목왕후 김씨가 첫아이를 낳았다. 당시 광해군 측 사람들이 얼마나 불안해했는지를

『계축일기』에서는 이렇게 전한다.

만력萬曆 임인(선조 35, 1602)에 왕비마마에게 태기가 있다는 이야기가 있었다. 세자 광해군의 장인인 유자신이 그 소문을 듣고 왕비마마를 놀라게 하여 낙태시키려 하였다. 그래서 대궐에 돌팔매질도 하고, 대궐 사람들을 꾀어 궁녀들의 측간에 구멍을 뚫고 나무로 쑤셔대게 하기도 하고, 대궐 밖에 화적 떼가 나타났다고 소문을 퍼뜨리기도 하였다. 이런 일이 계속되자 대궐에서도 마침내 유자신을 의심하게 되었다. 계묘(선조 36)에 왕비마마께서 공주를 낳으셨는데, 해산 소식이 잘못되어 대군 아기씨가 탄생하였다고 전해졌다. 그러자 유자신은 한마디 말도 않다가, 다시 공주마마가 탄생하였다는 소식을 듣고서야 그제야 간신히 축하 예물을 올렸다. 그가 얼마나 왕비마마를 미워했는지 알 만하였다.

세자 광해군과 그의 측근들이 이렇게 불안에 떠는 것과 아랑곳없이 인목왕후 김씨는 계속해서 아이를 낳았다. 첫째 아이 정명공주가 태어난 지 1년 후에 또 아이를 낳았는데 이번에도 딸이었다. 게다가 사산아였다. 하지만 두 번째 아이를 사산한 지 1년 반쯤 후에 인목왕후 김씨는 드디어 아들을 낳았다. 바로 영창대군이었다. 『계축일기』에 따르면 "그때 유자신은 집에서 머리를 싸매고 누워 자나 깨나 왕비마마와 대군 아기씨를 모해하려는 계책만 꾸몄다." 이 같은 유자신의 불안감은 바로 세자 광해군의 불안감이기도 했다. 세자 광해군의 불안감이 클수록 인목왕후 김씨는 물론 영창대군과도 적대적인 관계로 치달을 수밖에 없었다.

영창대군이 태어나고 근 2년이 되던 선조 41년(1608) 2월 1일에 선조가 세상을 떠났다. 그날 세자 광해군은 즉위식을 치르고 왕위에 올랐다. 이는 선왕이 죽으면 5일 후에 입관을 하고 즉위식을 치르는 왕실 관행을 어기는 일이었다. 왕실 관행을 어기면서까지 세자 광해군이 즉위 의식을 서두른 이유는 불안감 때문이었다. 혹시라도 인목왕후 김씨가 영창대군을 왕위로 내세울까 두려워했던 것이다.

광해군은 즉위한 후 동복형 임해군과 이복동생 영창대군을 죽였다. 이 두 명의 남자 형제가 선조의 서자, 그것도 둘째 아들인 자신을 위협할 가능성이 높았기 때문이다. 광해군에게 먼저 죽임을 당한 남자 형제는 동복형 임해군이었다.

광해군의 측근들은 광해군이 즉위한 지 3일 후부터 임해군을 추방하라고 요청하기 시작했다. 임해군이 오래전부터 딴 뜻을 품고 은밀히 재물과 사람을 모았다는 이유에서였다. 이것은 임해군이 역모를 도모한다는 말이나 다름없었다. 임해군이 광해군 측근들로부터 역모 혐의를 받은 이유는 간단했다. 임해군이 광해군의 친형이기 때문이다. 임해군은 처음에 진도로 추방되었다가 강화도로 옮겨졌다. 임해군은 강화도로 추방된 지 몇 달 만에 의문의 죽음을 당했는데, 그 죽음에 대하여 실록은 다음과 같이 기록하고 있다.

> 임해군을 강화도 위소圍所에서 살해하였다. 임해군이 위장圍墻 안에 있을 때 다만 관비官婢 한 사람만이 그 곁에 있으면서 구멍으로 음식을 넣어주었는데, 이때 이르러 수장守將 이정표가 핍박하여 독을 마시게 했으나 따르지 않자 드디어 목을 졸라 죽였다. 【임해군이 죽은 것을 사람들이 능히 밝히지 못하고 또 죽은 날짜도 알지 못하였다. 그러다가 인조반정 이후 임해군의 가족들이 그 관비를 불러 묻고서야 비로소 그 실상을 알게 되었다. 임해군의 부인 허씨가 관을 열고 보니 피부가 마치 살아 있을 때의 모습 같았는데, 그 목에 아직도 새끼줄을 감았던 붉은 흔적이 남아 있었다.】[18]

광해군에게 영창대군은 임해군보다 더 위협적인 존재였다. 임해군은 같은 서자로서 동복형에 불과했지만 영창대군은 적자였기 때문이다. 게다가 영창대군의 생모가 대비로 생존해 있기에 광해군의

불안감은 더 클 수밖에 없었다. 영창대군이 자랄수록 광해군의 불
안감 역시 커갔고 그에 비례하여 광해군과 영창대군의 관계는 적대
적으로 변해갔다. 이 같은 상황을 『계축일기』에서는 이렇게 묘사하
고 있다.

> 광해군은 가끔 내전에서 식사를 할 때 정명공주는 만나도 영창대군은
> 보려 하지 않았다. 그러면서 왕비 유씨에게 "대비전에 가면 영창대군의
> 소리가 너무 듣기 싫다"고 말하곤 했다. 하루는 영창대군이 "대전에 계
> 신 형님 전하가 보고 싶어요" 하여 광해군이 대비전에 오셨을 때, 공주
> 와 대군 아기씨를 앉혀 뵙게 하였다. "정명공주로구나. 이리 오너라."
> 광해군은 정명공주를 안아보고는 계속해서 말하기를, "정말 똑똑하고
> 예쁘게도 생겼습니다" 하였다. 그러나 영창대군에게는 말 한마디 건네
> 지 않고 본 체하지도 않았다. 영창대군이 민망하여 주춤거리니 대비마
> 마가 말씀하시기를, "너도 앞으로 나가보거라" 하였다. 영창대군은 어
> 렵사리 일어나 광해군 앞으로 갔다. 그러나 광해군은 고개를 들어 한
> 번 보려고도 하지 않았다. 그러자 영창대군이 밖으로 나와 울먹이며 말

하기를, "형님 전하께서는 누님만 저리 귀여워하시고 나는 본 체도 않으시네. 차라리 나도 누님처럼 여자로 태어날 것을 왜 남자로 태어났을까!" 하였다. 영창대군이 그날 하루 종일 서럽게 울어 주변 사람들의 마음을 아프게 했다. 광해군은 자신의 세자가 어렸을 때부터 늘 "내가 살아 있는 동안에는 비록 이 궁궐에 대군 열 명이 있더라도 두려워할 것이 없다. 그러나 영창대군은 너와 조카 간 아니냐? 예전에 세조께서는 단종이신 조카를 죽이고 왕위에 올랐으니, 나는 그런 일이 생길까 두렵구나. 내 반드시 영창대군을 없애고 너를 편안케 하리라" 하였다. 그래서 광해군의 세자는 영창대군을 싫어하여 대할 때마다 마치 무서운 것을 보는 듯하였다.

영창대군이 울먹이면서 "차라리 나도 누님처럼 여자로 태어날 것을 왜 남자로 태어났을까!"라고 한 넋두리 속에 비극이 들어 있다. 광해군은 영창대군이 남자 형제, 그것도 자신은 서자인 데 비해 영창대군은 적자였기에 두려웠던 것이다. 훗날 자신이 죽고 세자가 왕이 되었을 때 영창대군은 왕의 삼촌이 되는데, 그렇게 되면 수양대군과 단종의 관계처럼 될 수도 있었다. 광해군은 그렇게 될까 봐 두려워했던 것이다. 그 때문에 영창대군을 없애야 한다고 생각했다. 그것은 영창대군의 죄도, 광해군의 죄도 아니었다. 서자 출신의 세자와 적자 출신의 남자 형제가 권력 앞에서 겪어야 하는 운명일 뿐이었다. 그 운명은 결국 참혹한 비극을 불러왔다. 광해군은 동복형 임해군에게 했던 것을 이복동생 영창대군에게도 똑같이 했다. 영창대군은 임해군과 마찬가지로 강화도에 추방되었다가 그곳에서 의문의 죽음을 맞았던 것이다.

4 세자, 그리고 공주와 옹주들

세자의 편에
서 있는가, 아닌가

조선 왕조 500년간 스물일곱 명의 왕과 다섯 명의 추존왕에게는 모두 합하여 서른여덟 명의 공주와 일흔여섯 명의 옹주가 있었다. 공주와 옹주를 합하면 114명이었다. 이들 114명이 세자의 여자 형제들이었다. 이를 표로 정리해보면 〈표5〉와 같다.

표를 통해 알 수 있듯이 조선시대 서른두 명의 세자에게는 서른여덟 명의 적녀 형제와 일흔여섯 명의 서녀 형제가 있었다. 따라서 조선시대 세자와 여자 형제들의 관계란 결국 서른두 명의 세자와 114명의 여자 형제들 사이의 관계라 할 수 있다.

조선시대 세자의 여자 형제인 공주와 옹주는 혼인한 후 궁궐에서 나가 부마와 함께 살았다. 공주와 옹주는 출가외인이라는 관념에 따라 비록 남편이 죽어도 시댁에서 살아야 했다. 게다가 조선시대 여성은 정치에서 배제되었기에 공주와 옹주는 정치에 간여할 수 없었다. 또한 공주와 옹주의 남편인 부마 역시 정치에 간여할 수 없었다. 그러므로 공주와 옹주 또는 부마는 원천적으로 정치에서 배제되었다. 혹 세자에게 문제가 있다고 해도 공주와 옹주 또는 부마가 대신할 수는 없었다. 그러므로 세자가 여자 형제들인 공주 또

299

	세자	적녀 형제	서녀 형제
태조(1대 재위왕)	2명(방석, 정종)	3명	2명
정종(2대 재위왕)	1명(태종)	0명	8명
태종(3대 재위왕)	2명(양녕대군, 세종)	4명	13명
세종(4대 재위왕)	1명(문종)	2명	2명
문종(5대 재위왕)	1명(단종)	1명	1명
단종(6대 재위왕)	0명	0명	0명
세조(7대 재위왕)	2명(덕종, 예종)	1명	0명
덕종(추존왕)	0명	1명	0명
예종(8대 재위왕)	0명	1명	0명
성종(9대 재위왕)	1명(연산군)	1명	11명
연산군(10대 재위왕)	1명(폐세자)	1명	1명
중종(11대 재위왕)	1명(인종)	5명	6명
인종(12대 재위왕)	1명(명종)	0명	0명
명종(13대 재위왕)	1명(순회세자)	0명	0명
선조(14대 재위왕)	1명(광해군)	1명	10명
광해군(15대 재위왕)	1명(폐세자)	0명	0명
원종(추존왕)	0명	0명	0명
인조(16대 재위왕)	2명(소현세자, 효종)	0명	1명
효종(17대 재위왕)	1명(현종)	6명	1명
현종(18대 재위왕)	1명(숙종)	3명	0명
숙종(19대 재위왕)	1명(경종)	2명	0명
경종(20대 재위왕)	1명(영조)	0명	0명
영조(21대 재위왕)	2명(진종, 장조)	0명	12명
진종(추존왕)	1명(정조)	0명	0명
장조(추존왕)	1명(의소세손)	2명	1명
정조(22대 재위왕)	2명(문효세자, 순조)	0명	2명
순조(23대 재위왕)	1명(익종)	3명	1명
익종(추존왕)	1명(헌종)	0명	0명
헌종(24대 재위왕)	0명	0명	1명
철종(25대 재위왕)	0명	0명	6명
고종(26대 재위왕)	1명(순종)	1명	3명
순종(27대 재위왕)	1명(영친왕)	0명	0명
계	32명	38명	76명

〈표5〉 세자와 여자 형제(세자는 세자, 세제, 세손, 태자의 경우를 모두 포함)

는 옹주와 정치적으로 대결하는 일은 거의 없었다. 다만 세자와 여자 형제가 이복형제 사이이고, 그 여자 형제가 자신의 동복 남자 형제를 정치적으로 후원하는 경우에 세자와 간접적인 대결 구도를 형성하는 경우가 있었다.

사도세자를 두려워한 여동생 화완옹주

공주나 옹주가 출가했다가 자식도 없이 남편이 죽은 경우, 그것을 측은하게 여긴 부왕이 공주나 옹주를 궁궐로 불러들임으로써 세자와 문제를 야기하는 일도 있었다. 예컨대 영조의 옹주이자 사도세자의 동복 여동생인 화완옹주의 경우가 그랬다.

화완옹주는 영조와 영빈 이씨 사이에서 태어났다. 화완옹주는 영조의 열두 옹주 중에서 아홉 번째 옹주였다. 그래서 9왕녀라고 불리기도 했다. 여섯 살에 옹주에 책봉된 화완옹주는 열두 살에 일성위 정치달과 혼례를 치렀다. 하지만 화완옹주는 아직 미성년이었으므로 혼례 후에도 계속해서 궁궐에서 살았다. 그러다가 열다섯 살에 궁궐을 나가 일성위 정치달과 혼인생활을 하기 시작했다. 하지만 혼인생활 5년 만에 일성위 정치달이 세상을 떠나자 화완옹주는 홀로 되었다. 게다가 자녀도 없었다. 화완옹주를 편애하던 영조는 옹주를 궁으로 불러 함께 살게 했다.

화완옹주가 남편을 잃고 궁으로 돌아왔을 때, 영조와 사도세자의 관계는 좋지 않았다. 아니 악화 일로였다. 두 사람 사이에는 불신과 원한이 쌓여가고 있었다. 사도세자는 영조의 편애를 받는 화완옹주를 질투하기도 했다. 사도세자는 노골적으로 "저는 자애를 극진히 입고 나는 어이 이러한고"라고까지 했다. 그런 사도세자에게 화완옹주는 두려움을 느낄 수밖에 없었다. 자신이 아무리 영조의 편애를 받는다고 해도 부왕의 나이를 고려하지 않을 수 없었기 때문이다. 화완옹주는 사도세자를 위해 발 벗고 나섬으로써 세자의 분노를 가라앉히고자 했다. 사도세자도 그것을 알고 필요할 때마다 화완옹주를 이용하곤 했다.

당시 사도세자는 창덕궁에서 영조와 함께 살고 있었는데, 가능

도11 **경희궁** ⓒ박상준

영조와의 관계가 편치 않았던 사도세자는 누이인 화완옹주를 통해 부왕 영조를 경희궁으로 이어하도록 했다.

19_ 혜경궁 홍씨, 『한중록』.

하면 따로 떨어져서 살고 싶어했다. 사도세자는 영조만 경희궁으로 가게 하고 자신은 그대로 창덕궁에 머물고자 했다. 사도세자는 그것을 성사시키기 위해 화완옹주를 이용했다. 영조 36년(1760) 7월 1일에 사도세자는 화완옹주를 불러 "아무래도 한 대궐 속에서 살 길이 없으니, 웃 대궐을 보자 하거나 아무 계교로나 뫼시고 가라"[19]고 했다. 수단방법을 가리지 말고 영조를 설득해 경희궁으로 옮기게 하라는 것이었다. 본래 조선 왕실의 관행에 따르면 왕이 이어移御하면 세자도 당연히 따라서 이어해야 했다. 왕 옆에 세자가 있어야 했기 때문이다. 사도세자는 그런 관행까지 무시하면서 영조와 떨어져 살려 했다. 사도세자의 요구는 관행과 명분에 어긋나기에 공식적으로는 불가능한 일이었다. 사도세자가 화완옹주를 이용하려는 이유가 여기에 있었다.

7월 6일에 영조는 왕비만 데리고 경희궁으로 이어하겠다고 선언했다. 조선시대에 왕의 이어는 매우 중요한 문제였으므로 신료들과 논의해야 하는데도 불구하고 영조는 일방적으로 선언했다. 영조는 "한밤중에 생각이 났다. 나는 다만 중전과 함께 경희궁으로 이어하여 예전에 중전과 함께 대비를 모셨던 것처럼 몇 달 머물다 돌아오겠다"고 하였다. 중전과 함께 오붓하게 지내려고 경희궁으로 이어한다는 명분이었다.

당시 영조는 어린 왕비와 재혼한 지 1년쯤 지난 상태였다. 영조 36년에 영조는 예순일곱 살이었고, 왕비는 열여섯 살로 영조보다 무려 쉰한 살이나 어렸다. 명색이 부부였지 사실은 할아버지와 손녀 사이나 마찬가지였다. 게다가 어린 왕비는 임신, 출산이 불가능한 상황이었다. 영조가 워낙 노년이었기 때문이다. 설상가상 영조는 어린 왕비는 제쳐두고 주로 선희궁과 생활하였다. 엄격하게 말하면 왕비는 청상과부나 마찬가지였다. 따라서 이런 왕비를 위로하기 위해 둘만의 오붓한 시간이 필요할 수도 있었다. 그렇지만 이것은 어디까지나 표면적인 명분에 불과했고, 실제로는 화완옹주의 간청 때문에 이어하게 되었다. 어쨌든 이어 날짜는 8일로 결정되었다. 『한중록』에 따르면, 영조의 경희궁 이어가 결정되자 사도세자는 화완옹주를 불러 칼을 어루만지면서 "이후에 내게 무슨 일이 있으면 이 칼로 너를 베리라"고 말했다고 한다. 화완옹주가 영조를 따라 경희궁으로 가서 잘 주선하지 못하면 죽이겠다는 협박이었다. 이런 협박을 당한 화완옹주는 울면서 "앞으로 잘할 터이니 목숨만 살려주세요" 하며 간청했다고 한다. 화완옹주는 사도세자가 곧 왕이 될 것이라고 믿었기 때문에 그를 두려워할 수밖에 없었다.

영조가 경희궁으로 옮겨간 후에도 화완옹주는 사도세자를 위해 힘썼다. 사도세자가 요구하는 일이 있으면 무슨 수를 써서라도 영조가 허락하도록 했다. 영조 36년 7월 13일에 있었던 사도세자의 온양 온천 행차도 그렇게 성사되었다. 영조 37년(1761)에 있었던 사도세자의 이른바 신사서행辛巳西行이라는 평양 행차도 화완옹주를 믿고 감행한 일이었다. 사도세자가 뒤주에 갇혀 세상을 떠나던 영조 38년(1762) 윤5월의 임오화변 때까지 화완옹주는 사도세자가 시키는 대로 고분고분 따랐던 것이다. 그런 면에서 사도세자는 여동생 화완옹주를 통해 부왕 영조와의 갈등을 해소하기도 했지만, 또

여동생 화완옹주로 말미암아 임오화변의 비극을 재촉했다고도 볼 수 있다.

세자 인종, 폐서인된
누이들을 복권시키다 이와는 달리 중종의 세자였던 인종과 그의 이복 여자 형제 혜순옹주와 혜정옹주 사이에서 일어났던 비극은 세자 인종과 그의 이복동생 복성군 사이에 있었던 정치적 대결 과정에서 비롯된 사건이었다.

알다시피 중종은 연산군을 축출한 반정 세력에게 추대되어 왕위에 올랐다. 하지만 중종의 부인 신씨는 연산군의 처남 신수근의 딸이었기에 왕비 자리에서 쫓겨나야 했다. 신씨를 쫓아낸 반정군은 곧바로 중종의 왕비를 간택하여 책봉하려 했다. 그때 대비 윤씨(정현왕후)가 정승들에게 "왕비의 덕은 얌전하고 착한 것이 제일이다. 지금 왕비를 간택하는 때에 한갓 얼굴만 보아서는 안 된다. 내가 먼저 두세 처녀를 간택하여 후궁에 들여 서서히 그 행실을 보아 결정하는 것이 어떻겠는가?"라고 제안했다. 이 제안이 받아들여짐으로써 중종의 왕비 간택은 일반적인 왕비 간택과는 다르게 진행되었다.

조선시대 왕비는 삼간택을 거쳐 최종적으로 한 명이 선발되었다. 이렇게 간택된 후보자는 몇 달 정도 예비 교육을 받은 후 왕비에 책봉되는 것이 관행이었다. 그런데 이번에는 초간택에서 뽑힌 두세 명의 후보자를 일시에 입궁시켜 몇 달 동안 대비의 관찰 심사를 거친 후 그중 한 명을 왕비에 책봉하겠다는 것이었다. 입궁하는 두세 명의 후보자는 자동으로 후궁이 되도록 했다. 그래서 왕비에서 탈락한 후보자들은 그대로 후궁으로 지내야 했다.

중종 2년(1507) 3월에 네 명의 왕비 후보자가 선발되었는데 윤여필의 딸, 홍경주의 딸, 박수림의 딸 그리고 나숙담의 딸이었다. 이들 중에서 윤여필은 반정공신 4등이었고, 홍경주는 1등이었다. 반면 박수림이나 나숙담은 그 존재조차도 잘 알려지지 않은 한미한 사람이었다. 결국 중종의 왕비 후보자 네 명 가운데 두 명은 공신의 딸이었고, 나머지 두 명은 별 볼일 없는 사람의 딸이었다. 공신의 딸들은 인물보다는 가문 배경에 의해, 별 볼일 없는 사람의 딸들은 가문 배경보다는 인물에 의해 선정되었다. 당연히 인물은 박수림의 딸과 나숙담의 딸이 뛰어났는데, 그중에서도 박수림의 딸이 더 좋았다.

네 명의 왕비 후보자들은 모두 숙의淑儀 신분으로 입궁했다. 대비 윤씨는 이들 네 명의 후보자를 놓고 관찰하기 시작했다. 관찰이라고 했지만 사실 판단은 가문이냐 인물이냐 둘 중의 하나였다. 가문이라면 윤여필의 딸이나 홍경주의 딸 중에서 골라야 했고, 인물이라면 박수림의 딸이나 나숙담의 딸 중에서 골라야 했다. 만약 가문으로 본다면 홍경주보다는 윤여필의 딸이 우선순위에 들었다. 반정 세력의 핵심인 박원종을 외삼촌으로 두고 있는 윤여필의 딸이 아무래도 유리했기 때문이다. 반면 인물로 본다면 박수림의 딸이 최고였다. 결국 윤여필의 딸 아니면 박수림의 딸을 골라야 했는데, 이것이 쉽지 않았다. 당시의 정치적 상황, 중종의 생각 등이 복잡하게 얽혀 있었기 때문이다.

실록에 따르면 연산군 11년(1505)에 채홍사가 전국의 미녀들을 조사할 때 이미 박수림의 딸의 미모가 알려졌다고 한다. 박수림은 대대로 경상도 상주에 살던 사람이었다. 그런데 중종의 왕비 후보를 고를 때 대상자는 원칙적으로 한양에 거주하는 처녀라야 했다. 따라서 반정을 전후한 시기에 박수림의 딸은 상주를 떠나 한양에 있었다고 보아야 한다. 박수림의 딸은 반정 직전에 채홍사에게 이끌려 한양에 올라왔을 가능성이 높다. 그런 박수림의 딸을 중종의 왕비 후보로 올린 사람은 다름 아닌 반정 세력의 핵심 박원종이었다. 박원종은 한양에 머물던 박수림의 딸을 눈여겨보았다가 간택단자를 올리게 했음에 틀림없다. 다시 말해서 박원종이 박수림 딸의 후원자였던 것이다. 일설에는 박원종이 박수림의 딸을 수양딸로 삼았다고도 한다. 박수림의 딸이 왕비 후보자가 되자 당시 검상으로 있던 정붕鄭鵬이 "이것은 화란의 씨앗이다"라고 탄식했는데, 인물이 뛰어난 박수림의 딸이 큰 사건을 야기하고야 말 것이라는 예언이었다.

이에 비해 윤여필의 딸은 박원종의 넷째 여동생에게서 태어나 여덟 살부터 박원종의 큰누이인 월산대군 부인에게서 양육된 처녀였다. 이런 면에서 윤여필의 딸은 박원종에게 각별한 존재일 수밖에 없었다. 박원종은 중종의 왕비 후보자로 가문을 대표하는 조카딸과 인물을 대표하는 수양딸을 함께 들였던 것이다. 누가 되든 자신의 영향력 아래에 있는 처녀를 중종의 왕비로 만들겠다는 속셈이었다.

이런 상황에서 대비 윤씨는 결단을 내리기가 어려웠다. 윤여필의 딸이나 박수림의 딸이나 어차피 박원종의 영향력 아래에 있는 처녀였으며 일장일단이 있었다. 윤여필의 딸은 좋은 가문에 좋은 교육을 받았다는 장점이 있었다. 하지만 너무 좋은 가문과 그다지 좋지 않은 인물은 문제였다. 반면 박수림의 딸은 뛰어난 인물이 장점이었다. 그러나 좋지 않은 가문과 제대로 교육받지 못했다는 점은 큰 단점이었다. 대비 윤씨는 이러지도 못하고 저러지도 못하고 자꾸 결정을 미루었다. 박원종을 비롯한 신료들로부터 속히 결정하라는 압력이 이어졌다. 중종 2년 6월 17일에 결국 윤여필의 딸이 왕비로 결정되었다. 관찰 심사가 시작된 지 약 3개월 만이었다. 이후 중종 2년 8월 4일에 가례가 거행됨으로써 윤여필의 딸이 정식 왕비가 되었으니, 장경왕후 윤씨다. 대비 윤씨가 윤여필의 딸을 왕비로 결정한 것은 결국 가문을 우선시한 셈이었다. 아울러 윤여필이 대비 윤씨의 친척이라는 점도 작용했다. 윤여필은 박원종의 매형이기도 했지만 동시에 대비 윤씨와 10촌 남매간이기도 했다.

반정 세력의 강압에 의해 강제 이혼하고 또 강제 혼인까지 했던 중종은 처음에 장경왕후와 별로 정이 없었다. 억지로 맺어진 부부간이라 애틋한 정이 있을 리 없었다. 게다가 장경왕후는 뛰어난 미녀도 아니었다. 중종은 왕비보다는 후궁이 된 박수림의 딸 박씨에게 관심을 기울였다. 실제로 첫째 아들도 박씨에게서 보았다. 중종 4년(1509) 9월 15일에 박씨가 낳은 복성군이 중종의 첫째 아들이었다. 중종의 첫째 아들까지 낳은 경빈 박씨는 중종의 총애를 독차지하다시피 했다. 경빈 박씨는 복성군에 이어서 혜순옹주와 혜정옹주를 연이어 낳았다.

이에 비해 장경왕후 윤씨는 6년이나 늦은 중종 10년(1515) 2월 25일에야 아들을 낳았다. 그 아들이 훗날의 인종이다. 장경왕후는 아들을 늦게 낳았을 뿐만 아니라 해산 직후 세상을 떠남으로써 파란을 예고했다.

중종의 세자, 즉 장경왕후의 아들이자 훗날의 인종은 여섯 살 되던 해에 세자에 책봉되었다. 그는 비록 세자가 되었지만 불안한 처지였다. 첫째는 생모 장경왕후 윤씨가 일찍 세상을 떠났기 때문이고, 둘째는 그런 상황에서 부왕 중종이 경빈 박씨를 유독 총애하였기 때문이다. 설상가상 경빈 박씨의 아들 복성군은 세자보다 여섯 살이나 많은 데다 중종의 사랑까지 받았다. 경빈 박씨가 아들 복성군을 위해 세자 자리를 넘본다는 의혹이 끊임없이 제기되었다. 이런 상황에서 중종 22년(1527)에 이른바 '작서灼鼠의 변'이 터졌다. 실록에서는 '작서의 변'이 불거진 과정을 이렇게 전하고 있다.

좌의정 이유청, 우의정 심정, 우찬성 이항, 좌참찬 안윤덕 등이 아뢰기를, "근래 재변이 연이어 일어나고 햇무리까지 생겼습니다. 이에는 분명 그렇게 된 이유가 있을 것이니, 어찌 재변을 해결할 방법이 없겠습니까? 면대面對하기를 청합니다" 하였다. 주상이 경복궁의 사정전으로 나아가 면대하였다. 좌의정 이유청이 아뢰기를, "근래 재변이 매우 많습니다. 하늘에 흰 기운이 뻗치는 것을 병상兵象이라고는 하는데 어찌 이유 없이 생겼겠습니까? 또 햇무리까지 생기는 등 재변이 근래에 잇달았습니다. 이는 틀림없이 재상宰相이 어질지 못하기 때문에 이러한 일이 생기는 것입니다. 신 등은 지극히 송구스럽습니다. 듣건대 동궁에 요괴로운 일이 있었다고 하는데 그것이 사실인지는 모르겠습니다. 진실로 이런 일이 있었다면 지극히 경악스러운 일로 어찌했으면 좋을지 모르겠습니다" 하였다. 우의정 심정은 아뢰기를, "재변이 근래에 더욱 심각하게 발생하고 있으니 하늘이 분명하게 경계하는 뜻을 알 수 있습니다. 삼가 듣건대 세자궁에 요괴로운 일이 있었다고 하는데, 생각하기로는 근래의 재변이 이 때문에 발생한 것 같습니다. 위에서도 보통으로 여겨 가볍게 조처해서는 안 됩니다. 또 성상께서는 고금의 사적을 두루 아시고 계시는바 조종조祖宗朝의 일만 가지고 보더라도 동궁에 모후母后가 없으면 으레 이런 괴변이 있었으니 이보다 더 경악스러운 일이 어디 있겠습니까? 이는 내간內間의 일이므로 밖에서 추문하자고 청할 수가 없습니다. 따라서 내간에서 자체로 추문하여 그 사람을 색출하여 통쾌하게 다스린다면 간모奸謀가 절로 위축되어 없어져 내외內外가 모두 편안할 것입니다" 하였다. 주상이 이르기를, "동궁의 일은 안에서도 아직 못 들었는데 외간에서 먼저 들은 것이 있는가? 그렇다면 그것이 무슨 일인가?" 하였다. 우의정 심정이 아뢰기를, "기미幾微에 관한 일은 그것이 조금만 비쳐도 속히 명쾌하게 결단해서 외인으로 하여금 속 시원히 알게 해야 합니다. 일이 만약 긴급하게 된 경우에는 신 등도 아뢰기가 또한 어려운 것입니다. 그래서 미리 아뢰는 것입니다. 전일 세자의 생신일에 죽은 쥐를 가져다 사지四肢를 찢어 불에다 지진 다음, 이를 세자의 침실 창문 밖에다 매달아놨었다 합니다. 그런데 이달 초하룻날 또 그랬다고 합니다.【세자의 장인 윤여필이 심정에게 이런 말을 했는데, 심정이 또 이유청에게 말했다. 이유청은 처음에 아뢸 뜻이 없었지만 관계되는 바가 중대하여 어쩔 수 없이 승정원과 함께 아뢰었다.】이 말이 사실인지 아닌지는 모르겠습니다만 신하의 입장에서 듣기에 관계되는 바가 중대하기 때문에 아뢰는 것입니다. 신 등이 되풀이 생각해봐도 궁금宮禁에 틀림없이 간사한 사람이 있어 이런 모의를 얽어내고 있는 것 같습니다. 비록 그가 누군지 분명히는 모르지만 조금이라도 의심이 가는 사람이 있으면 숨기지 말고 통렬히 치죄해야 합니다" 하였다. 주상이 깜짝 놀라면서 이르기를, "동궁에 이런 요괴스러운 일이 있었단 말인가? 즉시 조사해야겠다" 하였다. 좌의정 이유청이 아뢰기를, "동궁에는 시위侍衛하는 사람이 매우 많으니 반드시 보고 들은 사람이 있을 것입니다. 하문해보시면 알 수 있을 것입니다" 하였다. 우의정 심정은 아뢰기를, "이 일은 세자의 복을 빌기 위한 것이 아니라, 틀림없이 동티내어 나라의 근본을 동요시키려는 것입니다" 하였다. 주상이 이르기를, "이 일이 외간에는 전파되었는데도 나는 전혀 모르고 있었다. 세자의 측근에게 물어보면 알 수 있겠다" 하였다.[20]

20_『중종실록』 권58, 중종 22년 3월 22일.

위에 따르면 세자 인종의 생일날인 2월 25일에 누군가가 죽은 쥐를 가져다 사지를 찢고 불에다 지진 다음 그것을 세자의 침실 창문 밖에 매달았다고 한다. 이어서 3월 1일에도 같은 일이 있었다. 세자 인종은 태어난 해가 을해년으로 쥐띠였다. 따라서 쥐의 사지를 찢고 불에 지진 것은 세자 인종을 저주한 것이나 다름없었다. 그것도 생일날 그런 일이 일어났다는 것은 작정하고 저주를 하는 것으로 의심받기에 충분했다. 모든 의혹은 경빈 박씨와 복성군에게 쏠렸다. 당시의 상황에서 세자 인종을 저주할 만한 가장 큰 동기를 가진 사람은 바로 이들이었기 때문이다. 하지만 바로 그렇기에 누군가가 경빈 박씨와 복성군을 모함하기 위해 일을 꾸몄을 가능성도 배제할 수 없었다.

작서의 변이 발생했을 때, 세자 인종은 열세 살이었고, 복성군은 열아홉 살이었다. 만약 경빈 박씨가 복성군을 세자로 만들려는 야심을 가졌다면 인종이 더 자라기 전에 결판을 내야 했다. 따라서 중종 22년(1527)에 '작서의 변'이 발생하자 대부분의 사람들은 경빈 박씨를 의심했다. 하지만 작서의 변은 김안로가 조작한 사건이었다. 그럼에도 사람들이 경빈 박씨를 의심하자 박씨의 두 딸 혜순옹주와 혜정옹주는 억울하기 짝이 없었다. 특히 경빈 박씨의 큰딸인 혜순옹주는 더더욱 억울했다. 혜순옹주의 억울함을 아는 여자 종들은 가만히 있을 수 없었다. 혜순옹주의 여자 종들은 나무로 인형을 만들고 목을 베는 시늉을 하며 "쥐 지진 일을 발설한 사람은 이렇게 죽이겠다"고 했다. 그들은 경빈 박씨와 복성군의 억울함을 그렇게라도 알리려 했던 것이다. 하지만 이런 행위는 오히려 일을 더 크게 만들었다. 그런 행위 자체도 세자 인종을 저주하려는 것으로 오해되었기 때문이다. 그 결과 경빈 박씨와 복성군은 사사되었고, 혜순옹주와 혜정옹주는 폐서인되어 노비로 전락하는 참혹한 일이 발생했다. 혜순옹주의 부마 김인경은 지방으로 유배되었고, 혜정옹주의 부마 홍여는 조사를 받던 중 곤장을 맞고 죽었다.

세자 인종은 작서의 변이 일어나던 때 열세 살에 불과해 그것이 어떤 배경에서 일어났는지 잘 알지 못했다. 복성군, 혜순옹주, 혜정옹주는 바로 세자 인종의 이복형제이었기에, 그것도 왕의 총애를 받는 후궁의 아들딸이었기에 그런 참화를 당한 것이었다. 작서의 변이 일어난 지 14년이 지난 후 스물일곱 살의 세자 인종은 작서의 변이 어떤 사건인지 충분히 이해할 수 있었다. 그때 세자 인종은 중종에게 상소문을 올려 복성군, 혜순옹주, 혜정옹주의 복권을 요청했다. 중종은 그 상소문에 감동받아 복성군, 혜순옹주, 혜정옹주를 복권시켰다. 비록 늦었다고 해도 인종은 복성군, 혜순옹주, 혜정옹주와 더불어 화려한 아가위 꽃송이처럼 우애 가득한 형제자매가 되기를 바랐던 것이다. 세자 인종의 상소문에는 그런 마음이 절절하게 녹아 있다.

세자가 이미李嵋(복성군) 등의 일로 상소하기를, "주상전하를 번거롭게 하는 일이 황공하오나 인정상 그대로 있을 수 없어 이렇게 아룁니다. 삼가 생각하건대 형제는 같은 기氣를 나누어 받고 태어나기에 숨 쉬는 것도 서로 통합니다. 그러므로 형제간 우애의 정을 어떻게 할 수는 없습니다. 어쩌다 비상한 사변이 있더라도 그것은 본의에서 나온 것이 아닙니다. 그래서 옛사람 중에는 오히려 은혜로 감추어준 경우도 있습니다. 지난번 이미의 일은 그 당시 신이 어려서 그 일의 전말을 자세히는 모릅니다. 하지만 그때의 참혹함은 차마 말할 수도 없습니다. 박씨(경빈)가 비록 요망스러운 일을 했다고 해도 이미가 그 일을 어떻게 알 수 있었겠습니까? 당시 이미를 먼 지방으로 귀양 보낸 것도 지나친 일인데, 그 뒤에 또다시 큰 옥사가 일어나 박씨와 이미가 연이어 죽고, 혜정옹주의 부마 홍여도 형장을 맞다가 죽었으니 이런 변고는 전고에 드문 일입니다. 그러니 그의 형제 된 사람의 마음이 어떻겠습니까? 죽은 자는 이미 어쩔 수 없다고 해도 이미의 딸 하나가 민간에 버려져서 평민과 다름이 없게 되었으니 어린아이가 무슨 죄가 있겠습니까? 이는 더욱 가슴 아픈 일입니다. 혜순옹주와 혜정옹주는 나이 어린 여자로 그 일에 참여하지 않은 것이 분명한데도 왕실 족보에서 제적되었습니다. 생각이 여기에 이르면 저도 모르게 눈물이 흐릅니다. 신 때문에 형제간의 변이 이 지경에 이르렀기에 신은 항상 애통해합니다. 맹자는 말하기를, '자기는 천자가 되고 아우는 필부가 되는 것이 옳은가?' 하였습니다. 지금 신은 세자로서 주상전하를 모시고 있지만 두 누이동생 혜순옹주와 혜정옹주 그리고 조카딸 하나가 아직도 천민에 버려져 있으니 스스로 돌이켜 생각해볼 때 부끄럽기 그지없습니다. 사람이란 형제간에는 원망도 노여움도 간직하지 않고 서로 친애할 뿐입니다. 신이 형제간에 무슨 원망과 노여움이 있어 친애하지 못하겠습니까? 잔치를 베풀고 술을 마실 때에도 같이 화락하게 즐기지 못하여 슬프고 불쌍한 생각이 가슴에 더욱 간절합니다. 지난번 말씀드렸으나 허락을 받지 못하여 다시 충정을 아뢰어 번거롭게 하오니 삼가 불쌍히 여기소서" 하였다.[21]

21_ 『중종실록』 권96, 중종 36년 11월 9일.

세자 일람표

• 저위儲位: 왕세자의 지위

❶ 태조대 세자

의안대군宜安大君	이방석李芳碩	즉위여부		생몰년	1382~1398	세자 책봉	1392년(태조 1)	저위 기간	6년
	母系					妻系			
모모母母	신덕왕후神德王后			세자빈世子嬪		부유富有 심씨沈氏			
외조外祖	판삼사사判三司使 강윤성康允成			세자빈 부父		심효생沈孝生			
외증조外曾祖	상산백象山伯 강서康庶			세자빈 조부祖父					
영안대군永安大君	이방과李芳果	즉위여부	정종定宗	생몰년	1357~1419	세자 책봉	1398년(태조 7)	저위 기간	9일
	母系					妻系			
모모母母	신의왕후神懿王后			세자빈世子嬪		정안왕후定安王后			
외조外祖	밀직사부사密直司副使 한경韓卿			세자빈 부父		판예빈시사判禮賓寺事 김천서金天瑞			
외증조外曾祖	증증 문하부좌정승門下府左政丞 한규인韓珪仁			세자빈 조부祖父					

❷ 정종대 세자

정안대군靖安大君	이방원李芳遠	즉위여부	태종太宗	생몰년	1367~1422	세자 책봉	1400년(정종 2)	저위 기간	9개월
	母系					妻系			
모모母母	신의왕후神懿王			세자빈世子嬪		원경왕후元敬王后			
외조外祖	밀직사부사密直司副使 한경韓卿			세자빈 부父		문하좌정승門下左政丞 민제閔霽			
외증조外曾祖	증증 문하부좌정승門下府左政丞 한규인韓珪仁			세자빈 조부祖父		여흥군驪興君 민변閔忭			

❸ 태종대 세자

양녕대군讓寧大君	이제李禔	즉위여부		생몰년	1394~1462	세자 책봉	1404년(태종 4)	저위 기간	13년 9개월
	母系					妻系			
모모母母	원경왕후元敬王后			세자빈世子嬪		광산光山 김씨金氏			
외조外祖	문하좌정승門下左政丞 민제閔霽			세자빈 부父		김한로金漢老			
외증조外曾祖	여흥군驪興君 민변閔忭			세자빈 조부祖父					
충녕대군忠寧大君	이도李祹	즉위여부	세종世宗	생몰년	1397~1450	세자 책봉	1418년(태종 18)	저위 기간	2개월
	母系					妻系			
모모母母	원경왕후元敬王后			세자빈世子嬪		소헌왕후昭憲王后			
외조外祖	문하좌정승門下左政丞 민제閔霽			세자빈 부父		영의정부사領議政府使 심온沈溫			
외증조外曾祖	여흥군驪興君 민변閔忭			세자빈 조부祖父		의정부좌정승議政府左政丞 심덕부沈德符			

❹ 세종대 세자

	이향李珦	즉위여부	문종文宗	생몰년	1414~1452	세자 책봉	1421년(세종 3)	저위 기간	28년 4개월

母系		妻系	
모母	소헌왕후昭憲王后	세자빈世子嬪	현덕왕후顯德王后
외조外祖	영의정부사領議政府使 심온沈溫	세자빈 부父	중추원사中樞院使 권전權專
외증조外曾祖	의정부좌정승議政府左政丞 심덕부沈德符	세자빈 조부祖父	한성부윤漢城府尹 권백종權伯宗

❺ 문종대 세자

	이홍위李弘暐	즉위여부	단종端宗	생몰년	1441~1457	세자 책봉	1450년(문종 즉위년)	저위 기간	1년 9개월

母系		妻系	
모母	현덕왕후顯德王后	세자빈世子嬪	정순왕후定順王后
외조外祖	중추원사中樞院使 권전權專	세자빈 부父	판돈녕부사判敦寧府事 송현수宋玹壽
외증조外曾祖	한성부윤漢城府尹 권백종權伯宗	세자빈 조부祖父	지중추知中樞 송복원宋復元

❼ 세조대 세자

의경세자懿敬世子	이장李暲	즉위여부	추존 덕종德宗	생몰년	1438~1457	세자 책봉	1455년(세조 1)	저위 기간	2년 1개월

母系		妻系	
모母	정희왕후貞熹王后	세자빈世子嬪	소혜왕후昭惠王后
외조外祖	판중추원사判中樞院事 윤번尹璠	세자빈 부父	좌의정左議政 한확韓確
외증조外曾祖	판도판서版圖判書 윤승례尹承禮	세자빈 조부祖父	순창군사淳昌郡事 한영정韓永矴

해양대군海陽大君	이황李晄	즉위여부	예종睿宗	생몰년	1450~1469	세자 책봉	1457년(세조 3)	저위 기간	10년 9개월

母系		妻系	
모母	정희왕후貞熹王后	세자빈世子嬪	장순왕후章順王后
외조外祖	판중추원사判中樞院事 윤번尹璠	세자빈 부父	영의정領議政 한명회韓明澮
외증조外曾祖	판도판서版圖判書 윤승례尹承禮	세자빈 조부祖父	사헌부감찰司憲府監察 한기韓起

❾ 성종대 세자

	이융李㦕	즉위여부	연산군燕山君	생몰년	1476~1506	세자 책봉	1483년(성종 14)	저위 기간	11년 10개월

母系		妻系	
모母	폐비廢妃 윤씨尹氏	세자빈世子嬪	폐비廢妃 신씨愼氏
외조外祖	판봉상시사判奉常寺事 윤기견尹起畎	세자빈 부父	영의정領議政 신승선愼承善
외증조外曾祖	교하현감交河縣監 윤응尹應	세자빈 조부祖父	신전愼詮

❿ 연산군대 세자

폐세자	이황李顥	즉위여부		생몰년 1497~1506	세자 책봉 1502년(연산군 8)	저위 기간 3년 11개월

母系		妻系	
모母	폐비廢妃 신씨愼氏	세자빈世子嬪	
외조外祖	영의정領議政 신승선愼承善	세자빈 부父	
외증조外曾祖	신전愼詮	세자빈 조부祖父	

⓫ 중종대 세자

이호李岵	즉위여부	인종仁宗	생몰년 1515~1545	세자 책봉 1520년(중종 15)	저위 기간 24년 6개월

母系		妻系	
모母	장경왕후章敬王后	세자빈世子嬪	인성왕후仁成王后
외조外祖	영돈녕부사領敦寧府事 윤여필尹汝弼	세자빈 부父	첨지중추부사僉知中樞府事 박용朴墉
외증조外曾祖	공조참판工曹參判 윤보尹甫	세자빈 조부祖父	사헌부집의司憲府執義 박치朴緇

⓬ 인종대 세자

이환李峘	즉위여부	명종明宗	생몰년 1534~1567	세자 책봉 1545년(인종 1)	저위 기간

母系		妻系	
모母	문정왕후文定王后	세자빈世子嬪	인순왕후仁順王后
외조外祖	영돈녕부사領敦寧府事 윤지임尹之任	세자빈 부父	영돈녕부사領敦寧府事 심강沈鋼
외증조外曾祖	내자시판관內資寺判官 윤욱尹頊	세자빈 조부祖父	영의정領議政 심연원沈連源

⓭ 명종대 세자

순회세자順懷世子	이부李暊	즉위여부		생몰년 1551~1563	세자 책봉 1557년(명종 12)	저위 기간 6년 1개월

母系		妻系	
모母	인순왕후仁順王后	세자빈世子嬪	황씨黃氏
외조外祖	영돈녕부사領敦寧府事 심강沈鋼	세자빈 부父	참봉參奉 황대임黃大任
외증조外曾祖	영의정領議政 심연원沈連源	세자빈 조부祖父	대사간大司諫 황기黃琦

⓮ 선조대 세자

이혼李琿	즉위여부	광해군光海君	생몰년 1575~1641	세자 책봉 1592년(선조 25)	저위 기간 15년 9개월

母系		妻系	
모母	공빈恭嬪 김씨金氏	세자빈世子嬪	폐비廢妃 유씨柳氏
외조外祖	영돈녕부사領敦寧府事 김희철金希哲	세자빈 부父	영돈녕부사領敦寧府事 유자신柳自新
외증조外曾祖		세자빈 조부祖父	공조판서工曹判書 유잠柳潛

⑮ 광해군대 세자

폐세자	이질李祬	즉위여부		생몰년	1598~1623	세자 책봉	1610년(광해군 2)	저위 기간	13년
母系					**妻系**				
모모母母	폐비廢妃 유씨柳氏			세자빈世子嬪	폐세자빈廢世子嬪 박씨朴氏				
외조外祖	영돈녕부사領敦寧府事 유자신柳自新			세자빈 부父	대사성大司成 박자흥朴自興				
외증조外曾祖	공조판서工曹判書 유잠柳潛			세자빈 조부祖父	영의정領議政 박승종朴承宗				

⑯ 인조대 세자

소현세자昭顯世子	이왕李𣳫	즉위여부		생몰년	1612~1645	세자 책봉	1625년(인조 3)	저위 기간	20년 2개월
母系					**妻系**				
모모母母	인열왕후仁烈王后			세자빈世子嬪	민회빈愍懷嬪 강씨姜氏				
외조外祖	영돈녕부사領敦寧府事 한준겸韓浚謙			세자빈 부父	이조판서吏曹判書 강석기姜碩期				
외증조外曾祖	경성도호부판관鏡城都護府判官 한효윤韓孝胤			세자빈 조부祖父	이조참의吏曹參議 강찬姜燦				

봉림대군鳳林大君	이호李淏	즉위여부	효종孝宗	생몰년	1619~1659	세자 책봉	1645년(인조 23)	저위 기간	3년 7개월
母系					**妻系**				
모모母母	인열왕후仁烈王后			세자빈世子嬪	인선왕후仁宣王后				
외조外祖	영돈녕부사領敦寧府事 한준겸韓浚謙			세자빈 부父	우의정右議政 장유張維				
외증조外曾祖	경성도호부판관鏡城都護府判官 한효윤韓孝胤			세자빈 조부祖父	형조판서刑曹判書 장운익張雲翼				

⑰ 효종대 세자

	이연李棩	즉위여부	현종顯宗	생몰년	1641~1674	세자 책봉	1649년(효종 즉위)	저위 기간	7년 8개월
母系					**妻系**				
모모母母	인선왕후仁宣王后			세자빈世子嬪	명성왕후明聖王后				
외조外祖	우의정右議政 장유張維			세자빈 부父	영돈녕부사領敦寧府事 김우명金佑明				
외증조外曾祖	형조판서刑曹判書 장운익張雲翼			세자빈 조부祖父	김지金址				

⑱ 현종대 세자

	이순李焞	즉위여부	숙종肅宗	생몰년	1661~1720	세자 책봉	1667년(현종 8)	저위 기간	7년
母系					**妻系**				
모모母母	명성왕후明聖王后			세자빈世子嬪	인경왕후仁敬王后				
외조外祖	영돈녕부사領敦寧府事 김우명金佑明			세자빈 부父	영돈녕부사領敦寧府事 김만기金萬基				
외증조外曾祖	김지金址			세자빈 조부祖父	성균생원成均生員 김익겸金益兼				

	이윤李昀	즉위여부	경종景宗	생몰년	1688~1724	세자 책봉	1690년(숙종 16)	저위 기간	30년
	母系					妻系			
모母	희빈禧嬪 장씨張氏				세자빈世子嬪	단의왕후端懿王后			
외조外祖	장형張炯				세자빈 부父	사옹원첨정司饔院僉正 심호沈浩			
외증조外曾祖	장응인張應仁				세자빈 조부祖父	금부도사禁府都事 심봉서沈鳳瑞			

연잉군延礽君	이금李昑	즉위여부	영조英祖	생몰년	1694~1776	세자 책봉	1721년(경종 1)	저위 기간	3년
	母系					妻系			
모母	숙빈淑嬪 최씨崔氏				세자빈世子嬪	정성왕후貞聖王后			
외조外祖	최효원崔孝元				세자빈 부父	신천군수信川郡守 서종제徐宗悌			
외증조外曾祖	최태일崔泰逸				세자빈 조부祖父	사평司評 서문도徐文道			

효장세자孝章世子	이행李緈	즉위여부	추존 진종眞宗	생몰년	1719~1728	세자 책봉	1725년(영조 1)	저위 기간	3년 7개월
	母系					妻系			
모母	정빈靖嬪 이씨李氏				세자빈世子嬪	효순왕후孝純王后			
외조外祖	이준철李俊哲				세자빈 부父	좌의정左議政 조문명趙文命			
외증조外曾祖					세자빈 조부祖父	도사都事 조인수趙仁壽			

장헌세자莊獻世子	이선李愃	즉위여부	추존 장조莊祖	생몰년	1735~1762	세자 책봉	1736년(영조 12)	저위 기간	26년 3개월
	母系					妻系			
모母	영빈映嬪 이씨李氏				세자빈世子嬪	혜경궁惠慶宮 홍씨洪氏			
외조外祖					세자빈 부父	영의정領議政 홍봉한洪鳳漢			
외증조外曾祖					세자빈 조부祖父	우참찬右參贊 홍현보洪鉉輔			

의소세손懿昭世孫	이정李琔	즉위여부		생몰년	1750~1752	세자 책봉	1750년(영조 26)	저위 기간	9개월
	母系					妻系			
모母	혜경궁惠慶宮 홍씨洪氏				세자빈世子嬪				
외조外祖	영의정領議政 홍봉한洪鳳漢				세자빈 부父				
외증조外曾祖	우참찬右參贊 홍현보洪鉉輔				세자빈 조부祖父				

	이산李祘	즉위여부	정조正祖	생몰년	1752~1800	세자 책봉	1759년(영조 35)	저위 기간	17년 1개월
	母系					妻系			
모母	혜경궁惠慶宮 홍씨洪氏				세자빈世子嬪	효의왕후孝懿王后			
외조外祖	영의정領議政 홍봉한洪鳳漢				세자빈 부父	좌참찬左參贊 김시묵金時默			
외증조外曾祖	우참찬右參贊 홍현보洪鉉輔				세자빈 조부祖父	김성집金聖集			

㉒ 정조대 세자

문효세자文孝世子	이순李㬀	즉위여부		생몰년	1782~1786	세자 책봉	1783년(정조 7)	저위 기간	1년 9개월
		母系				妻系			
모母	의빈宜嬪 성씨成氏				세자빈世子嬪				
외조外祖					세자빈 부父				
외증조外曾祖					세자빈 조부祖父				

	이공李玜	즉위여부	순조純祖	생몰년	1790~1834	세자 책봉	1800년(정조 24)	저위 기간	7개월
		母系				妻系			
모母	수빈綏嬪 박씨朴氏				세자빈世子嬪	순원왕후純元王后			
외조外祖	좌찬성左贊成 박준원朴準源				세자빈 부父	영돈녕부사領敦寧府事 김조순金祖淳			
외증조外曾祖	공주판관公州判官 박사석朴師錫				세자빈 조부祖父	부사府使 김이중金履中			

㉓ 순조대 세자

효명세자孝明世子	이대李旲	즉위여부	추존 익종翼宗	생몰년	1809~1830	세자 책봉	1812년(순조 12)	저위 기간	17년 10개월
		母系				妻系			
모母	순원왕후純元王后				세자빈世子嬪	신정왕후神貞王后			
외조外祖	영돈녕부사領敦寧府事 김조순金祖淳				세자빈 부父	영돈녕부사領敦寧府事 조만영趙萬永			
외증조外曾祖	부사府使 김이중金履中				세자빈 조부祖父	판돈녕부사判敦寧府事 조진관趙鎭寬			

	이환李奐	즉위여부	헌종憲宗	생몰년	1827~1849	세자 책봉	1830년(순조 30)	저위 기간	4년 2개월
		母系				妻系			
모母	신정왕후神貞王后				세자빈世子嬪	효현왕후孝顯王后			
외조外祖	영돈녕부사領敦寧府事 조만영趙萬永				세자빈 부父	영돈녕부사領敦寧府事 김조근金祖根			
외증조外曾祖	판돈녕부사判敦寧府事 조진관趙鎭寬				세자빈 조부祖父	목사牧使 김지순金芝淳			

㉖ 고종대 세자

	이척李坧	즉위여부	순종純宗	생몰년	1874~1926	세자 책봉	1875년(고종 12)	저위 기간	32년
		母系				妻系			
모母	명성황후明成皇后				세자빈世子嬪	순명효황후純明孝皇后			
외조外祖	장악원첨정掌樂院僉正 민치록閔致祿				세자빈 부父	좌찬성左贊成 민태호閔台鎬			
외증조外曾祖	이조참판吏曹參判 민기현閔耆顯				세자빈 조부祖父	민치삼閔致三			

㉗ 순종대 세자

영친왕英親王	이은李垠	즉위여부		생몰년	1897~1970	세자 책봉	1907년(융희 1)	저위 기간	3년
		母系				妻系			
모母	순헌황귀비純獻皇貴妃				세자빈世子嬪	마사코(方子)			
외조外祖	증찬정贈贊政 엄진삼嚴鎭三				세자빈 부父	나시모토노미야(梨本宮)			
외증조外曾祖					세자빈 조부祖父				

왕자 왕녀 일람표(대군·군·공주·옹주)

- 군호君號: 임금이 왕자, 종친, 훈신 등을 군으로 봉할 때 내리던 칭호
- 처부妻父: 아내의 아버지를 뜻하는 말
- 주호主號: 공주 또는 옹주의 칭호
- 부부夫父: 부마의 아버지

❶ 태조 자 8 녀 5

자子

1	성명	이방우李芳雨	군호君號	진안대군鎭安大君	모	신의왕후神懿王后 안변安邊 한씨韓氏
	부인	충주忠州 지씨池氏	처부妻父	찬성사贊成事 지윤池奫		
2	성명	정종	군호	정종	모	신의왕후神懿王后 안변安邊 한씨韓氏
	부인		처부			
3	성명	이방의李芳毅	군호	익안대군益安大君	모	신의왕후神懿王后 안변安邊 한씨韓氏
	부인	철원鐵原 최씨崔氏	처부	지간성군사知杆城郡事 증찬성사贈贊成事 최인두崔仁㺹		
4	성명	이방간李芳幹	군호	회안대군懷安大君	모	신의왕후神懿王后 안변安邊 한씨韓氏
	부인1	여흥驪興 민씨閔氏	처부	판서判書 증찬성사贈贊成事 민선閔璿		
	부인2	밀양密陽 황씨黃氏	처부	판서判書 황형黃亨		
5	성명	태종	군호	태종	모	신의왕후神懿王后 안변安邊 한씨韓氏
	부인		처부			
6	성명	이방연李芳衍	군호	덕안대군德安大君	모	신의왕후神懿王后 안변安邊 한씨韓氏
	부인		처부			
7	성명	이방번李芳蕃	군호	무안대군撫安大君	모	신덕왕후神德王后 안변安邊 강씨康氏
	부인	개성開城 왕씨王氏	처부	고려종실高麗宗室 귀의군歸義君 왕우王瑀		
8	성명	이방석李芳碩	군호	의안대군宜安大君	모	신덕왕후神德王后 안변安邊 강씨康氏
	부인	부유富有 심씨沈氏	처부	대제학大提學 심효생沈孝生		

女

1	주호主號	경신공주慶愼公主	부마駙馬	정사좌명공신定社佐命功臣 상당부원군上黨府院君 이애李薆	
	모	신의왕후神懿王后 안변安邊 한씨韓氏	부부夫父		
2	주호	경선공주慶善公主	부마	청원군靑原君 심종沈淙	
	모	신의왕후神懿王后 안변安邊 한씨韓氏	부부		
3	주호	경순공주慶順公主	부마	개국공신開國功臣 흥안군興安君 이제李濟	
	모	신덕왕후神德王后 곡산谷山 강씨康氏	부부		
4	주호	의녕옹주宜寧翁主	부마	계천위啓川尉 이등李䔲	
	모		부부		
5	주호	숙신옹주淑愼翁主	부마	당성위唐城尉 홍해洪海	
	모		부부		

	자						
1	성명	이원생李元生	군호	의평군義平君	모	숙의淑儀 지씨池氏	
	부인	철원鐵原 최씨崔氏	처부	금천현감衿川監務 최치숭崔致崇			
2	성명	이군생李羣生	군호	순평군順平君	모	숙의淑儀 기씨奇氏	
	부인	순창脣瘡 설씨薛氏	처부	판사재감사判司宰監事 설존薛存			
3	성명	이의생李義生	군호	금평군錦平君	모	숙의淑儀 기씨奇氏	
	부인	남양南陽 홍씨洪氏	처부	사직司直 홍숙洪宿			
4	성명	이무생李茂生	군호	선성군宣城君	모	숙의淑儀 지씨池氏	
	부인1	영일迎日 정씨鄭氏	처부1	참의參議 정종성鄭宗誠			
	부인2	안강安康 김씨金氏	처부2	상호군上護軍 김중약金仲約			
5	성명	이귀생李貴生	군호	종의군從義君	모	숙의淑儀 문씨文氏	
	부인1	양구楊口 유씨柳氏	처부1	정正 증찬성贈贊成 유수빈柳守濱			
	부인2	해풍海豊 장씨張氏	처부2	주부注簿 장균張均			
6	성명	이종생李終生	군호	진남군鎭南君	모	시의侍儀 이씨李氏	
	부인	의령宜寧 남씨南氏	처부	상호군上護軍 남?(南?)			
7	성명	이덕생李德生	군호	수도군守道君	모	숙의淑儀 윤씨尹氏	
	부인	여산礪山 송씨宋氏	처부	부사府使 증이조판서贈吏曹判書 송계성宋繼性			
8	성명	이녹생李祿生	군호	임언군林堰君	모	숙의淑儀 윤씨尹氏	
	부인	고령高靈 박씨朴氏	처부	소윤少尹 박부朴溥			
9	성명	이복생李福生	군호	석보군石保君	모	숙의淑儀 윤씨尹氏	
	부인	원주原州 김씨金氏	처부	판중추부사判中樞府事 김연지金連枝			
10	성명	이후생李厚生	군호	덕천군德泉君	모	성빈誠嬪 지씨池氏	
	부인	장수長水 이씨李氏	처부	장천부원군長川府院君 이종무李從茂			
11	성명	이호생李好生	군호	임성군任城君	모	숙의淑儀 지씨池氏	
	부인	평창平昌 이씨李氏	처부	군수郡守 증좌찬성贈左贊成 이계동李繼童			
12	성명	이말생李末生	군호	도평군桃平君	모	성빈誠嬪 지씨池氏	
	부인1	용인龍仁 이씨李氏	처부1	부사府使 증참판贈參判 이수강李守綱			
	부인2	전주全州 최씨崔氏	처부2	문과文科 사직司直 최수崔洙			
13	성명	이보생李普生	군호	장천군長川君	모	숙의淑儀 윤씨尹氏	
	부인	화순和順 최씨崔氏	처부	군사君事 최자해崔自海			
14	성명	이융생李隆生	군호	정석군貞石君	모	숙의淑儀 기씨奇氏	
	부인	충주忠州 권씨權氏	처부	직장直長 권돈權敦			
15	성명	이선생李善生	군호	무림군茂林君	모	숙의淑儀 기씨奇氏	
	부인	남양南陽 홍씨洪氏	처부	사정司正 홍흥선洪興善			

녀

1	주호	함양옹주咸陽翁主	부마	지돈녕부사知敦寧府事 박갱朴賡
	모	숙의淑儀 지씨池氏	부부	
2	주호	숙신옹주淑愼翁主	부마	판돈녕부사判敦寧府事 김세민金世敏
	모	숙의淑儀 기씨奇氏	부부	
3	주호	덕천옹주德川翁主	부마	행부사行府使 변상복邊尙服
	모		부부	
4	주호	고성옹주高城翁主	부마	지중추부사知中樞府事 김한金澣
	모	숙의淑儀 기씨奇氏	부부	
5	주호	상원옹주祥原翁主	부마	행사직行司直 조효산趙孝山
	모	숙의淑儀 기씨奇氏	부부	
6	주호	전산옹주全山翁主	부마	행사직行司直 이희종李希宗
	모	숙의淑儀 기씨奇氏	부부	
7	주호	인천옹주仁川翁主	부마	행부사行府使 이관식李寬植
	모	숙의淑儀 윤씨尹氏	부부	
8	주호	함안옹주咸安翁主	부마	부지돈녕부사副知敦寧府事 이항신李恒信
	모	숙의淑儀 윤씨尹氏	부부	

❸ 태종 자 12 녀 17

자

1	군호	양녕대군讓寧大君	모	원경왕후元敬王后 여흥驪興 민씨閔氏
	부인	광산光山 김씨金氏	처부	광산군光山君 증좌의정贈左議政 김한로金漢老
2	군호	효령대군孝寧大君	모	원경왕후元敬王后 여흥驪興 민씨閔氏
	부인	해주海州 정씨鄭氏	처부	찬성贊成 증좌의정贈左議政 정역鄭易
3	군호	세종	모	원경왕후元敬王后 여흥驪興 민씨閔氏
	부인		처부	
4	군호	성녕대군誠寧大君	모	원경왕후元敬王后 여흥驪興 민씨閔氏
	부인	창녕昌寧 성씨成氏	처부	좌찬성左贊成 증좌의정贈左議政 성억成抑
5	군호	경녕군敬寧君	모	효빈孝嬪 김씨金氏
	부인	청풍淸風 김씨金氏	처부	참의參議 증찬성贈贊成 김성관金成灌
6	군호	함녕군誠寧君	모	신빈信嬪 신씨辛氏
	부인	전주全州 최씨崔氏	처부	찬성贊成 증좌의정贈左議政 최사강崔士康
7	군호	온녕군溫寧君	모	신빈信嬪 신씨辛氏
	부인	순천順天 박씨朴氏	처부	부정副正 증찬성贈贊成 박안명朴安命
8	군호	근녕군謹寧君	모	신빈信嬪 신씨辛氏
	부인	하양河陽 허씨許氏	처부	관찰사觀察使 증찬성贈贊成 허지혜許之惠

9	군호	혜령군惠寧君	모	안씨安氏	
	부인	무송茂松 윤씨尹氏	처부	사직司直 증찬성贈贊成 윤성변尹成汴	
10	군호	희령군熙寧君	모	숙의淑儀 최씨崔氏	
	부인1	순창淳昌 신씨申氏	처부1	첨지僉知 증찬성贈贊成 신숙생申淑生	
	부인2	평산平山 신씨申氏	처부2	군수郡守 신사렴申士廉	
11	군호	후령군厚寧君	모	최씨崔氏	
	부인	평산平山 신씨申氏	처부	令(령) 증찬성贈贊成 신경종申敬宗	
12	군호	익녕군益寧君	모	선빈善嬪 안씨安氏	
	부인	운봉雲峯 박씨朴氏	처부	절제사節制使 증찬성贈贊成 박종지朴從智	

녀

1	주호	정순공주貞順公主	모	원경왕후元敬王后 여흥驪興 민씨閔氏	
	부마	청평부원군淸平府院君 이백강李伯剛			
2	주호	경정공주慶貞公主	모	원경왕후元敬王后 여흥驪興 민씨閔氏	
	부마	평양부원군平壤府院君 조대림趙大臨			
3	주호	경안공주慶安公主	모	원경왕후元敬王后 여흥驪興 민씨閔氏	
	부마	길창군吉昌君 권규權跬			
4	주호	정선공주貞善公主	모	원경왕후元敬王后 여흥驪興 민씨閔氏	
	부마	의산군宜山君 남휘南暉			
5	주호	정혜옹주貞惠翁主	모	의빈懿嬪 권씨權氏	
	부마	정난공신靖難功臣 운성부원군雲城府院君 박종우朴從愚			
6	주호	정신옹주貞信翁主	모	신빈信嬪 신씨辛氏	
	부마	영평군鈴平君 윤계동尹季童			
7	주호	정정옹주貞靜翁主	모	신빈信嬪 신씨辛氏	
	부마	한원군漢原君 조선趙瑄			
8	주호	숙정옹주淑貞翁主	모	신빈信嬪 신씨辛氏	
	부마	일성군日城君 정효전鄭孝全			
9	주호	소선옹주昭善翁主	모	신빈信嬪 신씨辛氏	
	부마	변효순邊孝順			
10	주호	숙혜옹주淑惠翁主	모	소빈昭嬪 노씨盧氏	
	부마	성원위星原尉 이정령李正寧			
11	주호	숙녕옹주淑寧翁主	모	신빈信嬪 신씨辛氏	
	부마	파성군坡城君 윤우尹愚			
12	주호	소숙옹주昭淑翁主	모	선빈善嬪 안씨安氏	
	부마	해평군海平君 윤연명尹延命			
13	주호	숙경옹주淑慶翁主	모	신빈信嬪 신씨辛氏	
	부마	파평군坡平君 윤암尹巖			

14	주호	경신옹주敬愼翁主	모	선빈善嬪 안씨安氏
	부마	전성위全城尉 이완李梡		
15	주호	숙안옹주淑安翁主	모	김씨金氏
	부마	회천위懷川尉 황유黃裕		
16	주호	숙근옹주淑謹翁主	모	신빈信嬪 신씨辛氏
	부마	화천군花川君 권공權恭		
17	주호	숙순옹주淑順翁主	모	이씨李氏
	부마	파원위坡原尉 윤평尹泙		

❹ 세종 자 18 녀 4

자

1	군호	문종	모	소헌왕후昭憲王后 청송靑松 심씨沈氏
	부인		처부	
2	군호	세조	모	소헌왕후昭憲王后 청송靑松 심씨沈氏
	부인		처부	
3	군호	안평대군安平大君	모	소헌왕후昭憲王后 청송靑松 심씨沈氏
	부인	영일迎日 정씨鄭氏	처부	판서判書 증좌의정贈左議政 정연鄭淵
4	군호	임영대군臨瀛大君	모	소헌왕후昭憲王后 청송靑松 심씨沈氏
	부인1	의령宜寧 남씨南氏	처부1	우의정右議政 남지南智
	부인2	전주全州 최씨崔氏	처부2	봉례奉禮 증우의정贈右議政 최승령崔承寧
5	군호	광평대군廣平大君	모	소헌왕후昭憲王后 청송靑松 심씨沈氏
	부인	평산平山 신씨申氏	처부	동지중추同知中樞 증좌의정贈左議政 신자수申自守
6	군호	금성대군錦城大君	모	소헌왕후昭憲王后 청송靑松 심씨沈氏
	부인	전주全州 최씨崔氏	처부	찬성贊成 증좌의정贈左議政 최사강崔士康
7	군호	평원대군平原大君	모	소헌왕후昭憲王后 청송靑松 심씨沈氏
	부인	남양南陽 홍씨洪氏	처부	부사부使 증좌의정贈左議政 홍이용洪利用
8	군호	영응대군永膺大君	모	소헌왕후昭憲王后 청송靑松 심씨沈氏
	부인1	해주海州 정씨鄭氏	처부1	참판參判 증좌의정贈左議政 정충경鄭忠敬
	부인2	여산礪山 송씨宋氏	처부2	동지중추同知中樞 증좌의정贈左議政 송복원宋復元
9	군호	화의군和義君	모	영빈숙嬪 강씨姜氏
	부인	밀양密陽 박씨朴氏	처부	참판參判 증찬성贈贊成 박중손朴仲孫
10	군호	계양군桂陽君	모	신빈愼嬪 김씨金氏
	부인	청주淸州 한씨韓氏	처부	좌의정左議政 서원부원군西原府院君 한확韓確
11	군호	의창군義昌君	모	신빈愼嬪 김씨金氏
	부인	연안延安 김씨金氏	처부	도체찰사都體察使 증찬성贈贊成 김수金脩
12	군호	한남군漢南君	모	혜빈惠嬪 양씨楊氏
	부인	안동安東 권씨權氏	처부	정랑正郎 증지돈녕贈知敦寧 권격權格

13	군호	밀성군密城君		모	신빈愼嬪 김씨金氏
	부인	여흥驪興 민씨閔氏		처부	관윤判尹 증찬성贈贊成 민승서閔承序
14	군호	수춘군壽春君		모	혜빈惠嬪 양씨楊氏
	부인	영일迎日 정씨鄭氏		처부	부윤府尹 증찬성贈贊成 정자제鄭自濟
15	군호	익현군翼峴君		모	신빈愼嬪 김씨金氏
	부인	평양平壤 조씨趙氏		처부	소윤少尹 증찬성贈贊成 조철산趙鐵山
16	군호	영풍군永豐君		모	혜빈惠嬪 양씨楊氏
	부인	순천順天 박씨朴氏		처부	참관參判 증찬서贈判書 박팽년朴彭年
17	군호	영해군寧海君		모	신빈愼嬪 김씨金氏
	부인	평산平山 신씨申氏		처부	한성윤漢城尹 증찬성贈贊成 신윤동申尹童
18	군호	담양군潭陽君		모	신빈愼嬪 김씨金氏
	부인	-		처부	

녀

1	주호	정소공주貞昭公主		모	소헌왕후昭憲王后 청송靑松 심씨沈氏
	부마	-			
2	주호	정의공주貞懿公主		모	소헌왕후昭憲王后 청송靑松 심씨沈氏
	부마	연창위延昌尉 안맹담安孟聃			
3	주호	정현옹주貞顯翁主		모	숙원淑媛 이씨李氏
	부마	영천부원군鈴川府院君 윤사로尹師路			
4	주호	정안옹주貞安翁主		모	상침尙寢 송씨宋氏
	부마	청성위靑城尉 심안의沈安義			

❺ 문종 자 1 녀 2

자

1	군호	단종		모	현덕왕후顯德王后 안동安東 권씨權氏
	부인			처부	

녀

1	주호	경혜공주敬惠公主		모	현덕왕후顯德王后 안동安東 권씨權氏
	부마	영양위寧陽尉 증영의정贈領議政 정종鄭悰			
2	주호	경숙옹주敬淑翁主		모	사칙司則 양씨楊氏
	부마	반성위班城尉 강자순姜子順			

❻ 단종 자 0 녀 0

자

1	군호			모	
	부인			처부	

녀				
1	주호		모	
	부마			

❼ 세조 자 4 녀 1

자				
1	군호	덕종	모	정희왕후貞熹王后 파평坡平 윤씨尹氏
	부인		처부	
2	군호	예종	모	정희왕후貞熹王后 파평坡平 윤씨尹氏
	부인		처부	
3	군호	덕원군德源君	모	근빈謹嬪 박씨朴氏
	부인1	경주慶州 김씨金氏	처부1	증찬성贈贊成 김종직金宗直
	부인2	함안咸安 윤씨尹氏	처부2	함안군咸安君 윤말손尹末孫
	부인3	청주淸州 양씨楊氏	처부3	참지參知 증찬성贈贊成 양일원楊逸源
4	군호	창원군昌原君	모	근빈謹嬪 박씨朴氏
	부인1	교하交河 노씨盧氏	처부1	정正 증찬성贈贊成 노호신盧好愼
	부인2	광주光州 정씨鄭氏	처부2	증좌찬성贈左贊成 정성익鄭成益

녀				
1	주호	의숙공주懿淑公主	모	정희왕후貞熹王后 파평坡平 윤씨尹氏
	부마	하성부원군河城府院君 정현조鄭顯祖		

추존 덕종 자 2 녀 1

자				
1	군호	월산대군月山大君	모	소혜왕후昭惠王后 청주淸州 한씨韓氏
	부인	순천順天 박씨朴氏	처부	평양군平陽君 증영의정贈領議政 박중선朴仲善
2	군호	성종	모	소혜왕후昭惠王后 청주淸州 한씨韓氏
	부인		처부	

녀				
1	주호	명숙공주明淑公主	모	소혜왕후昭惠王后 청주淸州 한씨韓氏
	부마	당양군唐陽君 홍상洪常		

❽ 예종 자 2 녀 1

자				
1	군호	인성대군仁城大君	모	장순왕후章順王后 청주淸州 한씨韓氏
	부인	-	처부	

	군호	제안대군齊安大君		모	안순왕후安順王后 청주淸州 한씨韓氏
2	부인1	상주尙州 김씨金氏		처부1	정正 증좌의정贈左議政 김수말金守末
	부인2	순천順天 박씨朴氏		처부2	평양군平陽君 증영의정贈領議政 박중선朴仲善

녀

1	주호	현숙공주顯肅公主		모	안순왕후安順王后 청주淸州 한씨韓氏
	부마	풍천위豊川尉 임광재任光載			

⑨ 성종 자 16 녀 12

자

1	군호	중종中宗		모	정현왕후貞顯王后 파평坡平 윤씨尹氏
	부인			처부	
2	군호	연산군燕山君		모	폐비廢妃 윤씨尹氏
	부인	거창居昌 신씨愼氏		처부	영의정領議政 신승선愼承善
3	군호	계성군桂城君		모	숙의淑儀 하씨河氏
	부인	원주原州 원씨元氏		처부	첨정僉正 증찬성贈贊成 원치元菑
4	군호	안양군安陽君		모	귀인貴人 정씨鄭氏
	부인	능성綾城 구씨具氏		처부	능천군綾川君 증찬성贈贊成 구수영具壽永
5	군호	완원군完原君		모	숙의淑儀 홍씨洪氏
	부인1	전주全州 최씨崔氏		처부1	생원生員 증찬성贈贊成 최하림崔河臨
	부인2	양천陽川 허씨許氏		처부2	별좌別坐 증찬성贈贊成 허적許磧
6	군호	회산군檜山君		모	숙의淑儀 홍씨洪氏
	부인	죽산竹山 안씨安氏		처부	찬의贊儀 증찬성贈贊成 안방언安邦彦
7	군호	봉안군鳳安君		모	귀인貴人 정씨鄭氏
	부인	평양平壤 조씨趙氏		처부	판관判官 증찬성贈贊成 조기趙紀
8	군호	견성군甄城君		모	숙의淑儀 홍씨洪氏
	부인	평산平山 신씨申氏		처부	봉사奉事 증찬성贈贊成 신호申灝
9	군호	익양군益陽君		모	숙의淑儀 홍씨洪氏
	부인	영일迎日 정씨鄭氏		처부	첨지僉知 증찬성贈贊成 정문창鄭文昌
10	군호	이성군利城君		모	숙용淑容 심씨沈氏
	부인1	남평南平 문씨文氏		처부1	인의引儀 증찬성贈贊成 문간文簡
	부인2	안동安東 권씨權氏		처부2	군수郡守 증찬성贈贊成 권수중權守中
11	군호	경명군景明君		모	숙의淑儀 홍씨洪氏
	부인	파평坡平 윤씨尹氏		처부	첨지僉知 증찬성贈贊成 윤첩尹㙫
12	군호	전성군全城君		모	귀인貴人 권씨權氏
	부인	안동安東 권씨權氏		처부	지중추知中樞 증찬성贈贊成 권건權健
13	군호	무산군茂山君		모	명빈明嬪 김씨金氏
	부인	평산平山 신씨申氏		처부	별좌別坐 증찬성贈贊成 신수申銖

14	군호	영산군寧山君	모	숙용淑容 심씨沈氏
	부인1	청송青松 심씨沈氏	처부1	군수郡守 증찬성贈贊成 심순로沈順路
	부인2	경주慶州 정씨鄭氏	처부2	별좌別坐 증찬성贈贊成 정홍선鄭弘先
15	군호	운천군雲川君	모	숙의淑儀 홍씨洪氏
	부인	안동安東 권씨權氏	처부	참의參議 증찬성贈贊成 권인손權仁孫
16	군호	양원군楊原君	모	숙의淑儀 홍씨洪氏
	부인1	평양平壤 조씨趙氏	처부1	충의위忠義衛 증찬성贈贊成 조경趙經
	부인2	문화文化 유씨柳氏	처부2	정正 증찬성贈贊成 유종손柳終孫

녀

1	주호	신숙공주愼淑公主	모	정현왕후貞顯王后 파평坡平 윤씨尹氏
	부마	-		
2	주호	혜숙옹주惠淑翁主	모	숙의淑儀 홍씨洪氏
	부마	고원위高原尉 신항申沆		
3	주호	휘숙옹주徽淑翁主	모	숙의淑儀 김씨金氏
	부마	풍원위豊原尉 임숭재任崇載		
4	주호	공신옹주恭愼翁主	모	귀인貴人 엄씨嚴氏
	부마	청령위淸寧尉 한경침韓景琛		
5	주호	경순옹주慶順翁主	모	숙용淑容 심씨沈氏
	부마	의성위宜城尉 남치원南致元		
6	주호	경숙옹주敬淑翁主	모	숙의淑儀 김씨金氏
	부마	여천위驪川尉 민자방閔子芳		
7	주호	정순옹주靜順翁主	모	숙의淑儀 홍씨洪氏
	부마	봉성위奉城尉 정원준鄭元俊		
8	주호	숙혜옹주淑惠翁主	모	숙용淑容 심씨沈氏
	부마	한천위漢川尉 조무강趙無彊		
9	주호	경휘옹주慶徽翁主	모	숙용淑容 권씨權氏
	부마	영원위鈴原尉 윤내尹鼐		
10	주호	휘정옹주徽靜翁主	모	숙의淑儀 김씨金氏
	부마	의천위宜川尉 남섭원南燮元		
11	주호	정혜옹주靜惠翁主	모	귀인貴人 정씨鄭氏
	부마	청평위淸平尉 한씨韓氏		
12	주호	정숙옹주靜淑翁主	모	숙의淑儀 홍씨洪氏
	부마	영평위鈴平尉 윤섭尹燮		

⑩ 연산군 자 3 녀 2

자

1	군호	폐세자	모	폐비廢妃 신씨愼氏
	부인		처부	
2	군호	창녕대군昌寧大君	모	폐비廢妃 신씨愼氏
	부인		처부	
3	군호	양평군陽平君	모	숙의淑儀 이씨李氏
	부인		처부	

녀

1	주호	휘순공주徽順公主	모	폐비廢妃 신씨愼氏
	부마	능양위綾陽尉 구문경具文璟		
2	주호	영수靈壽	모	숙용淑容 장씨張氏
	부마			

⑪ 중종 자 9 녀 11

자

1	군호	인종	모	장경왕후章敬王后 파평坡平 윤씨尹氏
	부인		처부	
2	군호	명종	모	문정왕후文定王后 파평坡平 윤씨尹氏
	부인		처부	
3	군호	복성군福城君	모	경빈敬嬪 박씨朴氏
	부인	파평坡平 윤씨尹氏	처부	현감縣監 증찬성贈贊成 윤인범尹仁範
4	군호	해안군海安君	모	숙의淑儀 홍씨洪氏
	부인1	진주晉州 유씨柳氏	처부1	진산군晉山君 증찬성贈贊成 유홍柳泓
	부인2	거창居昌 신씨愼氏	처부2	참봉參奉 증찬성贈贊成 신유愼猷
5	군호	금원군錦原君	모	희빈熙嬪 홍씨洪氏
	부인1	해주海州 정씨鄭氏	처부1	도사都事 증찬성贈贊成 정승휴鄭承休
6	군호	영양군永陽君	모	창빈昌嬪 안씨安氏
	부인	순흥順興 안씨安氏	처부	관관판官 증찬성贈贊成 안세형安世亨
7	군호	덕양군德陽君	모	숙의淑儀 이씨李氏
	부인	안동安東 권씨權氏	처부	판서判書 증찬성贈贊成 권찬權纘
8	군호	봉성군鳳城君	모	희빈熙嬪 홍씨洪氏
	부인	동래東萊 정씨鄭氏	처부	정正 증영의정贈領議政 정유인鄭惟仁
9	군호	덕흥대원군德興大院君	모	창빈昌嬪 안씨安氏
	부인	하동부대부인河東府大夫人 정씨鄭氏	처부	판중추부사判中樞府事 증영의정贈領議政 정세호鄭世虎

녀				
1	주호	효혜공주孝惠公主	모	장경왕후章敬王后 파평坡平 윤씨尹氏
	부마	연성위延城尉 김희金禧		
2	주호	의혜공주懿惠公主	모	문정왕후文定王后 파평坡平 윤씨尹氏
	부마	청원위淸原尉 한경록韓景祿		
3	주호	효순공주孝順公主	모	문정왕후文定王后 파평坡平 윤씨尹氏
	부마	능원군綾原君 구사안具思顔		
4	주호	경현공주敬顯公主	모	문정왕후文定王后 파평坡平 윤씨尹氏
	부마	영천위靈川尉 신의申檥		
5	주호	인순공주仁順公主	모	문정왕후文定王后 파평坡平 윤씨尹氏
	부마	-		
6	주호	혜순옹주惠順翁主	모	경빈敬嬪 박씨朴氏
	부마	광천위光川尉 김인경金仁慶		
7	주호	혜정옹주惠靜翁主	모	경빈敬嬪 박씨朴氏
	부마	당성위唐城尉 홍려洪礪		
8	주호	정순옹주貞順翁主	모	숙원淑媛 이씨李氏
	부마	여성군礪城君 송인宋寅		
9	주호	효정옹주孝靜翁主	모	숙원淑媛 이씨李氏
	부마	순원위淳原尉 조의정趙義貞		
10	주호	숙정옹주淑靜翁主	모	숙원淑媛 김씨金氏
	부마	능창위綾昌尉 구한具澣		
11	주호	정신옹주靜愼翁主	모	창빈昌嬪 안씨安氏
	부마	청천위淸川尉 한경우韓景祐		

⑫ 인종 자 0 녀 0

자				
1	군호		모	
	부인		처부	

녀				
1	주호		모	
	부마			

⑬ 명종 자 1 녀 0

자				
1	군호	순회세자順懷世子	모	인순왕후仁順王后 청송靑松 심씨沈氏
	부인	공회빈恭懷嬪 윤씨尹氏	처부	참판參判 증좌의정贈左議政 윤옥尹玉

녀

1	주호		모	
	부마			

⑭ 선조 자 14 녀 11

자

1	군호	영창대군永昌大君	모	인목왕후仁穆王后 연안延安 김씨金氏
	부인	-	처부	
2	군호	임해군臨海君	모	공빈恭嬪 김씨金氏
	부인	양천陽川 허씨許氏	처부	참의參議 증우찬성贈右贊成 허명許銘
3	군호	광해군光海君	모	공빈恭嬪 김씨金氏
	부인	문화文化 유씨柳氏	처부	관윤判尹 유자신柳自新
4	군호	의안군義安君	모	인빈仁嬪 김씨金氏
	부인	-	처부	
5	군호	신성군信城君	모	인빈仁嬪 김씨金氏
	부인1	평산平山 신씨申氏	처부	관윤判尹 증영의정贈領議政 평양부원군平壤府院君 신립申砬
6	군호	원종	모	인빈仁嬪 김씨金氏
	부인		처부	
7	군호	순화군順和君	모	순빈順嬪 김씨金氏
	부인	장수長水 황씨黃氏	처부	승지承旨 증좌찬성贈左贊成 황혁黃赫
8	군호	인성군仁城君	모	정빈靜嬪 민씨閔氏
	부인	해평海平 윤씨尹氏	처부	판서判書 증영의정贈領議政 윤승길尹承吉
9	군호	의창군義昌君	모	인빈仁嬪 김씨金氏
	부인	양천陽川 허씨許氏	처부	판서判書 증좌찬성贈左贊成 허성許筬
10	군호	경창군慶昌君	모	정빈靜嬪 홍씨洪氏
	부인	창녕昌寧 조씨曺氏	처부	부사府使 증좌의정贈左議政 조명욱曺明勗
11	군호	흥안군興安君	모	온빈溫嬪 한씨韓氏
	부인	-	처부	
12	군호	경평군慶平君	모	온빈溫嬪 한씨韓氏
	부인	삭녕朔寧 최씨崔氏	처부	군수郡守 증좌의정贈左議政 최윤조崔胤祖
13	군호	인흥군仁興君	모	정빈靜嬪 민씨閔氏
	부인	여산礪山 송씨宋氏	처부	군수郡守 증좌찬성贈左贊成 송희업宋熙業
14	군호	영성군寧城君	모	온빈溫嬪 한씨韓氏
	부인	창원昌原 황씨黃氏	처부	동지同知 증우찬성贈右贊成 황성이黃成履

녀				
1	주호	정명공주貞明公主	모	인목왕후仁穆王后 연안延安 김씨金氏
	부마	영안위永安尉 홍주원洪柱元		
2	주호	정신옹주貞愼翁主	모	인빈仁嬪 김씨金氏
	부마	달성위達城尉 서경주徐景霌		
3	주호	정혜옹주貞惠翁主	모	인빈仁嬪 김씨金氏
	부마	해숭위海嵩尉 윤신지尹新之		
4	주호	정숙옹주貞淑翁主	모	인빈仁嬪 김씨金氏
	부마	동양위東陽尉 신익성申翊聖		
5	주호	정인옹주貞仁翁主	모	정빈靜嬪 민씨閔氏
	부마	당원위唐原尉 홍우경洪友敬		
6	주호	정안옹주貞安翁主	모	인빈仁嬪 김씨金氏
	부마	금양군錦陽君 박미朴瀰		
7	주호	정휘옹주貞徽翁主	모	인빈仁嬪 김씨金氏
	부마	전창위全昌尉 유정량柳廷亮		
8	주호	정선옹주貞善翁主	모	정빈靜嬪 민씨閔氏
	부마	길성군吉城君 권대임權大任		
9	주호	정정옹주貞正翁主	모	정빈貞嬪 홍씨洪氏
	부마	진안위晉安尉 유적柳頔		
10	주호	정근옹주貞謹翁主	모	정빈靜嬪 민씨閔氏
	부마	일선위一善尉 김극빈金克鑌		
11	주호	정화옹주貞和翁主	모	온빈溫嬪 한씨韓氏
	부마	동창위東昌尉 권대항權大恒		

⑮ 광해군 자 1 녀 0

자				
1	군호	왕세자	모	폐비廢妃 문화文化 유씨柳氏
	부인		처부	대사성大司成 박자홍朴自興

녀				
1	주호		모	
	부마			

추존 원종 자 4 녀 0

자				
1	군호	인조仁祖	모	인헌왕후仁獻王后 능성綾城 구씨具氏
	부인		처부	

2	군호	능원대군綾原大君	모	인헌왕후仁獻王后 능성綾城 구씨具氏
	부인	문화文化 유씨柳氏	처부	유효립柳孝立
3	군호	능창대군綾昌大君	모	인헌왕후仁獻王后 능성綾城 구씨具氏
	부인	-	처부	
4	군호	능풍군綾豊君	모	김씨金氏
	부인	-	처부	

녀

1	주호		모	
	부마			

⑯ 인조 자 7 녀 1

자

1	군호	소현세자昭顯世子	모	인열왕후仁烈王后 청주清州 한씨韓氏
	부인	민회빈愍懷嬪 금천衿川 강씨姜氏	처부	우의정右議政 문정공文貞公 강석기姜碩期
2	군호	효종孝宗	모	인열왕후仁烈王后 청주清州 한씨韓氏
	부인		처부	
3	군호	인평대군麟坪大君	모	인열왕후仁烈王后 청주清州 한씨韓氏
	부인	복천福川 오씨吳氏	처부	감사監司 증우의정贈右議政 오단吳端
4	군호	용성대군龍城大君	모	인열왕후仁烈王后 청주清州 한씨韓氏
	부인	-	처부	
5	군호	자子	모	인열왕후仁烈王后 청주清州 한씨韓氏
	부인		처부	
6	군호	숭선군崇善君	모	폐귀인廢貴人 조씨趙氏
	부인	평산平山 신씨申氏	처부	참판參判 증영의정贈領議政 신익전申翊全
7	군호	낙선군樂善君	모	폐귀인廢貴人 조씨趙氏
	부인	강릉江陵 김씨金氏	처부	봉사奉事 증영의정贈領議政 김득원金得元

녀

1	주호	효명옹주孝明翁主	모	폐귀인廢貴人 조씨趙氏
	부마	낙성위洛城尉 김세룡金世龍		

⑰ 효종 자 1 녀 7

자

1	군호	현종顯宗	모	인선왕후仁宣王后 덕수德水 장씨張氏
	부인		처부	

녀

1	주호	숙신공주淑愼公主	모	인선왕후仁宣王后 덕수德水 장씨張氏
	부마			

2	주호	숙안공주淑安公主		모	인선왕후仁宣王后 덕수德水 장씨張氏
	부마	익평군益平君 홍득기洪得箕			
3	주호	숙명공주淑明公主		모	인선왕후仁宣王后 덕수德水 장씨張氏
	부마	청평위青平尉 심익현沈益顯			
4	주호	숙휘공주淑徽公主		모	인선왕후仁宣王后 덕수德水 장씨張氏
	부마	인평위寅平尉 정제현鄭齊賢			
5	주호	숙정공주淑靜公主		모	인선왕후仁宣王后 덕수德水 장씨張氏
	부마	동평위東平尉 정재륜鄭載崙			
6	주호	숙경공주淑敬公主		모	인선왕후仁宣王后 덕수德水 장씨張氏
	부마	흥평위興平尉 원몽린元夢鱗			
7	주호	숙녕옹주淑寧翁主		모	안빈安嬪 이씨李氏
	부마	금평위錦平尉 박필성朴弼成			

⑱ 현종 자 1 녀 3

자

1	군호	숙종肅宗		모	명성왕후明聖王后 청풍淸風 김씨金氏
	부인			처부	

녀

1	주호	명선공주明善公主		모	명성왕후明聖王后 청풍淸風 김씨金氏
	부마	-			
2	주호	명혜공주明惠公主		모	명성왕후明聖王后 청풍淸風 김씨金氏
	부마	-			
3	주호	명안공주明安公主		모	명성왕후明聖王后 청풍淸風 김씨金氏
	부마	해창위海昌尉 오태주吳泰周			

⑲ 숙종 자 6 녀 2

자

1	군호	경종景宗		모	옥산부대빈玉山府大嬪 장씨張氏
	부인			처부	
2	군호	성수盛壽		모	옥산부대빈玉山府大嬪 장씨張氏
	부인	-		처부	
3	군호	영수永壽		모	숙빈淑嬪 최씨崔氏
	부인	-		처부	
4	군호	영조英祖		모	숙빈淑嬪 최씨崔氏
	부인			처부	
5	군호	자子		모	숙빈淑嬪 최씨崔氏
	부인1	-		처부1	

6	군호	연령군延齡君		모	명빈禩嬪 박씨朴氏
	부인	상산商山 김씨金氏		처부	판돈녕判敦寧 김동필金東弼

녀

1	주호	녀女		모	인경왕후仁敬王后 광산光山 김씨金氏
	부마	-			

2	주호	녀女		모	인경왕후仁敬王后 광산光山 김씨金氏
	부마	-			

⑳ 경종 자 0 녀 0

자

1	군호			모	
	부인			처부	

녀

1	주호			모	
	부마				

㉑ 영조 자 2 녀 12

자

1	군호	진종眞宗		모	정빈靖嬪 이씨李氏
	부인			처부	

2	군호	장조莊祖		모	영빈暎嬪 이씨李氏
	부인			처부	

녀

1	주호	녀女		모	정빈靖嬪 이씨李氏
	부마	-			

2	주호	화순옹주和順翁主		모	정빈靖嬪 이씨李氏
	부마	월성위月城尉 김한신金漢藎			

3	주호	화평옹주和平翁主		모	영빈暎嬪 이씨李氏
	부마	금성위錦城尉 박명원朴明源			

4	주호	녀女		모	영빈暎嬪 이씨李氏
	부마	-			

5	주호	녀女		모	영빈暎嬪 이씨李氏
	부마	-			

6	주호	녀女		모	영빈暎嬪 이씨李氏
	부마	-			

7	주호	화협옹주和協翁主		모	영빈暎嬪 이씨李氏
	부마	영성위永城尉 신광수申光綏			

8	주호	녀女	모	귀인貴人 조씨趙氏
	부마			
9	주호	화완옹주和緩翁主	모	영빈暎嬪 이씨李氏
	부마	일성위日城尉 정치달鄭致達		
10	주호	화유옹주和柔翁主	모	귀인貴人 조씨趙氏
	부마	창성위昌城尉 황인점黃仁點		
11	주호	화령옹주和寧翁主	모	폐숙의廢淑儀 문씨文氏
	부마	청성위青城尉 심능건沈能建		
12	주호	화길옹주和吉翁主	모	폐숙의廢淑儀 문씨文氏
	부마	능성위綾城尉 구민화具敏和		

추존 진종 자 0 녀 0

자

| 1 | 군호 | | 모 | |
| | 부인 | | 처부 | |

녀

| 1 | 주호 | | 모 | |
| | 부마 | | | |

추존 장조 자 5 녀 3

자

1	군호	의소세손懿昭世孫	모	경의왕후敬懿王后 풍산豊山 홍씨洪氏
	부인		처부	
2	군호	정조正祖	모	경의왕후敬懿王后 풍산豊山 홍씨洪氏
	부인		처부	
3	군호	은언군恩彦君	모	숙빈肅嬪 임씨林氏
	부인	상산常山 송씨宋氏	처부	참봉參奉 송낙휴 宋樂休
4	군호	은신군恩信君	모	숙빈肅嬪 임씨林氏
	부인	남양南陽 홍씨洪氏	처부	현령縣令 홍대현 洪大顯
5	군호	은전군恩全君	모	경빈景嬪 박씨朴氏
	부인	평양平壤 조씨趙氏	처부	군수郡守 조성 趙峸

녀

1	주호	청연공주淸衍公主	모	경의왕후敬懿王后 풍산豊山 홍씨洪氏
	부마	광은위光恩尉 김기성金箕性		
2	주호	청선공주淸璿公主	모	경의왕후敬懿王后 풍산豊山 홍씨洪氏
	부마	흥은위興恩尉 정재화鄭在和		

3	주호	청근옹주淸瑾翁主	모	경빈景嬪 박씨朴氏
	부마	당은위唐恩尉 홍익돈洪益惇		

㉒ 정조 자 2 녀 2

자

1	군호	문효세자文孝世子	모	의빈宜嬪 성씨成氏
	부인	-	처부	
2	군호	순조純祖	모	수빈綏嬪 박씨朴氏
	부인	-	처부	

녀

1	주호	녀女	모	의빈宜嬪 성씨成氏
	부마	-		
2	주호	숙선옹주淑善翁主	모	
	부마	영명위永明尉 증영의정贈領議政 홍현주洪顯周		

㉓ 순조 자 2 녀 4

자

1	군호	익종翼宗	모	순원왕후純元王后 안동安東 김씨金氏
	부인		처부	
2	군호	자子	모	순원왕후純元王后 안동安東 김씨金氏
	부인	-	처부	

녀

1	주호	명온공주明溫公主	모	순원왕후純元王后 안동安東 김씨金氏
	부마	동녕위東寧尉 김현근金賢根		
2	주호	복온공주福溫公主	모	순원왕후純元王后 안동安東 김씨金氏
	부마	창녕위昌寧尉 김병주金炳疇		
3	주호	덕온공주德溫公主	모	순원왕후純元王后 안동安東 김씨金氏
	부마	남녕위南寧尉 윤의선尹宜善		
4	주호	영온옹주永溫翁主	모	숙의淑儀 박씨朴氏
	부마			

추존 익종 자 1 녀 0

자

1	군호	헌종憲宗	모	신정왕후神貞王后 풍양豊壤 조씨趙氏
	부인		처부	

녀				
1	주호		모	
	부마			

㉔ 헌종 자 0 녀 1

자				
1	군호		모	
	부인		처부	
녀				
1	주호	녀女	모	숙의淑儀 김씨金氏
	부마	-		

㉕ 철종 자 5 녀 6

자				
1	군호	원자元子	모	철인왕후哲仁王后 안동安東 김씨金氏
	부인		처부	
2	군호	자子	모	귀인貴人 박씨朴氏
	부인	-	처부	
3	군호	자子	모	귀인貴人 조씨趙氏
	부인	-	처부	
4	군호	자子	모	귀인貴人 조씨趙氏
	부인	-	처부	
5	군호	자子	모	궁인宮人 이씨李氏
	부인	-	처부	
녀				
1	주호	녀女	모	숙의淑儀 방씨方氏
	부마	-		
2	주호	녀女	모	숙의淑儀 방씨方氏
	부마	-		
3	주호	녀女	모	숙의淑儀 김씨金氏
	부마	-		
4	주호	영혜옹주永惠翁主	모	숙의淑儀 범씨范氏
	부마	금릉위錦陵尉 박영효朴泳孝		
5	주호	녀女	모	궁인宮人 박씨朴氏
	부마	-		
6	주호	녀女	모	궁인宮人 이씨李氏
	부마	-		

자

1	군호	자子	모	명성황후明成皇后 여흥驪興 민씨閔氏
	부인		처부	
2	군호	순종純宗	모	명성황후明成皇后 여흥驪興 민씨閔氏
	부인		처부	
3	군호	자子	모	명성황후明成皇后 여흥驪興 민씨閔氏
	부인	-	처부	
4	군호	자子	모	명성황후明成皇后 여흥驪興 민씨閔氏
	부인	-	처부	
5	군호	완친왕完親王	모	귀인貴人 이씨李氏
	부인		처부	
6	군호	의친왕義親王	모	귀인貴人 장씨張氏
	부인	연안延安 김씨金氏	처부	비서승秘書丞 김사준金思濬
7	군호	영친왕英親王	모	귀비貴妃 엄씨嚴氏
	부인		처부	
8	군호	자子	모	귀인貴人 이씨李氏
	부인	-	처부	
9	군호	자子	모	귀인貴人 정씨鄭氏
	부인	-	처부	

녀

1	주호	녀女	모	명성황후明成皇后 여흥驪興 민씨閔氏
	부마	-		
2	주호	녀女	모	귀인貴人 이씨李氏
	부마	-		
3	주호	녀女	모	귀인貴人 이씨李氏
	부마	-		
4	주호	덕혜옹주德惠翁主	모	귀인貴人 양씨梁氏
	부마	소 다케유키宗武志		

• 본 자료는 『열성왕비세보』(장서각K2-1696)와 『선원기보계략』(장서각K2-1027)에 근거하였음을 밝힙니다. (편집자주)

조선시대 세자는 어디에 살았을까

조선시대 세자가 거처한 '동궁'은 어디에 있었고, 누가, 얼마나 거처하였을까. 대부분 세자의 거처는 일정하게 정해져 있다고 생각한다. 경복궁의 '자선당', 창덕궁의 '중희당' 등이 널리 알려진 동궁이다. 그런데 조선시대 서른두 명의 세자는 이곳에서만 거처한 것이 아니다. 정치적 상황, 세자 개인의 의중 혹은 왕의 뜻에 따라 시대별로 다양한 '동궁'을 두고 있었다.

세자, 궁궐 밖에 머물다

조선 최초의 세자는 태조의 막내아들 의안대군 이방석이다. 이때는 아직 궁궐이 개성에 있던 시기로, 개성의 세자전에 거처하였던 것으로 보인다.[1] 다만 기록이 많지 않아 어떤 형태의 건물이었는지 확인할 수 없다.

이방석이 왕자의 난으로 살해되고 갑자기 세자에 책봉된 정종은 9일 만에 즉위하였기 때문에 따로 동궁에 거처할 여유가 없었던 것으로 보인다. 정종대 세자에 책봉된 정안대군 이방원의 경우에도 약 9개월간 세자로 있으면서 개성의 세자전에 거처했던 것으로 추정되나[2] 사료가 온전치 않아 이때의 세자전이 의안대군이 거처했던 세자전인지 분명하지 않다.

제3대 임금 태종이 즉위하고 13년 이상 세자로 지낸 양녕대군의 '동궁'은 어디였을까. 한양 환도 이후 새로 건립한 창덕궁에 있을 거라 생각하기 쉽지만 그렇지 않았다. 연화방에 있던 사저를 동궁으로 삼아 거처하였다. 세자의 '동궁'은 궐 밖에 있었던 것이다.[3] 세자의 거처가 궐 밖에 있는 것이 교육이나 의례에 옳지 않다고 하여 여러 차례 궐 안에 '동궁'을 짓자는 논의가 있었으나 태종의 반대로 무산되었다.

궁궐 안에 거처를 마련하다

제4대 임금 세종 즉위 후 궁궐 안에 처음으로 동궁 '자선당'이 설립되었다.[4]

1_ 『태조실록』 권3, 태조 2년 5월 7일; 권14, 태조 7년 윤5월 6일: 왕손王孫의 개복신開福神 초례醮禮를 세자전世子殿의 남문南門에서 베풀게 하였다.

2_ 『정종실록』 권6, 정종 2년 11월 11일: 백관이 세자전에 나아가서 하례를 행하니, 받지 아니하였다.

3_ 『태종실록』 권22, 태종 11년 9월 20일: 이무李茂의 집을 의령군宜寧君 남재南在에게 주었으니, 남재의 집으로 동궁東宮을 만들고, 연화방蓮花坊 동궁으로 가례를 행하는 장소를 삼기 위함이었다.

4_ 『세종실록』 권93, 세종 23년 7월 23일: 세자빈 권씨權氏가 동궁 자선당에서 원손元孫을 낳았다.

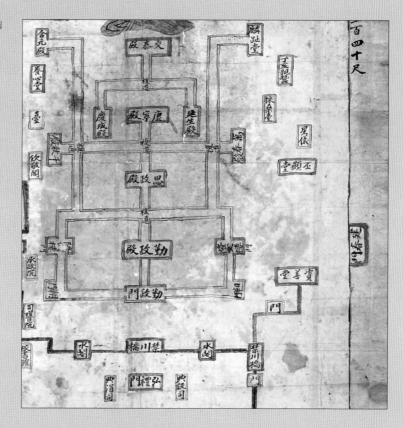

도1 〈경복궁도〉의 자선당 일대 국립 중앙도서관 소장.

세종 9년(1427) 경복궁을 법궁체제로 정비하는 과정에서 정전 동쪽에 세자의 거처를 마련한 것이다. 세자 문종이 경복궁 자선당에 거처한 최초의 세자였다. 그러나 당시의 자선당은 오늘날의 '자선당'이 아니다. 임진왜란 이후 소실된 후 고종대에 이르러 다시 지어진 것이 오늘날의 자선당이다. 다만 18세기 조선 전기의 경복궁을 그린 〈경복궁도〉가 남아 있어 당시 모습을 도면으로나마 확인할 수 있다.

제5대 임금 문종대의 세자 단종 역시 경복궁의 동궁에서 거처하였다. 그러나 제7대 임금 세조는 왕위를 찬탈하였기 때문에 따로 세자 시기를 거치지 않았다. 세조대의 세자 의경세자는 경복궁의 동궁에서 거처하였던 것으로 보이는데,[5] 세자로 책봉된 지 2년 만에 죽었다. 이후 해양대군이 세자에 책봉되어 10년간 세자로 지내면서 경복궁 자선당에 거처하였던 것으로 추정되나 정확하지는 않다.

5_『세조실록』권1, 세조 1년 7월 29일: 세자가 사부師傅와의 상견례相見禮를 자선당에서 행하였다.

세조 7년(1461) 경복궁을 크게 증축하면서 궁궐 서북쪽의 간의대 남쪽에 동궁을 지었다.[6] 현재 경회루 인근일 것으로 추정된다.

제9대 임금 성종은 예종의 갑작스런 죽음으로 세자 시기를 거치지 않고 즉위하였다. 즉위 이후 거의 대부분을 창덕궁에서 거처하였는데, 세자였던 연산군이 탄생하자 성종 18년(1487) 창덕궁 안에 동궁을 새로 건립하였다.[7] 이때 건립된 동궁은 제12대 임금 인종 사후 혼전 설치의 논의 기록으로 보아 '저승전'이었을 것으로 여겨진다.[8] 그러나 그 위치나 규모는 조선 후기 창덕궁의 '저승전'과 다를 것으로 추정되기 때문에 그 모습은 알 수 없다. 연산군은 이곳에서 9년간 거처한 후 즉위하였고, 연산군대 세자인 이황 역시 세자로 책봉되어 4년간 저승전에서 거처하였다.

제11대 임금 중종은 반정으로 즉위하였기 때문에 세자 시절이 없었다. 중종대 세자에 책봉된 인종은 24년을 세자로 보내며 대부분의 기간을 경복궁의 동궁에서 거처하였다. 인종이 즉위하기 직전에 화재로 인해 동궁이 전소되었고, 즉위 이후 9개월 만에 승하하였기 때문에 동궁의 재건은 명종대에 수행되었다. 제13대 임금 명종 대의 세자인 순회세자는 재건된 경복궁 자선당에서 약 6년간 세자 생활을 했으나 요절하여 즉위하지는 못하였다. 이후 세자가 없어 동궁은 기능을 못하다가 제14대 임금 선조 25년(1592) 임진왜란으로 궁궐이 모두 소실되며 경복궁의 동궁은 고종대까지 폐허로 남게 되었다.

경복궁이 불탄 뒤 동궁은 어디로?

임진왜란 이후 선조가 한양으로 돌아왔을 때 궁궐은 모두 전소된 상황이었다. 임금은 정릉동 행궁에 임시로 거처하였고, 세자인 광해군은 심의겸의 사저를 동궁으로 삼아 거처하였다. 이후 광해군 당대에 창덕궁이 완공되고, 인경궁 등 여러 궁궐이 창건되었다. 광해군은 창덕궁에 저승전과 시민당을 동궁으로 조성하여 세자를 거처시켰다.

인조반정 당시 실화로 저승전이 소실되고, 이후 창덕궁이 이괄의 난으로 소실되자, 제16대 임금 인조는 경덕궁으로 이어하였다. 소현세자는 경덕궁의 동궁에 거처하다가 인조 10년(1632) 창덕궁 도총부의 낭청방을 임시로 동궁으

6_ 『세조실록』 권27, 세조 8년 2월 23일: 처음에 간의대簡儀臺를 부수고 세자궁世子宮을 세우려 하였는데, 임금이 여러 곳에서 공역功役을 모두 일으킨다고 하여 이를 정지시켰다.

7_ 『성종실록』 권205, 성종 28년 7월 4일: 춘궁도감春宮都監에서 공사가 끝난 것을 아뢰었다.

8_ 『명종실록』 권1, 명종 즉위년 7월 14일: 다시 생각하여보건대 오직 창덕궁의 동궁 저승전이 합당합니다.

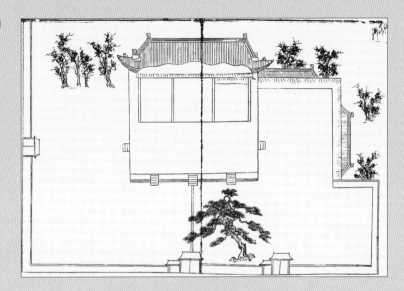

로 활용하여 거처하였다. 이후 병자호란으로 소현세자가 볼모가 되어 심양으로 떠나자 동궁은 주인을 잃었다. 그 후 인조 23년(1645) 소현세자는 돌아왔지만 두 달 만에 병사하였고, 뒤를 이어 세자가 된 봉림대군은 당시 중건한 저승전에서 약 7개월간 거처한 후 즉위하였다.

이 시기를 거친 후에 동궁의 위치는 안정되었다. 제17대 임금 효종대의 세자였던 현종은 약 7년간, 현종대 세자였던 숙종 역시 약 7년간 창덕궁의 저승전과 시민당을 동궁으로 삼아 평탄하게 생활하였다. 조선 후기 동궁으로서 저승전과 시민당이 완연히 자리를 잡은 시기였다. 30년간 세자 생활을 했던 경

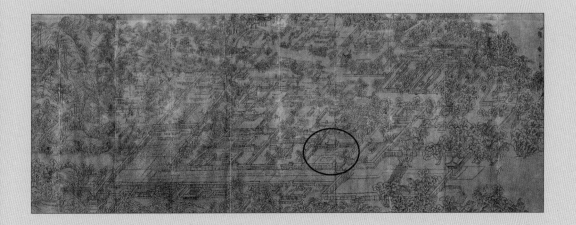

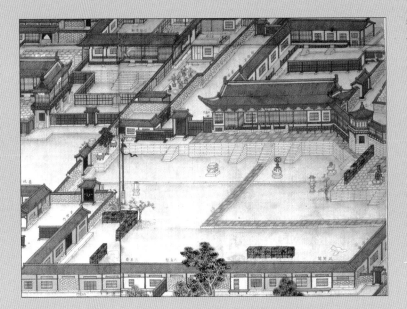

종도 숙종의 이어에 따라 창덕궁에서는 저승전 일대에서, 경덕궁에서는 승휘
전과 경현당을 동궁으로 삼아 거처하였다.

  제21대 임금 영조 역시 창덕궁에서 동궁 생활을 하였고, 즉위 이후 네 명
의 세자가 책봉되었다. 효장세자는 3년간 창덕궁에서 동궁 생활을 하였고, 사
도세자는 26년간 세자로 지내며 창덕궁 저승전에서 주로 거처하였다. 이어 의
소세손이 약 9개월간 짧게 세손으로 지내다 어린 나이에 죽었다. 그리고 동궁
은 또다시 시련을 겪는다. 1756년(영조 32) 시민당 일대가 화재로 소실되고,
1764년(영조 40)에는 저승전 역시 화재로 소실되었다. 이후 저승전은 복구되
지 않고 일대가 빈터로 남거나 다른 전각이 들어섰다. 영조 말년에 세손 정조
는 17년간 주로 경희궁의 동궁에서 생활하였다.

  제22대 임금으로 즉위한 정조는 장남인 문효세자를 위해 창덕궁에 새로이
동궁을 건립하였는데, 여기가 〈동궐도〉에서 확인할 수 있는 중희당이다. 그러
나 문효세자는 어린 나이에 죽고, 중희당은 정조 말년에 세자로 책봉된 순조의
거처로 활용되었다.

  순조대 세자였던 효명세자는 중희당 바로 옆에 있는 학금 일대, '천지장남
궁'天地長男宮에 거처한 것으로 확인된다. 효명세자는 17년간 세자로 지내다

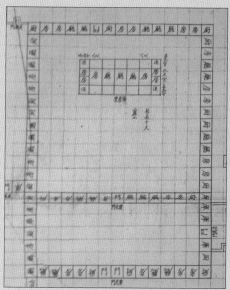

도5 《북궐도형》 자선당 부분 한국학
중앙연구원 장서각 소장.

도6 현재의 경복궁 자선당 전경
ⓒ박상준

즉위하지 못하고 요절하였다.

제25대 임금 철종과 제26대 임금인 고종은 방계로 계승하였기 때문에 세자 시절을 보내지 않았고, 따라서 동궁은 오랜 기간 비어 있었다. 고종대에 이르러 경복궁을 크게 재건하면서 동궁 일대도 새롭게 조성되었다. 고종은 경복궁과 창덕궁을 왕래하며 사용하였고, 때문에 세자인 순종 역시 경복궁의 자선당과 창덕궁의 중희당을 번갈아 동궁으로 활용하였다.

이상에서 알 수 있듯이, 세자의 거처는 시기에 따라 변화가 있었다. 조선 전기에는 주로 경복궁의 자선당이, 조선 후기에는 창덕궁의 저승전과 이후 중희당이 동궁으로 주로 활용되었으며, 경복궁이 재건된 뒤에는 새롭게 지어진 자선당이 다시 동궁의 역할을 했다. 그러나 안타깝게도 일제 강점기를 거치면서 우리의 궁궐은 상당 부분 훼손되었다. 따라서 우리가 볼 수 있는 궁궐의 동궁은 재건되어 남아 있는 경복궁의 자선당이 유일하고, 창덕궁의 동궁 영역은 모두 소실되어 확인할 수 없다.

* 위 내용은 이강근, 「조선 왕조의 궁궐건축과 정치: 세자궁의 변천을 중심으로」, 『한국미술사교육학회지』 22, 2008을 참조하였음을 밝힙니다. (편집자주)

참고문헌_

1. 원사료(가나다 순)

『경국대전』經國大典

『경헌시초』敬軒詩抄

『경헌집』敬軒集

『계축일기』癸丑日記

『고려사』高麗史

『국조오례의』國朝五禮儀

『국조오례의서례』國朝五禮儀序例

『녹문집』鹿門集

『능허관만고』凌虛關漫稿

『당대선원록』當代璿源錄

『담여헌시집』淡如軒詩集

『대당개원례』大唐開元禮

『명집례』明集禮

『보인소의궤』寶印所儀軌

『산당사고』山堂肆考

『삼봉집』三峰集

『선원계보기략』璿源系譜記略

『성호사설』星湖僿說

『송남잡지』松南雜識

『송사』宋史

『승정원일기』承政院日記

『신당서』新唐書

『연려실기술』練藜室記述

『열성어제』列聖御製

『예기』禮記

『예제선사등록』睿製繕寫謄錄

『예제시민당초본』睿製時敏堂草本

『예제초본』睿製草本

『온행일기』溫幸日記

『왕세자책례등록』王世子冊禮謄錄

『운암잡록』雲巖雜錄

『육전조례』六典條例

『의례』儀禮

『익종간첩』翼宗簡帖

『장헌세자예제』莊獻世子睿製

『조선왕조실록』朝鮮王朝實錄

『주례정의』周禮訂義

『주자가례』朱子家禮

『제사직장』諸司職掌

『추안급국안』推案及鞫案

『춘관통고』春官通考

『학석집』鶴石集

『한중록』閑中錄

2. 단행본

김두헌, 『한국가족제도연구』, 서울대학교 출판부, 1980.

김문식, 『왕세자의 입학식』, 문학동네, 2010.

김문식·김정호, 『조선의 왕세자 교육』, 김영사, 2003.

김용숙, 『조선조 궁중풍속 연구』, 일지사, 1987.

김종수, 『역주 소현심양일기』 1~5, 민속원, 2008,

문화재관리국, 『궁중유물도록』, 1986.

_____, 『조선조궁중생활연구』, 1992

민현구 외, 『조선시대의 즉위의식과 조하의식』, 고려대민족
　　문화연구소, 1996.

박소동, 『국역 가례도감의궤』, 민족문화추진회, 1997.

박영규, 『한권으로 읽는 조선왕실계보』, 웅진지식하우스,
　　2008.

백영자, 『조선시대의 어가행렬』, 방송통신대, 1994.

서울대학교 규장각, 『규장각 소장 의궤 해제집』, 규장각, 2004.

서울대학교 규장각한국학연구원, 『조선국왕의 일생』, 글항
　　아리, 2009.

서울대학교 규장각한국학연구원 동궁일기 역주팀, 『규장각
　　소장동궁일기역주총서』 1~22, 민속원, 2008.

석주선, 『한국복식사』, 보진재, 1980.

신명호, 『조선의 왕』, 가람기획, 1998.

_____, 『조선 왕실의 의례와 생활, 궁중문화』, 돌베개, 2002.

육수화, 『조선시대 왕실교육』, 민속원, 2008.

이성무, 『조선왕조사』 1·2, 동방미디어, 1998.

이영춘, 『조선후기 왕위계승 연구』, 집문당, 1998.

임민혁, 『왕의 이름 묘호』, 문학동네, 2010.

임민혁 옮김, 『주자가례』, 예문서원, 1999.

전해종 편, 『동아사의 비교연구』, 일조각, 1987.

정은임 외, 『궁궐 사람들의 삶과 문화』, 태학사, 2007.

정재훈, 『조선의 국왕과 의례』, 지식산업사, 2010

지두환, 『국왕과 친인척』(시리즈), 역사문화, 1999~2009.

최규순, 『중국역대황제면복연구』, 동화대출판부, 1997.

최진옥·임민혁 외, 『조선왕실의 가례 2』, 한국학중앙연구
   원, 2010.

한국역사연구회, 『조선정치사(1800~1863)(상)』, 청년사,
   1990.

한영우, 『정조의 화성행차, 그 8일』, 효형출판사, 1998.

_____, 『조선왕조의궤』, 일지사, 2005.

함규진, 『왕이 못 된 세자들』, 김영사, 2009.

西嶋定生, 『중국고대국가와 동아시아 세계』, 도쿄대학 출판
   회, 1983.

仁井田陞, 『지나신분법사』, 1942.

布目潮渢, 『수당서연구』, 동명사, 1979.

3. 논문

강제훈, 「조선 초기의 조회 의식」, 『조선시대사학보』 28, 2004.

김기덕, 「고려조의 왕실봉작제」, 『한국사연구』 52, 1986.

김남윤, 「조선여인이 겪은 호란, 이역살이, 환향의 현실과
   기억 — 소현세자빈 강씨를 중심으로」, 『역사연구』 17,
   2007.

김명숙, 「익종대청정목록의 편찬과 정치사적 의의」, 『동학
   연구』 19, 2005.

김문식, 「18세기 후반 정조능행의 의의」, 『한국학보』 88, 1997.

김세봉, 「왕실 호칭의 이모저모」, 『조선시대 사람들은 어떻

게 살았을까 2』, 청년사, 1996.

김세은, 「고종초기(1863~1876) 국왕권의 회복과 왕실행
   사」, 서울대학교 박사학위 논문, 2003.

김순남, 「조선 세종대 말엽의 정치적 추이」, 『사총』 61,
   2005.

김영민, 「임오화변의 발생과 정조대의 사도세자 재평가」,
   한신대학교 대학원 석사논문, 2004.

김용덕, 「소현세자연구」, 『사학연구』 18, 1964.

김인숙, 「인조대의 궁중저주사건과 그 정치적 의미」, 『조선
   시대사학보』 31, 2004.

_____, 「인조의 계비 장열왕후 별궁 유폐고」, 『한국인물사
   연구』 5, 2006.

김종원, 「조선조 시강원 교육에 관한 연구」, 원광대 박사학
   위 논문, 1986.

김지영, 『조선후기 국왕의 행차 연구』, 서울대학교 박사학
   위 논문, 2005.

_____, 「조선 왕실의 출산문화 연구: 역사인류학적 접근」,
   한국학중앙연구원 박사학위 논문, 2010.

김한규, 「고대한국 위제의 작제적 성격에 대하여」, 전해종
   편, 『동아사의 비교연구』, 일조각, 1987

김해영, 「조선 초기 문묘 향사례에 대하여」, 『조선시대사학
   보』 15, 2000.

남지대, 「조선초기의 경연제도」, 『한국사론』 9, 1980.

도현철, 「조선의 건국과 유교문화의 확대」, 『동방학지』 124,
   2004.

서의식, 「통일신라기의 개부와 진골의 수봉」, 『역사교육』
   59, 1996.

신명호, 「조선시대 국왕 호칭의 종류와 의미」, 『역사와경
   계』 52, 2004.

_____, 「조선후기 국왕 행행시 국정운영체제」, 『조선시대
   사학보』 16, 2001.

박은순, 「조선시대 왕세자책례의궤 반차도 연구」, 『한국문
   화』 14, 1993.

오종록, 「조선시대의 왕」, 『역사비평』 54, 2001.

옥영정, 「조선시대 왕세자교육기관의 전적보존과 장서인의
   사용」, 『고전적』 1, 2005.

유명종, 「조선의 건국 이념과 『대학연의』」, 『퇴계와횡설수

설』, 동아대출판부, 1990.

육수화, 「조선후기 대군과 왕자군 그리고 왕손의 교육연
　　구」, 『장서각』 15, 2006.

윤정분, 「『대학연의보』 연구」, 연세대학교 대학원 박사학위
　　논문, 1992.

이강근, 「조선왕조의 궁궐건축과 정치—세자궁의 변천을
　　중심으로」, 『한국미술사교육학회지』 22, 2008.

이범직, 「조선시대 왕릉의 조성 및 그 문헌」, 『한국사상과
　　문화』 36, 2007.

이영춘, 「조선후기 왕위계승의 정통성논쟁연구」, 한국정신
　　문화연구원, 박사논문, 1994.

이왕무, 「조선후기 국왕의 능행 연구」, 한국학중앙연구원
　　한국학대학원 박사학위 논문, 2008.

＿＿＿, 「영조의 사친궁원 조성과 행행」, 『장서각』 15, 2006.

이종묵, 「효명세자의 저술과 문학」, 『한국한시연구』 10, 2002

이태진, 「조선왕조의 유교정치와 왕권」, 『한국사론』 23, 1990.

임민혁, 「묘호의 예제 원리와 조선의 수용」, 『국사관논총』
　　104, 2004.

＿＿＿, 「조선후기 영조의 세손교육과 왕권의식」, 『역사와
　　실학』 37, 2008.

정두희, 「조선건국기 통치체제의 성립과정과 그 역사적 의
　　미」, 『한국사연구』 67, 1989.

정제훈, 「세종의 왕자 교육」, 『한국사상과 문화』 31, 2005.

조남욱, 「세종의 정치이념과 『대학연의』」, 『유교사상연구』
　　23, 2005.

하현강, 「고려식읍고」, 『역사학보』 26, 1965.

한형주, 「조선초기 왕세자의 국가의례 참여와 그 성격」, 『역
　　사민속학』 30, 2009.

홍순민, 「19세기 왕위의 승계과정과 정통성」, 『국사관논총』
　　40, 1992.

황선엽, 「동몽선습과 왕세자의 학습」, 『문헌과 해석』 5, 1998.

도판목록_

도28_ 《왕세자입학도첩》, 국립문화재연구소 소장.

제2부 세자의 혼례

도1_ 『연잉군 관례등록』 표지와 본문, 영조대, 1책, 필사본, 42.2
　　×28cm, 한국학중앙연구원 장서각 소장.

도2_ 간택단자, 한국학중앙연구원 장서각 소장.

도3_ 간택단자, 한국학중앙연구원 장서각 소장.

도4_ 광해군묘, ⓒ박상준

도5, 6_ 『순조순원왕후가례도감의궤』의 〈동뢰연도〉와 〈동뢰연배설
　　도〉, 서울대학교 규장각한국학연구원 소장.

도7_ 『소현세자가례도감의궤』 반차도 중 선두 행렬과 왕비의 가
　　마, 서울대학교 규장각한국학연구원 소장.

도8_ 『소학』, 작자 미상, 1책(135장), 필사, 42×27.5cm, 한국학중
　　앙연구원 장서각 소장.

도9_ 〈홍봉한 초상〉, 19세기, 1점, 61.9×46.5cm, 경기도박물관
　　소장.

제3부 세자의 대리청정

도1_ 황표정사, 『단종실록』 권2, 단종즉위년 7월 2일 기사, 국사편
　　찬위원회 소장.

도2_ 효종 영릉, ⓒ박상준

도3_ 예종의 금보, 1470년, 금속에 도금, 10×10×8.9cm, 4.2kg,
　　국립고궁박물관 소장.

도4_ 경종 의릉

도5_ 왕세자 대리청정 절목, 『숙종실록』 권60, 숙종 43년 8월 1일
　　(두 번째) 기사, 국사편찬위원회 소장.

도6_ 근정전조하지도

도7_ 희우정(망원정), ⓒ박상준

도8_ 『장헌세자 동궁일기』 표지와 본문, 1738～1762년, 30책,
　　33.8×23.4cm, 서울대학교 규장각한국학연구원 소장.

도9_ 왕세자 휘지, 1749년, 1점, 8.9×5.5cm, 국립중앙박물관 소
　　장.

도10_ 『영우원 묘소도감의궤』, 1762년, 2책, 44.8×33cm, 서울대

학교 규장각한국학연구원 소장.

도11_ 장조추존옥보, 1899년, 옥, 10.3×10.2×9.9cm, 1.2kg, 국
　　립고궁박물관 소장.

제4부 왕이 되지 못한 세자

도1_ 순조의 교명문 비창

도2_ 『영조실록』에 나오는 세자의 기본덕목인 효제충신

도3_ 의안대군 방석의 묘, ⓒ이왕무

도4_ 신덕왕후 강씨의 정릉, ⓒ이왕무

도5_ 정종의 선위 교지문의 실록기사

도6_ 경복궁 근정전, ⓒ박상준

도7_ 지덕사, ⓒ박상준

도8_ 창경궁 환경전(환경당), ⓒ박상준

도9_ 『소현세자가례도감의궤』 반차도 중 왕비의 가마 부분, 서울
　　대학교 규장각한국학연구원 소장.

도10_ 창경궁 양화당, ⓒ박상준

도11_ 소경원, ⓒ이왕무

도12_ 창경궁 집복헌, ⓒ박상준

도13_ 창경궁 홍화문, ⓒ박상준

도14_ 『한중록』, 한국학중앙연구원 장서각 소장.

도15_ 《동궐도》 시민당터 부분, 고려대학교 박물관 소장.

도16_ 사도세자 옥인, 국립고궁박물관 소장.

도17_ 장조의 추존어보, 국립고궁박물관 소장.

도18_ 경모궁터, ⓒ박상준

도19_ 『경모궁의궤』, 한국학중앙연구원 장서각 소장.

제5부 세자의 삶, 그리고 한시

도1_ 장조 왕세자 책봉 죽책, 1736년(영조 12), 1점, 24.8×92.7cm,
　　국립고궁박물관 소장.

도2_ 융릉, ⓒ박상준

도3_ 『능허만관고』 표지와 본문, 한국학중앙연구원 장서각 소장.

도4_ 창덕궁 후원의 전경, ⓒ박상준

도5_ 한글본 『학석집』, 한국학중앙연구원 장서각 소장.

도6_ 창덕궁 후원의 전경, ⓒ박상준

제6부 세자와 형제들

부록